IDEIAS E INSTITUIÇÕES ECONÔMICAS

uma introdução para o Curso de Direito

Hugo Luís Pena Ferreira

Hugo Luís Pena Ferreira

IDEIAS E INSTITUIÇÕES ECONÔMICAS:
uma introdução para o Curso de Direito

EDITORA CRV
Curitiba - Brasil
2017

Copyright © da Editora CRV Ltda.
Editor-chefe: Railson Moura
Diagramação e Capa: Editora CRV
Revisão: O Autor

CIP-BRASIL. CATALOGAÇÃO NA PUBLICAÇÃO
SINDICATO NACIONAL DOS EDITORES DE LIVROS, RJ

F441i

Ferreira, Hugo Luís Pena
    Ideias e instituições econômicas: uma introdução para o curso de direito / Hugo Luís Pena Ferreira. – 1. ed. – Curitiba, PR: CRV, 2017.
212 p.

    Inclui bibliografia
    ISBN 978-85-444-1469-9
    DOI 10.24824/978854441469.9

    1. Direito. 2. Neoliberalismo. 3. Política econômica. 4. Economia matemática. I. Título.

17-39534   CDD: 338.9
                                                                                                CDU: 338.1

ESTA OBRA TAMBÉM ENCONTRA-SE DISPONÍVEL EM FORMATO DIGITAL.
CONHEÇA E BAIXE NOSSO APLICATIVO!

2017
Foi feito o depósito legal conf. Lei 10.994 de 14/12/2004
Proibida a reprodução parcial ou total desta obra sem autorização da Editora CRV
Todos os direitos desta edição reservados pela: Editora CRV
Tel.: (41) 3039-6418 - E-mail: sac@editoracrv.com.br
Conheça os nossos lançamentos: www.editoracrv.com.br

Conselho Editorial:

Aldira Guimarães Duarte Domínguez (UNB)
Andréia da Silva Quintanilha Sousa (UNIR/UFRN)
Antônio Pereira Gaio Júnior (UFRRJ)
Carlos Alberto Vilar Estêvão (UMINHO - PT)
Carlos Federico Dominguez Avila (UNB)
Carmen Tereza Velanga (UNIR)
Celso Conti (UFSCar)
Cesar Gerónimo Tello (Univer. Nacional Três de Febrero - Argentina)
Elione Maria Nogueira Diogenes (UFAL)
Élsio José Corá (UFFS)
Elizeu Clementino (UNEB)
Francisco Carlos Duarte (PUC-PR)
Gloria Fariñas León (Universidade de La Havana – Cuba)
Guillermo Arias Beatón (Universidade de La Havana – Cuba)
Jailson Alves dos Santos (UFRJ)
João Adalberto Campato Junior (UNESP)
Josania Portela (UFPI)
Leonel Severo Rocha (UNISINOS)
Lídia de Oliveira Xavier (UNIEURO)
Lourdes Helena da Silva (UFV)
Maria de Lourdes Pinto de Almeida (UNICAMP)
Maria Lília Imbiriba Sousa Colares (UFOPA)
Maria Cristina dos Santos Bezerra (UFSCar)
Paulo Romualdo Hernandes (UNICAMP)
Rodrigo Pratte-Santos (UFES)
Sérgio Nunes de Jesus (IFRO)
Simone Rodrigues Pinto (UNB)
Solange Helena Ximenes-Rocha (UFOPA)
Sydione Santos (UEPG)
Tadeu Oliver Gonçalves (UFPA)
Tania Suely Azevedo Brasileiro (UFOPA)

Comitê Científico:

Aloisio Krohling (FDV)
Antônio Pereira Gaio Júnior (UFRRJ)
César Augusto de Castro Fiuza (Ferreira, Kumaira e Fiuza Advogados Associados/UFMG)
Celso Ferreira da Cruz Victoriano (TJ-MT)
Daniel Amin Ferraz (Amin, Ferraz, Coelho Advogados/ Universidad de Valencia, UV, Espanha)
Daury Cesar Fabriz (UFES)
Edson Vieira da Silva Filho (FDSM)
Janaína Machado Sturza (UNIJUÍ)
Manoel Valente Figueiredo Neto (2º Ofício de Camocim/UNIFOR)
Marcio Renan Hamel (UPF)
Ricarlos Almagro Vitoriano Cunha (UFRJ)
Valéria Furlan (FDSBC)
Vinicius Klein (UFPR)
Vallisney de Souza Oliveira (Justiça Federal - Brasília/DF)

Este livro foi avaliado e aprovado por pareceristas *ad hoc*.

[...] é imperativo que os defensores de políticas econômicas alternativas não encarem as regras atuais do ambiente global como fixas. Sempre é possível, e certamente é necessário, reescrever as regras globais

Ha-Joon Chang e Illene Grabel (2004, p. 203).

SUMÁRIO

INTRODUÇÃO 11

CAPÍTULO 1
ANTECEDENTES DA PERSPECTIVA ECONÔMICA 17

CAPÍTULO 2
LIBERALISMO ECONÔMICO CLÁSSICO 31

CAPÍTULO 3
ASPECTOS DA 1ª ORDEM ECONÔMICA INTERNACIONAL 51

CAPÍTULO 4
ENTREGUERRAS: período de crises e transformações 71

CAPÍTULO 5
ASCENSÃO DA ECONOMIA KEYNESIANA 87

CAPÍTULO 6
2ª ORDEM ECONÔMICA INTERNACIONAL: Bretton Woods 105

CAPÍTULO 7
NEOLIBERALISMO 121

CAPÍTULO 8
3ª ORDEM ECONÔMICA INTERNACIONAL: capitalismo financeirizado 141

CAPÍTULO 9
CRISE DO NEOLIBERALISMO 161

CAPÍTULO 10
CONTRIBUIÇÕES HETERODOXAS DA NOVA ECONOMIA
DO DESENVOLVIMENTO 177

REFERÊNCIAS 201

SOBRE O AUTOR 211

INTRODUÇÃO

É comum que a disciplina de economia política, no curso de direito, seja ministrada com base em livros que exploram minúcias da micro e macroeconomia. Em geral, são adotadas obras escritas como introdução à formação de economistas. O enfoque para o curso de direito precisa, no entanto, ser diferente. As minúcias e abstrações matemáticas dos modelos econômicos exercem o infeliz papel de distanciar o(a) estudante que se inicia na caminhada jurídica. O sentimento de impotência diante da argumentação estilizada, versada gráfica e matematicamente, acarreta para o(a) jurista a impressão de que a economia é um domínio sobre o qual ele(a) não tem condições de se pronunciar. Um assunto "esotérico", acessível apenas aos "iniciados".

Porém, instituições jurídicas não são impermeáveis aos ambientes ou contextos em que se inserem. Dentre diversas influências imagináveis, o modo como se estruturam os arranjos econômicos (que alcançam até mesmo as relações internacionais) são especialmente relevantes para compreender o que se passa com o direito de uma sociedade. As análises restritas às manifestações (sobretudo domésticas) de direito positivo são inadequadas para a representação de elementos com significado normativo para relações econômicas e sociais.

O discurso jurídico prevalente no Brasil, conforme aponta Castro (2012), ainda é preso a categorias do século XIX, e permanece incapaz de orientar de modo adequado a formação e reforma de políticas públicas e da política econômica. Normalmente, a argumentação de economistas assume uma normatividade contra a qual o(a) jurista não se sente capaz de resistir. A "necessidade econômica" de uma reforma jurídica para evitar a "fuga de investidores" é um exemplo. É comum que a base da argumentação para justificar a retração de direitos fundamentais seja de ordem econômica, como na defesa de medidas como cortes em saúde e educação, reforma previdenciária, trabalhista etc.

O protagonismo do conhecimento jurídico, ressignificado por uma abertura interdisciplinar, é o que está em jogo, diante da percepção de que as insatisfações sociais ventiladas em manifestações (que se difundiram no mundo a partir de 2007, e no Brasil a partir de 2013) são, no fundo, do ponto de vista jurídico, reflexos de percepções de fruição inadequada de direitos.

> Três resultados negativos da prevalência dessa visão [formal-conceitualista] sobre o direito no ensino jurídico brasileiro são: um descolamento entre o intelecto do jurista e a realidade social, que é muito mais complexa do que as categorias jurídicas são capazes de analisar; uma

dificuldade para avaliar de maneira responsável e analiticamente apta as políticas públicas e seus impactos sobre a vida social, dando-lhes um significado jurídico útil; e também uma orientação intelectual para atuar apenas no sentido de preservar a ordem posta, não para reformá-la (CASTRO, 2012, p. 9).

Inadequações do fechamento dos referenciais jurídicos prevalentes diante de ocorrências mais complexas da realidade econômica e social são também apontadas por David Kennedy (2013). Para o autor, "as convenções técnicas profissionais que governam a produção acadêmica desencorajam pronunciamentos a respeito das grandes tendências na vida econômica e política global." Em sua visão, a "tendência jurídico-acadêmica é a análise de foco restrito, refinando e restaurando os léxicos existentes para políticas públicas, doutrina e teoria" (2013, p. 9).

Kennedy propõe que o direito pode desempenhar papel de reordenação em grande escala da vida política e econômica. Para tanto, seria necessário fundir análise jurídica com elementos da economia política, de modo a passar a perceber "as dinâmicas de desigualdade; as distribuições do crescimento; as reproduções de hierarquias dentro de e entre setores, regiões, nações e culturas na liderança e retardatários" (2013, p. 12).

O treinamento intelectual e profissional cruzado dos juristas com a economia política é apontado como necessário para reforma (juridicamente pautada) da cooperação econômica internacional (2013, p. 47). Seria, portanto, necessário reformar a tradição jurídica prevalente, ou seja, modificar a estrutura do modo de pensamento jurídico convencional, conferindo-lhe vocabulário interdisciplinar, em especial para alcançar elementos da economia política.

Contribuições como estas convergem para a percepção da necessidade de que o olhar jurídico deva se abrir para compreender, com o auxílio de elementos de outras esferas, fenômenos normativos que contribuem para a construção social do "normal", ou seja, do que se entende como sendo a "ordem" boa ou aceitável. Como sugerido anteriormente, o foco convencionalmente restrito ao direito positivo não possibilita compreender elementos normativos com relevância prática para a estruturação das relações econômicas e sociais, muitos dos quais econômicos e também ligados às relações internacionais[1]. Afinal, como aponta Marcus Faro de Castro,

---

1   A "limitação que caracteriza boa parte dos debates jurídicos contemporâneos contrasta com a multiplicidade de instrumentos analíticos, procedimentos de cálculo e critérios operacionais desenvolvidos pelos economistas. Evidentemente, de maneira mais exitosa que os juristas, eles lograram elaborar 'formas' para a 'matéria' do social que se aplicam à sociedade vista como um 'sistema'. Certamente, o direito do Estado de bem-estar social, com suas 'formas' jurídicas viabilizadas pela 'turma do social' e, em seguida, de modo mais tortuoso, também pela análise jurídica

as decisões de política econômica afetam de maneira diferenciada as ações atuais e planejadas de grupos e indivíduos, com reflexos sobre a formação de suas concepções sobre o que são (em termos da fruição presente), ou devam ser, os seus direitos. Isso precisa ser compreendido pela análise jurídica no tratamento de questões relevantes para a configuração institucional da política econômica, tanto no plano doméstico como no da cooperação econômica internacional (2009, p. 24).

Um evento recente marca a importância de compreender as relações entre instituições jurídicas e econômicas: a crise do mercado imobiliário norte-americano, de 2007-8, também conhecida como crise do *subprime*. O direito teve grande papel nessa crise, sobretudo pela promoção, embalada por referenciais econômicos, de reformas jurídicas destinadas a promover a desregulamentação financeira.

Em 2008, a bolha imobiliária do mercado norte-americano estourou e arrastou consigo uma série de instituições financeiras e investidores que haviam adquirido produtos financeiros referidos a este mercado. Na esteira de quebras ameaçadas e concretizadas e de medidas emergenciais de socorro governamental, a crise afetou mais do que aqueles diretamente envolvidos. Tampouco se limitou aos Estados Unidos. Seus impactos alastraram-se em cadeia pela Europa e os mais variados pontos do globo. A crise do mercado imobiliário norte-americano havia se tornado uma crise financeira global. Não a partir da periferia, mas do centro da economia mundial.

Na base desta crise esteve a liberdade praticamente irrestrita de instituições financeiras de criar papéis, ou "produtos" financeiros, referentes à dívida imobiliária, e de vendê-los nos mercados mundiais, muitas vezes adotando como base de cadeias contratuais empréstimos pouco criteriosos concedidos por bancos. O risco destes papéis foi subestimado, e a inexistência de lastro sólido para a dívida contraída por instituições financeiras em sua comercialização não foi devidamente levada em conta. Quando a inadimplência dos hipotecários norte-americanos aumentou, e o preço dos imóveis começou a cair, o mercado ruiu. Não havia controle sobre o que estes agentes financeiros faziam. Sequer havia clareza sobre o montante envolvido (WHITMAN, 2009, p. 25). Muitas das transações haviam, afinal, sido conduzidas em "mercados de balcão", isolados de exigências de publicidade. Enquanto o mercado imobiliário era uma bolha a inflar, os ativos financeiros nele baseados não revelavam seu verdadeiro risco. Como na

---

das políticas públicas, até agora tem servido apenas como um complemento a políticas econômicas. E a coordenação mais abrangente das políticas públicas é realizada, para o bem ou para o mal, por meio do emprego de categorias macroeconômicas" (CASTRO, 2012, p. 214). No entanto, a credibilidade das orientações econômicas declinou com a crise global da primeira metade do século XXI (2012, p. 215).

dança das cadeiras, enquanto a música toca, pode haver mais pessoas do que cadeiras, e o jogo prossegue. Mas "a música parou", e havia muito poucas cadeiras para a quantidade de envolvidos (WHITMAN, 2009, p. 26).

Ao avaliar esse cenário, Eiiti Sato (2012, p. 202) considera que "a expansão sem controle de derivativos e de outras modalidades de ativos financeiros foi fator decisivo para o desencadeamento da crise". Não havia qualquer arranjo de cooperação internacional para preveni-la. Ao longo de 30 anos, as políticas econômicas e a cooperação econômica internacional haviam sido estruturadas segundo uma sensibilidade que privilegiava a noção de que o mercado era capaz de autorregular-se. Esta visão ligava a prosperidade ao funcionamento o mais espontâneo possível dos mercados. Pouco tempo antes da crise, Ben Bernanke, presidente do banco central norte-americano, havia reafirmado publicamente sua crença de que a disciplina de livre mercado era mais adequada para regular instituições financeiras do que regras estatais formais (WHITMAN, 2009, p. 26). Em agosto de 2007, quando a crise se iniciava, "líderes políticos não clamavam por controles mais estritos ou uma governança global mais eficaz, mas por 'mais transparência'"(WHITMAN, 2009, p. 27).

A crise revelou que algo estava errado nos quadros de referência que durante muitos anos orientaram padrões regulatórios e de cooperação econômica internacional. Tais padrões, afinal, permitiram a expansão incontrolada dos mercados financeiros, inclusive internacionalmente. Diversas foram as reações críticas a este estado de coisas.

Em 2009, a Rainha Elizabeth II, da Grã-Bretanha, perguntou por que ninguém havia previsto a crise financeira internacional, e recebeu como resposta uma carta contendo pedido de desculpas de economistas britânicos (BESLEY *et al.*, 2009). Em 2011, cerca de 70 estudantes em Harvard boicotaram a aula do renomado professor de economia, Gregory Mankiw, em protesto ao que percebiam como um viés teórico e pedagógico complacente para com injustiças sociais, bem como insensível a inconvenientes derivados da ausência de abertura do conhecimento econômico padrão para outras perspectivas, não "ortodoxas", sobre processos econômicos (DELREAL, 2011).

Ainda em resposta à crise, ocorreram protestos de rua como *Occupy Wall Street*, *Occupy London*, entre outros. Estes protestos tiveram abrangência maior do que os locais apontados em seus nomes, tendo sido articulados por redes sociais virtuais. Tudo isto é indicativo do descontentamento com o predomínio de certa orientação econômica nos governos, nas organizações internacionais e nas universidades, que formulam e ajudam a pôr em prática políticas divorciadas dos anseios sociais de grande parte das pessoas do globo. Como indica Marcus Faro de Castro, "há uma crise no modo de organização da sociedade mundo afora", e que "resulta do fato de que os fundamentos utilizados por autoridades para estabelecer ou manejar estruturas políticas, econômicas e jurídicas flagrantemente envelheceram" (2014b, p. 3).

O direito tem um papel a desempenhar na construção dos referenciais para organização da economia e da sociedade. Para isso, é necessário haver o engajamento dos(as) juristas nos debates econômicos. A economia não pode ser percebida como um domínio "intocável" à crítica jurídica. Mas para que essa percepção mude, é necessário reconfigurar a própria formação jurídica.

O presente livro pretende apresentar uma contribuição nesse sentido, propondo-se como ferramenta alternativa para o ensino-aprendizagem de economia política no curso de direito. A abordagem busca fazer, por meio de perspectiva histórica, a costura entre ideias e instituições *econômicas*, de um lado, e ideias e instituições *jurídicas*, de outro. No fundo, espera-se que o(a) leitor(a) dessa obra: (i) compreenda os principais argumentos, vocabulários e conceitos empregados por modos de pensamento econômico que em algum momento assumiram posição de prevalência no mundo, desde que esse campo do conhecimento se estruturou no final do século XVIII; (ii) seja capaz de perceber as relações dinâmicas existentes entre instituições econômicas e jurídicas; e (iii) se sinta habilitado(a) a posicionar-se sobre ideias econômicas a partir de preocupações jurídicas.

A abordagem de ideias e instituições econômicas nesta obra é permeada pela busca de seus efeitos normativos, porque é justamente aí em que há maior aproximação com o direito. O primeiro capítulo aborda antecedentes da perspectiva econômica, como o mercantilismo e a fisiocracia, que não se constituíram como visões propriamente econômicas. O surgimento da economia ocorre no século XVIII com as contribuições de Adam Smith, autor que encabeçou a corrente do liberalismo econômico clássico. Aspectos de suas contribuições – complementada por argumentos elaborados por David Ricardo – são abordados no capítulo 2. Já o capítulo 3 busca colher os reflexos da prevalência do liberalismo econômico sobre o plano institucional. Seu objeto é a primeira ordem econômica internacional.

Os capítulos 4 a 6 cobrem ideias e instituições econômicas bastante diferentes das antecedentes. O capítulo 4 descreve a conjuntura crítica do período do entreguerras, tempo da Grande Depressão e da busca por políticas econômicas alternativas. O capítulo 5 cobre o principal referencial para as medidas econômicas heterodoxas neste período: o keynesianismo. Na sequência, o capítulo 6 descreve os principais contornos da segunda ordem econômica internacional – a ordem de Bretton Woods – com fortes influências keynesianas.

Os três capítulos seguintes cobrem novas transformações. O capítulo 7 fornece elementos para caracterizar o neoliberalismo e para compreender sua ascensão à proeminência política. O capítulo 8 volta-se às consequências institucionais, descrevendo a configuração da terceira ordem econômica internacional: a do capitalismo financeirizado. Já o capítulo 9 descreve a crise do neoliberalismo a partir de crises e protestos desde o final da década de 1990, acentuados pela ocorrência da crise do *subprime*.

Por fim, o capítulo 10 apresenta contribuições heterodoxas da nova economia do desenvolvimento, que têm ganhado espaço em meio à crise do referencial ortodoxo, ou neoliberal. Em toda a trajetória da obra, busca-se fazer a "ponte" entre a economia e o direito. A abordagem de ideias e instituições econômicas feita nesses dez capítulos tem a preocupação de relacioná-las ao direito[2].

---

2   Ao longo do trabalho, para tornar a leitura mais fluida, foi feita a opção de manter todo o texto em um só idioma. Exceções ocorrem no emprego de expressões técnicas que, se traduzidas, poderiam implicar prejuízo à precisão conceitual. Em certos casos, optou-se por traduzir e indicar, ao lado, a expressão no idioma original. De toda forma, as citações de textos em língua estrangeira empregados nesta obra foram traduzidas livremente pelo autor.

CAPÍTULO 1
ANTECEDENTES DA PERSPECTIVA ECONÔMICA

Nem sempre houve algo como uma "perspectiva econômica". Hoje, temas como produção, consumo, trocas, moeda e riqueza são facilmente identificados como econômicos. Antes da modernidade, a abordagem destes temas encontrava-se vinculada a outras esferas de saber, outros gêneros de discurso ou modos de pensamento. Desde a religião ou a filosofia moral, escrevia-se sobre a condenação da usura ou o "preço justo". Desde a filosofia política e a retórica, a preocupação com o poderio do reino ou a manutenção do príncipe no poder projetava-se sobre a riqueza material. E assim por diante. Quando temas "econômicos" apareciam, encontravam-se subordinados a outras prioridades, como a justiça ou o poder. Não havia o gênero de discurso econômico no sentido que lhe é atribuído hoje. Compreender o que singulariza a economia de outras perspectivas é um passo para compreender suas implicações normativas, inclusive sobre o direito. Por essa razão, a abordagem dessa obra começa pela formação do *olhar econômico*.

"A economia, em todas as suas manifestações modernas, está centrada no mercado; num mundo em que o mercado era um aspecto subsidiário, até mesmo esotérico, da vida, a economia como nós a conhecemos ainda não existia" (GALBRAITH, 1989, p. 23). No medievo, relações hierárquicas, não as de mercado, determinavam a produção, a troca e o consumo. As sinalizações de preço eram menos relevantes para determinar a produção e distribuição dos bens do que a tradição e o medo de punições (GALBRAITH, 1989, p. 28). Neste contexto, era comum a percepção negativa acerca de mercadores e banqueiros, ou, de modo geral, da busca privada do enriquecimento.

Condenadas por séculos como ganância, amor ao lucro e avareza, tais atividades tornaram-se honradas na modernidade (HIRSCHMAN, 1997, p. 9). A busca do interesse privado passa a assumir contornos de virtude. As atividades comerciais e bancárias começaram a ser vistas como inofensivas, suavizadoras de modos humanos, dotadas de atributos civilizadores: sobretudo quando contrastadas com atividades violentas de exércitos e da pirataria (HIRSCHMAN, 1997, p. 63). Trata-se da visão do *doux commerce,* o comércio como atividade suave, dócil. A busca do enriquecimento passa a ser encarada como paixão calma ou serena, bastante preferível às manifestações violentas motivadas por outras paixões humanas (HIRSCHMAN, 1997).

O que haveria mudado? Para John Kenneth Galbraith, a prodigiosa expansão dos mercados e multiplicação de bancos e pessoas engajadas na vida comercial amenizaram o estigma contra os mercadores na modernidade (1989, p. 30). Com o crescimento da importância dos mercados na vida de comunidades diversas, ao lado da ascensão de uma classe mercantil, a busca e o acúmulo da riqueza tornaram-se "respeitáveis" (1989, p. 34).

A ascensão dos mercados na modernidade esteve na base da formação da perspectiva econômica. Este é um aspecto contextual. Outros aspectos importantes dizem respeito ao próprio modo como as ideias sobre temas econômicos passaram a ser articuladas. Que características do modo de pensar implicaram o surgimento da economia como algo novo? Louis Dumont (2000) responde a questão valendo-se de dois critérios: autonomia e sistematização.

Estes dois critérios só foram atendidos de modo conjunto com o liberalismo econômico inaugurado por Adam Smith, ao final do século XVIII. Perspectivas antecedentes falharam em atender um ou ambos. Esta última hipótese é o caso do mercantilismo, cuja abordagem de temas econômicos não era nem sistematizada, nem autônoma. Ao invés, esses temas eram trabalhados em coleções de conselhos dirigidos ao príncipe. Suas recomendações para o acúmulo de metais e para adoção de medidas para gerar superávits na balança comercial eram feitas desde preocupações originadas na *política*. Mais especificamente, esses autores lidavam com temas econômicos objetivando, no fundo, o aumento do poderio do reino, como retratado na seção 1.1, abaixo.

Já os fisiocratas, abordados na seção 1.2, chegaram a trabalhar o domínio econômico a partir da sistematização feita por François Quesnay no *quadro econômico (tableau economique)*. O *tableau* descrevia uma sociedade dividida em três classes com fluxos interligados de bens e moeda, formando ziguezagues em sucessivas interações a ligar todas elas. Na origem da circulação da riqueza está a concepção fundamental para o pensamento fisiocrata: apenas a natureza é capaz de gerar o novo, e multiplicá-lo. O comércio apenas "multiplica compras e vendas sem multiplicar coisas" (QUESNAY, 2003 [1766], p. 99). Assim também a manufatura é descrita como capaz de transformar, mas não de multiplicar a riqueza. A receita dos fisiocratas para organização da atividade econômica é reflexo desses elementos. A boa organização não é aquela feita em função do interesse material individual nos mais variados setores de atividade econômica, mas aquela que se enquadra nos ditames de uma "ordem natural" que privilegia a atividade agrícola sobre todas as outras. O "direito natural" ocupa, assim, na fisiocracia, posição de influência análoga à do "poder" no pensamento mercantilista. Não é, portanto, o motivo propriamente *econômico* (ou seja, aquele ligado ao interesse material) que orienta o olhar fisiocrata, mas a noção de ordem natural.

Adam Smith inaugura a tradição econômica ao abordar seus temas de modo a um só tempo sistematizado e autônomo em relação a outras esferas de saber. O modo como Smith realiza a sistematização será abordado no capítulo 2. Mesmo a noção de um sistema de ideias pressupõe certa coerência entre os elementos que o compõem. No caso da fisiocracia, a coerência da sistematização de Quesnay no *tableau* era dada pela ordem natural. No caso de Smith, o elemento a ligar as partes do sistema é o mesmo que está na base da emancipação do campo econômico: o argumento da *harmonia natural dos interesses*. O subtítulo da fábula é "vícios privados, benefícios públicos." Mandeville sugere que o comportamento viciado das abelhas no primeiro momento tinha utilidade econômica e contribuía para o bem-estar da colmeia (MANDEVILLE, 1988; DUMONT, 2000, p. 101). As abelhas eram egoístas, gananciosas, orgulhosas, buscavam o luxo e estavam preocupadas primariamente com o interesse material de cada uma. Assim, o comportamento da abelha alcoólatra que gastava o ordenado do mês na taverna beneficiava aqueles que lá trabalhavam, bem como o cervejeiro, o açougueiro e todos aqueles envolvidos na cadeia produtiva vinculada àquela atividade (MANDEVILLE, 1988, p. 73). E mesmo o crime tinha sua função econômica: após a moralização da colmeia, Mandeville descreve o cenário em que não só juízes e advogados perderam suas fontes de renda, como também policiais, carcereiros, ferreiros e toda uma gama de atividades que dependiam materialmente da existência do comportamento criminoso (MANDEVILLE, 1988, p. 71-2).

Por meio da *fábula*, Mandeville apresenta a visão de que certo mecanismo *automático* conduz à transformação dos comportamentos autointeressados, ainda que viciados, para gerar resultados benéficos ao todo social. Esta é a base da afirmação da *harmonia natural dos interesses*. Com isso, Mandeville fornece elementos para possibilitar a apresentação do domínio econômico como dotado de moralidade específica. Passa a ser possível justificar o comportamento individual autointeressado ainda que este seja visto como "vício" pela moralidade geral. É uma nova forma de pensar[3].

A busca da riqueza ou do interesse material torna-se digna de preocupação intelectual como objeto em si, acompanhando a nova visão do *doux commerce*. O estudo das formas para aumento da riqueza não está mais em função do poder político, de promover sua conformidade com a moralidade geral ou com o direito natural. Curiosamente, quando o interesse material

---

3   "Há certamente emancipação em relação *ao curso geral e comum da moralidade*, mas ela é acompanhada da noção de que a ação econômica é, por si mesma, orientada para o bem, que ela possui *um caráter moral que lhe é especial*, e em virtude deste caráter especial lhe é permitido escapar da forma geral de julgamento moral. Em suma, haveria aí apenas uma especialização da moral, ou mais exatamente, o econômico só escaparia dos entraves da moralidade, assumindo um caráter normativo próprio" (DUMONT, 2000, p. 95).

ou a riqueza surgem como objetos de análise intelectual a título próprio, ocorrem impactos para o modo como o poder político, a justiça e a sociedade são pensados. A perspectiva econômica passará a conter pretensões de reformar as instituições *políticas e jurídicas*, por vezes em função de objetivos econômicos desprendidos de considerações sociais mais amplas. Não é à toa que Louis Dumont se refere ao processo que originou a perspectiva econômica como tendo envolvido certo "deslocamento de primazia" (2000, p. 145) e uma "revolução nos valores" (2000, p. 19)[4].

Ao contrário do projeto pré-moderno ou tradicional de organização da sociedade com base em hierarquias bem estabelecidas – em que os mercados são aspectos subsidiários da vida social –, a modernidade e a emancipação da perspectiva econômica abrem a possibilidade de enxergar e organizar a sociedade como "adjunta ao mercado" (DUMONT, 2000; POLANYI, 2001 [1944]). "Ao invés de a economia estar incrustada em relações sociais, as relações sociais estão incrustadas no sistema econômico." Além disso, "uma vez que o sistema econômico esteja organizado em instituições separadas, baseadas em motivos específicos e com status especial, a sociedade deve ser moldada de tal modo a permitir que este sistema funcione segundo suas próprias leis" (POLANYI, 2001, p. 100).

---

[4] A revolução de valores mencionada por Dumont é expressão da transição da ideologia holista, típica de sociedades tradicionais, para a individualista, característica das sociedades modernas. Três tipos de transformações estão envolvidos nesta passagem. Primeiramente, ao passo que na ideologia holista as necessidades e aspirações dos indivíduos são ignoradas ou subordinadas às do todo social, o inverso se dá nas sociedades modernas de ideologia individualista. Em segundo lugar, sociedades tradicionais valorizam mais as relações dos homens entre si do que aquelas entre homens e coisas, ao passo que nas sociedades modernas, mais uma vez, ocorre o oposto. Por fim, nas sociedades tradicionais, a forma de riqueza mais valorizada é a imóvel, vista, porém, como estando em função de outros objetivos, como o estabelecimento de relações hierárquicas. Na ideologia individualista, não só a riqueza de tipo móvel passa a ser a mais valorizada (o que guarda relação com a possibilidade de seu desprendimento de relações hierárquicas, dada a sua mobilidade) como também a riqueza passa a ser valorizada a título próprio, não necessariamente estando em função de outras finalidades. O nascimento da economia é encarado por Dumont como expressão dessa transição ideológica (DUMONT, 2000).

1.1 Mercantilismo

Um dos principais nomes associados à corrente mercantilista é Thomas Mun, que dirigiu a Companhia Britânica das Índias Orientais no início do século XVII. Alguns relances de seu livro "O tesouro da Inglaterra pelo comércio exterior", cujo subtítulo é "a balança comercial como regra de nosso tesouro", permitem ter uma ideia do que venha a ser a perspectiva mercantilista acerca dos assuntos econômicos. Vale ressalvar, evidentemente, que não se pretende fazer passar a perspectiva de Mun como coerente com toda forma de pensamento mercantilista. O mercantilismo, afinal, não chegou a conformar uma escola: do século XV ao XVIII configuraram-se múltiplas vertentes, com tonalidades nacionais distintas: ao passo que as políticas da Espanha ficaram conhecidas por sua ênfase "bulionista"[5], a França foi caracterizada pelo "colbertismo"[6], os territórios germânicos pelo "cameralismo"[7], e o Reino Unido apresentou contornos que se identificam com os escritos de Thomas Mun.

O texto desse autor é escrito no tom de quem dá conselhos ao príncipe – lembrando, a esse respeito, a postura de Maquiavel. Mun apresenta um conselho geral, e o restante do livro pode ser interpretado como uma série de desdobramentos seus. A chave para a riqueza do reino consistiria em "vender mais aos estrangeiros anualmente do que consumimos deles em valor" (MUN, 2003 [1664], p. 32). Portanto, trata-se de obter saldo positivo na balança comercial do Reino Unido.

Na busca da balança comercial favorável, Thomas Mun desdobra seu conselho ao longo da obra em uma série de regras. Há recomendações para exportar a valores altos aos importadores estrangeiros que não possam obter a mercadoria de outras fontes, com a ressalva de que não se deve cobrar excessivamente ao ponto em que "cause menor quantidade de vendas". Na situação em que o exportador concorra com outros mercadores, deve-se procurar vender "o mais barato possível, ao invés de perder a venda destas mercadorias". Mun aconselha o comércio com países remotos ou distantes, que são "muito mais lucrativos" (MUN, 2003 [1664], p. 34). Indica, ainda, privilegiar o comércio de bens manufaturados, ao invés das matérias-primas de sua composição, já que as "artes são mais lucrativas do que a riqueza natural". E exemplifica: "o minério de ferro nas minas não é de muito valor,

---

5   Política que enfatiza a acumulação de metais preciosos, como ouro e prata.
6   Conjunto de políticas associadas a Jean-Baptiste Colbert (1619-1683), ministro das finanças de Luís XIV, e caracterizadas sobretudo pelo incentivo e proteção às manufaturas francesas.
7   Diferentemente de outros lugares em que as políticas mercantilistas eram estimuladas por uma classe mercantil com ascendência sobre os assuntos de Estado, nos territórios germânicos as políticas de estímulo à atividade econômica partiam das formulações de funcionários públicos, e a expressão "câmera" faz alusão aos espaços de administração pública de onde partiam tais políticas.

se comparado com o emprego e vantagem que gera ao ser [...] fundido em artilharia, mosquetes", além de uma série de outros instrumentos metálicos (MUN, 2003 [1664], p. 35)

No campo do transporte naval das mercadorias, o autor sugere que os fretes das mercadorias britânicas não sejam deixados a cargo de mercadores estrangeiros. "O valor de nossas exportações pode ser bastante melhorado se as fizermos em nossos próprios navios, porque então não obtemos o preço de nossas mercadorias pelo que valem aqui, mas também os ganhos mercantis, de seguro e de frete para levá-las pelos mares" (MUN, 2003 [1664], p. 33).

Em outros pontos, o texto de Mun introduz ressalvas ao sentido geral das políticas da época. A política geral era a de restringir a importação de bens estrangeiros. Mas o autor sugere que devem ser livres as importações temporárias, feitas para re-exportação por mercadores britânicos, que estariam assim intermediando o comércio entre dois pontos no estrangeiro (MUN, 2003 [1664], p. 34). A mesma regra se aplica à importação de insumos destinados à produção de bens para exportação, como a seda na composição de tecidos manufaturados. Nestes casos, Mun ressalva, o reino não deve temer a entrada dos produtos estrangeiros, visto que a exportação posterior, com lucro, contribuirá para a balança comercial. No entanto, a importação para consumo, e não para re-exportação, deve ser tarifada mais pesadamente:

> mercadorias estrangeiras trazidas para serem transportadas novamente devem ser favorecidas, porque do contrário esta maneira de comerciar (tão importante para o bem da *Commonwealth*) não pode prosperar ou subsistir. Mas o consumo de tais mercadorias estrangeiras no reino deve ser mais tarifado [...] (MUN, 2003 [1664], p. 35).

Outra dessas ressalvas refere-se ao fluxo de metais preciosos. Curiosamente, Thomas Mun refere-se à Espanha como "a fonte de dinheiro", em virtude de seu acesso às minas das Américas, menção que resulta em outro conselho ao rei britânico: "não temos outro meio de conseguir riqueza a não ser pelo comércio exterior, porque não temos minas que a forneçam" (MUN, 2003 [1664], p. 36). Equiparando os efeitos da mineração sobre a riqueza aos da obtenção de saldos positivos na balança comercial, Mun questiona políticas de restrição à saída de ouro e prata do reino nos casos motivados para seu emprego no comércio exterior. Nesse sentido, aconselha que se deva permitir aos mercadores britânicos carregar ouro às Índias Orientais para compra de especiarias, que poderão ser revendidas na Itália ou na Turquia com rendimento que o autor estima em sete vezes superior ao dinheiro gasto (MUN,

2003 [1664], p. 36). Permitir a exportação de ouro e prata para atividades lucrativas no comércio exterior é, na visão de Mun, equiparável à necessidade de gastar sementes para que se possa realizar a colheita:

> se observarmos as ações do fazendeiro no momento da semeadura, quando ele joga ao solo tantos grãos bons, poderíamos tomá-lo mais como louco do que como fazendeiro: mas quando consideramos a colheita que é o fruto de sua empreitada, encontramos o valor e a aumento abundante em suas ações (MUN, 2003 [1664], p. 38).

Esses destaques da obra de Mun permitem observar um exemplo do "registro" mercantilista de discurso, essencialmente ocupado em dirigir ao príncipe conselhos para o aumento da riqueza do reino que, no caso britânico, deveria orientar suas políticas para a obtenção de saldos positivos na balança comercial.

Ainda que o texto de Thomas Mun seja um em meio a variados textos do período mercantilista que não conformaram um todo coerente, ele é representativo de um conjunto de ideias que teve ao menos certos traços em comum e que se tornaram característicos deste período do início da modernidade. Autores de nacionalidades europeias distintas compartilhavam vocabulário e certas ideias a respeito da política econômica, dentre as quais despontam a noção de que o Estado deve procurar tornar a balança comercial positiva para vencer no comércio internacional, mas também, e principalmente, "uma preocupação com a questão de como uma nação poderia se tornar rica e portanto atingir patamares maiores de poder e glória nacionais" (MAGNUSSON, 2003, p. 56). Em sua maior parte, os autores do período do capitalismo mercantil eram "homens de negócios, mercadores e oficiais de governo" (MAGNUSSON, 2003, p. 46). Não é à toa que se costuma caracterizar a era mercantilista como período de sobreposição de interesses mercantis e estatais.

Galbraith elenca cinco fatores associados à conformação das doutrinas mercantilistas. A (i) proliferação dos mercados, (ii) a ascensão da classe mercantil e (iii) a consolidação do Estado moderno já foram aludidas anteriormente, e integram este contexto. O cenário é, a propósito, de "associação próxima, íntima mesmo, entre a autoridade do Estado e os interesses mercantis" (GALBRAITH, 1989, p. 33). Além dos três mencionados, são componentes mais específicos (iv) as viagens de descoberta – grandes navegações – e (v) a marcada ascensão nos preços ocorrida na Europa no início da era moderna.

As viagens de descoberta representaram o ganho de importância do comércio de longa distância, com influxos, na Europa, de produtos novos e exóticos, bem como de grandes quantidades de metais preciosos.

Por sua vez, a maior abundância de ouro e prata em circulação na Europa representou alta geral dos preços. Este processo inflacionário exerceu "uma influência vibrante e instigadora sobre o comércio", além de atrair a atenção dos governos, que buscavam meios para aumentar seus estoques de metais preciosos (GALBRAITH, 1989, p. 33).

As doutrinas mercantilistas foram assentadas sobre a crença de que o comércio não seria "um jogo no qual todos podiam ser bem-sucedidos" (GALBRAITH, 1989, p. 38). A riqueza existente no mundo era encarada de forma estática, e não dinâmica. Diz-se hoje, a partir do vocabulário da teoria dos jogos, que o mercantilismo encarava o comércio internacional como jogo de soma-zero, ou seja, como situação em que o ganho de um participante representa, necessariamente, a perda do outro. A concepção de que riqueza constante no mundo projetou-se na forma de competir pela apropriação da maior parte dela. É relevante, nesse contexto, que a riqueza era encarada, sobretudo, como acumulação de ouro e prata. A política de acumular metais preciosos – quer pela exploração colonial direta, quer por saldos favoráveis na balança comercial – "deveria ser o principal objetivo das diretrizes públicas e pessoais, constituindo o fim para o qual todo esforço individual e toda regulamentação governamental deveriam sempre ser dirigidos" (GALBRAITH, 1989, p. 36).

Estes traços permitem caracterizar o mercantilismo como expressão doutrinária de um mundo em que os Estados competiam pelo acúmulo de riqueza, encarada em sua expressão pecuniária. As políticas econômicas da era mercantilista envolviam políticas comerciais protetivas por parte do Estado para evitar importações e saída de metais preciosos, de um lado, e intervenções para promoção de exportações e entrada destes metais, de outro (MAGNUSSON, 2003, p. 47). Os mecanismos para tais políticas eram múltiplos, e incluíam: (i) proteção tarifária e de subsídios à produção nacional e exportação, sobretudo de manufaturas; (ii) edição de normas limitadoras da exportação de ouro e prata; (iii) estabelecimentos de monopólios para o comércio colonial e a navegação; (iv) desenvolvimento do poderio naval e (v) políticas de gerenciamento de preço – em particular, era interessante à produção manufatureira que os preços agrícolas e do trabalho permanecessem baixos (MEDEMA; SAMUELS, 2003, p. 30).

Os autores do período mercantilista não são caracterizados pela crença de que as forças de mercado conduziriam à prosperidade econômica e aumento da riqueza do Estado de forma autônoma. A balança comercial, por exemplo, não deve ser deixada à livre atuação dos agentes privados no mercado (LEFTERIS, 2010, p. 7). Pelo contrário, desponta no pensamento mercantilista a concepção de que a intervenção do Estado é benigna e necessária.

Os autores mercantilistas apresentavam, ainda, atitude negativa a respeito da concorrência. Ou seja, postulavam que os melhores resultados econômicos dependiam do estabelecimento de monopólios para a condução de atividades comerciais, e não pela livre concorrência dos agentes nos mercados.

É importante ressaltar que, na era mercantilista, os escritos sobre o que hoje se considera a "economia" não eram feitos por "economistas ou filósofos específicos" (GALBRAITH, 1989, p. 29). Além de não haver representações do domínio econômico que permitissem concebê-lo como sistema, a economia ainda não havia emergido como disciplina ou profissão, um "campo" específico de atuação, sendo percebida como extensão de outros domínios. No caso mercantilista, como ressalta Louis Dumont (2000, p. 48), a economia política era tomada como ramo da política. Ou seja, em última instância, os problemas econômicos eram encarados desde o ponto de vista político, e para finalidades políticas.

O mercantilismo viria a ser criticado no século XVIII pelos autores associados à tradição fisiocrata, que discordam de modo fundamental com a associação entre riqueza e acumulação de metais. No entanto, não a fisiocracia, mas a revolução industrial na porção final do século e a publicação da *Riqueza das Nações* em 1776 representaram o fim do primado da perspectiva mercantilista, severamente criticada por Adam Smith (GALBRAITH, 1989, p. 29, 41).

Antes de passar à descrição do momento em que o liberalismo econômico de Smith tornou-se a perspectiva preponderante (capítulo 2), é importante abordar os contornos principais de outra perspectiva a que Smith se opôs, e que consiste na tradição francesa da fisiocracia, o último antecedente da economia clássica.

1.2 Fisiocracia

O "Quadro econômico" (*Tableau économique*), de François Quesnay (1694-1774), é obra representativa da escola de pensamento da fisiocracia. Nele, Quesnay concebe uma sociedade composta por três classes, que assumem suas identidades segundo suas funções econômicas. Há a classe dos poprietários de terras, a dos produtores e a estéril. As três são descritas como partes concatenadas de um sistema, dentro do qual há fluxos de produtos aos quais correspondem fluxos de dinheiro.

O *quadro* descreve esses fluxos em ziguezague. Assim, por exemplo, a classe produtiva remunera a dos proprietários de terra pelo uso do solo na forma de aluguéis. A renda dos donos de terra é gasta na compra de alimentos da classe produtiva, e de bens produzidos da classe "estéril", como manufaturas e artesanatos. A classe estéril vende não só para os donos de terra, mas também instrumentos para a classe produtiva. Compra, por sua vez, alimentos e matérias-primas desta última. Formam-se, portanto, elos de interação econômica entre as três classes, com fluxos monetários e de bens. "Esta circulação e distribuição mútua continuam do mesmo modo por subdivisões até o último centavo das somas de dinheiro que trocam de mãos de uma classe a outra" (QUESNAY, 2003 [1766], p. 98).

Os termos empregados por Quesnay refletem a concepção fisiocrata sobre a geração de riqueza. Nesse sentido, a classe dos agricultores é referida como "produtiva", ao passo que a dos comerciantes, artesãos e manufatureiros, como "estéril" (2003 [1766], p. 98). Para Quesnay, como para os fisiocratas em geral, apenas a terra, ou a natureza, é capaz de realizar a verdadeira reprodução. Nesse sentido, a semeadura do grão de trigo resulta em sua multiplicação, obtida na colheita, ao passo que, na manufatura ou no artesanato, tudo o que se tem – na perspectiva fisiocrata – é a "transformação" da forma de matérias-primas. A forma muda, mas nada novo é gerado. "Gastos estéreis são aqueles com manufaturas, imóveis, vestimentas, juros sobre o capital, serventes, custos comerciais, produtos estrangeiros, etc." (QUESNAY, 2003 [1766], p. 98). Da mesma forma, as compras e vendas de coisas no comércio, para Quesnay, não criam nada novo: apenas fazem com que as mercadorias mudem de mãos (QUESNAY, 2003 [1766], p. 99). Por isso, a criação de riqueza está adstrita à ação da natureza, única fonte multiplicadora nesta concepção.

A partir dessa descrição, Quesnay propõe a necessidade de enfatizar a produção agrícola como chave para a riqueza do reino. Uma de suas preocupações, nesse sentido, é que o excesso de gastos em outras áreas em prejuízo dos investimentos na agricultura pode levar ao empobrecimento geral. Assim, a riqueza será diminuída "se uma nação agrícola entrar em declínio, simplesmente por meio do desperdício dos investimentos necessários à produção" (QUESNAY, 2003 [1766], p. 101). O "desperdício", nesse sentido, pode significar uma série de coisas, como: "excesso de luxo por meio da ornamentação"; "um sistema ruim de tributação, que comprima os investimentos dos cultivadores" e mesmo "gastos excessivos com a litigância". Caberá ao Estado direcionar suas políticas para evitar esse desperdício. Entre as medidas propostas por Quesnay, figura aquela de um imposto único, incidente apenas sobre o excedente agrícola, o *produit net*. Como a renda do *produit net* é paga pelos produtores aos proprietários de terra na forma de aluguel, caberia apenas à classe dos produtores arcar com o pagamento de tributos (STEINER, 2003, p. 66). A ideia, evidentemente, não agradou à aristocracia francesa detentora de terras em sua época, mas era consistente com a concepção fisiocrata, no sentido de tributar a riqueza em sua fonte, não na circulação.

Outra medida advogada por Quesnay consistia na liberdade de comércio para produtos agrícolas (QUESNAY, 2003 [1766], p. 101). O objetivo era atingir o *bon prix*, o bom preço, ou seja, aquele suficientemente alto para cobrir os custos de produção e gerar excedentes, o *produit net*. Esta liberdade deveria atingir tanto o mercado interno quanto o externo. A lógica por trás da defesa de tal medida é a de que o vendedor que não está condicionado a vender localmente pode encontrar melhores preços em outros lugares. Embora Quesnay não tenha empregado a expressão, é comum referir-se a ele como precursor do *laissez-faire* (MEDEMA; Samuels, 2003, p. 95). Além da liberdade de comércio interior e exterior, Quesnay sustentava ainda que o Estado não deve interferir na liberdade das pessoas, demonstrando preocupação com que o "assédio aos habitantes do campo" tenha impactos negativos sobre a multiplicação da riqueza de um reino agrícola.

Curiosamente, o *laissez-faire* em Quesnay não é a base para pensar uma ordem fundada na ausência de intervenção governamental ou para priorizar as necessidades do indivíduo àquelas do todo social. Há elementos da ideologia holística em Quesnay. *Laissez faire*, nesse sentido, "não significa uma noção de governo mínimo, mas, ao inverso, a política governamental que segue as leis naturais da ordem natural; o que na prática significa a promoção governamental ativa de um reino agrícola" (MEDEMA; SAMUELS, 2003, p. 95). No fundo, tanto o comportamento governamental quanto o individual são componentes de uma ordem natural, regida pelo direito natural, que governa o comportamento social e econômico.

Na perspectiva de Galbraith, os fisiocratas buscaram produzir uma "justificativa filosófica convincente" para os privilégios da aristocracia francesa proprietária de terras (GALBRAITH, 1989, p. 43). Esta justificativa seria diferente da mera afirmação de um "direito divino" à propriedade, porque confere a esta propriedade função fundamental na ordem econômica. Nesse sentido, os fisiocratas articulavam uma ordem econômica fundada no direito natural, resultante num discurso direcionado para

> preservar mediante reformas a precedência e os privilégios de sua antiga sociedade proprietária de terras à qual todos estavam comprometidos, repelindo as pretensões e as intrusões do capitalismo mercantil e das refratárias, grosseiras e vulgares forças industriais (como eram consideradas) por ele geradas (GALBRAITH, 1989, p. 46).

A fisiocracia se situa entre os antecedentes do pensamento econômico como perspectiva não apenas diversa do mercantilismo, mas antagônica a ele. O modo como os fisiocratas se apropriaram da noção de direito natural reflete este antagonismo. "Obviamente, os mecanismos em benefício dos mercadores – concessões de monopólio, as diversas restrições protecionistas ao comércio interno, as corporações de mercadores remanescentes – estavam todos em conflito com a lei natural" (GALBRAITH, 1989, p. 47). É curioso, em contraste, pensar que Thomas Mun sugeria a busca da balança comercial favorável como regra fundamental para a política econômica do reino, regra esta não derivada, porém, de noções de direito natural.

Pode-se associar o descarte do direito natural pelos mercantilistas ao sentido de transformação experimentado na transição do medievo para a modernidade, do modo feudal ao capitalismo mercantil. Essa transição, afinal, protagonizada por uma classe comercial que não se encaixava no esquema tradicional. Não pensar em termos de direito natural representava a possibilidade de atribuir liberdade para a formulação da política de Estado (afinal, o direito natural é apresentado como eterno, imutável e, sendo universal, pouco maleável às peculiaridades políticas de cada reino). Em contraste, os fisiocratas buscam na ordem natural o disciplina do Estado segundo um esquema que não adere plenamente aos ares comerciais da modernidade – salvo no que diz respeito à necessidade de liberdade de comércio para os produtos agrícolas, tomada como aspecto secundário, diante do qual a produção é priorizada. Resgata, ao invés, elementos de certa estrutura fixa de classes, associada à produção agrícola, com a ressalva de que esta já não é mais voltada à subsistência, como no medievo, mas ao excedente comercializável (*produit net*), expressão da riqueza do reino. Como Louis Dumont caracteriza, a fisiocracia apresenta "sobrevivências feudais com traços modernos ou burgueses" (DUMONT, 2000, p. 57).

Para este autor, o pensamento fisiocrata envolve a combinação da ideologia holista com aspectos de autonomia econômica (2000, p. 75). No entanto, tal autonomia é qualificada. Ao invés de plena, absoluta – caso em que a economia seria tomada como um campo relevante por si só –, ela assume caráter "normativo". A normatividade reside no fato de que o ponto de vista para observar a economia é "derivado do exterior", e em particular, "da projeção sobre o plano econômico da concepção geral do universo como um todo ordenado" (DUMONT, 2000, p. 59). Ainda em outros termos, a autonomia da economia em Quesnay existe apenas no sentido em que o domínio econômico é concebido como um "sistema de relações lógicas, estendendo-se pela totalidade do domínio" (DUMONT, 2000, p. 58), mas esta sistematicidade não se fecha sobre si mesma, não é autossuficiente. No fundo, o que orienta a economia não é um componente "interno" a este sistema, mas o direito natural, a ordem natural. "O que Quesnay apresenta, explicitamente, é um desenvolvimento particular da teoria do 'direito natural', uma teoria geral social e política centrada em aspectos econômicos, construídos em um sistema lógico" (DUMONT, 2000, p. 59). Nesse sentido, Dumont afirma que "a economia atinge o estatuto de um sistema coerente, precisamente, em um lugar em que aparece associada e sustentada por uma teoria social, estritamente tradicional, e participa de uma ideologia holista" (DUMONT, 2000, p. 60).

A caracterização de Quesnay acerca do domínio econômico é paradoxal por combinar aspectos da ideologia holista com a individualista. O traço individualista se situa na concepção de um sistema econômico em que "a riqueza circula de forma regular e harmoniosa", e que tem como "condição fundamental [...] a propriedade privada cujo corolário é a liberdade considerada como ausência de toda intervenção ou regulamentação, direta ou indireta, da parte do Estado." (DUMONT, 2000, p. 60) Já o traço holista se apresenta porque este sistema econômico é parte de um "quadro tradicional, religioso e político", pautado pela ordem natural. Assim, Dumont ressalta que "Quesnay não parte do agente individual, nem raciocina do ponto de vista de causas e efeitos, mas de uma ordem teleológica que inclui e garante a liberdade do agente individual" (DUMONT, 2000, p. 62).

Estes dois traços refletem-se na receita fisiocrata para o comportamento do Estado. É certo que o objetivo principal consiste em garantir a agricultura, e já se fez alusão, aqui, a algumas das medidas sugeridas por Quesnay para este fim. No conjunto destas medidas, a intervenção do Estado é tomada como política incorreta. Pelo contrário, "seria necessário que o Estado agisse sobre si mesmo, para colocar fim a sua intervenção em matéria econômica" (DUMONT, 2000, p. 62). Este mesmo aspecto é abordado por Albert Hirschman, ao relatar que os fisiocratas pensavam a economia como uma máquina intricada que funcionava de modo independente da vontade humana, dotada de um funcionamento natural (HIRSCHMAN, 1997, p. 93-4). A preocupação fisiocrata não era apenas a de que ninguém deveria interferir com o funcionamento desta máquina complexa, mas o de construir uma ordem política que assegurasse a não interferência (HIRSCHMAN, 1997, p. 94). Assim, Hirschman afirma que os fisiocratas tinham a ambição de "motivar o príncipe a agir corretamente (isto é, em conformidade com a doutrina fisiocrata) por vontade própria" (1997, p. 97). O ponto é o de que os fisiocratas advogavam não apenas a liberdade contra a interferência governamental no mercado, mas a garantia dessa liberdade por um governante absoluto, "cujo interesse é vinculado ao sistema econômico 'correto'"

(1997, p. 98). A ordem econômica conforme à ordem natural e nas quais está inscrita a liberdade individual são, dessa forma, curiosamente construídas a partir de um governo que é absoluto mas orientado pelo direito natural, de modo a conformar um "despotismo legal" (HIRSCHMAN, 1997, p. 98).

Até o momento, observaram-se aspectos das perspectivas mercantilista e fisiocrata. No primeiro caso, a descrição foi de um ponto de vista que não se caracterizava pela sistematicidade, e que encarava a busca da riqueza como um assunto de Estado. A riqueza era encarada como a acumulação de metais, e o meio privilegiado para tanto, no caso britânico expresso pelo discurso de Thomas Mun, era a obtenção de saldos positivos na balança comercial. Estes elementos conformavam a regra geral a orientar a política econômica do Estado, seu engajamento no comércio internacional e nas relações internacionais. No caso da perspectiva fisiocrata, foi possível observar o advento da apresentação do domínio econômico em um sistema, que abarcava produção e circulação, tanto de bens quanto de moeda. Neste sistema, a riqueza é identificada de forma exclusiva à produção agrícola, ao passo que o comércio e a manufatura são descritos como atividades "estéreis". Há clara mudança de enfoque. No entanto, observou-se, ao mesmo tempo, que a percepção do "sistema econômico" não resultou exatamente na emancipação da economia, mas foi combinada com elementos holistas, tradicionais. A "ordem econômica" encontra-se pautada por uma ordem natural, e as projeções normativas desta ordem natural atingem e orientam o sistema econômico, que permanece desprovido de uma moralidade que lhe seja própria, de moralidade específica.

CAPÍTULO 2
LIBERALISMO ECONÔMICO CLÁSSICO

Com Adam Smith e a construção da perspectiva do liberalismo econômico, a caracterização da economia muda de figura. Emerge o ponto de vista "propriamente" econômico, sem subordinação a outras esferas, de modo a conformar um sistema, com partes ordenadas de modo a formar um "todo", que se sustenta por si só.

Na *Riqueza das nações*, Smith discorda das posições mercantilistas, às quais refere como "sistema comercial", bem como dos fisiocratas, correspondentes ao que denomina "sistema agrícola" (SMITH, 1996a [1776], p. 413). O sistema que Adam Smith apresenta se difere dos precedentes, inaugura a tradição do liberalismo econômico e serve de marco para a própria economia. A riqueza não está nem nos metais, nem exclusivamente na agricultura, mas sim nos ganhos de produtividade impulsionados pela divisão do trabalho e a liberdade de comércio.

As seções 2.1 e 2.2 são dedicadas a aspectos das contribuições de Smith. A primeira procura explicar como Smith parte da identificação da riqueza com o trabalho e consegue tanto definir a perspectiva econômica de modo emancipado de outras esferas do saber como derivar, daí, a necessidade de liberdade para o comércio internacional. Já a segunda fornece uma visão geral da apresentação do domínio econômico como um todo sistematizado.

A seção 2.3, a seu turno, endereça as limitações da defesa da liberdade de comércio internacional em Smith a partir de seu argumento de *vantagens absolutas*, apresentando os refinamentos introduzidos por David Ricardo ao formular o argumento das *vantagens comparativas ou relativas* do comércio internacional, que resultou numa defesa mais forte, abrangente e influente da liberdade comercial.

2.1 Smith: da divisão do trabalho à defesa da liberdade de comércio

A caracterização que Smith faz do trabalho como fator-chave para a geração de riqueza se reflete na organização de sua obra. A divisão do trabalho é o ponto de partida para elaborações que conduzem tanto à caracterização do domínio econômico como algo *autônomo* – via *harmonia natural dos interesses* –, quanto à defesa da liberdade de comércio internacional – via *vantagens absolutas ou naturais*.

O primeiro capítulo de *A riqueza das nações* focaliza a divisão do trabalho e começa com o exemplo da fábrica de alfinetes. Segundo o relato de Smith, o processo de fabricação do alfinete envolve 18 operações distintas. Se uma só pessoa fizer todas estas operações, ao final de um dia conseguiria fabricar, na melhor das hipóteses, 20 alfinetes. Mas a divisão das tarefas numa fábrica com 10 funcionários, alguns deles cumulando operações, resulta na produção total de 48 mil alfinetes por dia, ou 4800 por trabalhador. A partir desse exemplo, Smith enuncia que a divisão do trabalho "gera, em cada ofício, um aumento proporcional das forças produtivas do trabalho" (1996a, p. 66).

Tal aumento se deve a três fatores, que são (i) a maior destreza adquirida por cada trabalhador; (ii) a poupança do tempo perdido na passagem de uma atividade a outra e (iii) a invenção de maquinas que facilitam o trabalho, de forma a permitir que uma só pessoa faça o trabalho correspondente ao de muitas (1996a, p. 68). A "grande multiplicação das produções de todos os ofícios", que decorre da divisão do trabalho, é responsável pela riqueza de uma "sociedade bem dirigida" (1996a, p. 70). Em Smith, o "criador de riqueza e do valor é o homem. O homem, e não mais a natureza, como queria Quesnay" (DUMONT, 2000, p. 136).

O próximo passo na exposição de Smith consiste em atrelar a divisão do trabalho ao comércio. A possibilidade de trocar o que é produzido condiciona a divisão do trabalho. Sem comércio, cada um precisa prover-se por si só de tudo aquilo que lhe seja necessário. Smith caracteriza essa situação como típica de animais. Porém, a natureza humana é distinta, e apresenta como traço a "propensão a intercambiar, permutar ou trocar uma coisa pela outra" (SMITH, 1996a, p. 73). Ao contrário de diversos animais, que na idade adulta conseguem prover-se por si sós, o homem "tem necessidade quase constante da ajuda dos semelhantes, e é inútil esperar esta ajuda da benevolência alheia." Ao engajar-se nas trocas com os demais, cada indivíduo é movido pelo autointeresse[8]. Cada um "terá maior probabilidade de obter o que quer, se conseguir interessar a seu favor a autoestima dos outros, mostrando-lhes que é vantajoso para eles fazer-lhe ou dar-lhe aquilo de que ele precisa" (1996a, p. 74). A busca autointeressada da satisfação material é um componente natural, ao lado da propensão à troca. Como aponta Louis Dumont, em Smith, "a troca nasce do interesse egoísta; o interesse egoísta – e não alguma coisa como um desejo de cooperar – é, assim, a causa dos benefícios trazidos pela divisão do trabalho" (DUMONT, 2000, p. 126).

---

8   A este ponto se refere famosa passagem do texto de Smith: "Não é da benevolência do açougueiro, do cervejeiro ou do padeiro que esperamos nosso jantar, mas da consideração que eles têm pelo seu próprio interesse. Dirigimo-nos não à sua humanidade, mas à sua autoestima, e nunca lhes falamos das nossas próprias necessidades, mas das vantagens que advirão para eles" (1996a, p. 74).

Para Adam Smith, a busca do interesse individual conduz ao bem do todo social. Cada indivíduo busca satisfazer sua necessidade material, e o faz melhor ao buscar se especializar na produção, de modo a gerar maiores excedentes comercializáveis. O aumento da produtividade de cada indivíduo reflete-se no benefício da riqueza geral. Smith ecoa, aqui, o argumento de "vícios privados, benefícios públicos" de Bernard de Mandeville – a *harmonia natural dos interesses* –, com a ressalva de que o egoísmo não chega a ser trabalhado como "vício" por Smith, e a busca do interesse próprio não se reveste de conotação pejorativa.

> Todo indivíduo empenha-se continuamente em descobrir a aplicação mais vantajosa de todo capital que possui. Com efeito, o que o indivíduo tem em vista é sua própria vantagem, e não a da sociedade. Todavia, a procura de sua própria vantagem individual natural [...] leva-o a preferir aquela aplicação que acarreta as maiores vantagens para a sociedade (SMITH, 1996a, p. 436).

Noutra passagem, Smith aponta que o indivíduo, na busca de seu "próprio ganho", acaba favorecendo também o "interesse público", sendo "levado como que por mão invisível a promover um objetivo que não fazia parte de suas intenções."[9] E reforça a ideia: "[a]o perseguir seus próprios interesses, o indivíduo muitas vezes promove o interesse da sociedade muito mais eficazmente do que quando tenciona realmente promovê-lo" (SMITH, 1996a, p. 438).

A presença do argumento da harmonia natural dos interesses – ou da mão invisível – no pensamento de Smith é importante por pelo menos dois aspectos. Primeiramente, ela funciona como elemento normativo próprio à esfera econômica, capaz de conferir-lhe moralidade toda própria. Assim, a atividade econômica é orientada à (e movida pela) busca do interesse material de cada um. O "bom" é equiparado à riqueza. Há, aqui, rompimento fundamental com posturas antecedentes que situavam o critério de "bem", a orientar a atividade econômica, em outras esferas (aqui recordadas): o mercantilismo, na política ("bom" é orientar a economia para a grandeza do reino), e a fisiocracia, na metafísica ("bom" é que a economia seja conduzida segundo a ordem natural).

---

9 John Kenneth Galbraith observa que a ideia do mercado autoajustável, guiado pela "mão invisível", "acabou por adquirir uma beneficência teológica", tornando-se um ponto de fé. "Não obstante, como uma questão puramente secular, foi um tremendo passo este que Smith deu. Até então, a pessoa preocupada com seu próprio enriquecimento havia sido objeto de dúvida, desconfiança e suspeita, sentimentos que vinham desde a Idade Média, dos tempos bíblicos e das próprias Escrituras Sagradas. Agora, justamente por causa do seu interesse próprio, esse indivíduo se tornara um benfeitor público" (GALBRAITH, 1989, p. 58). Esta passagem lança luz sobre a importância do argumento da harmonia natural dos interesses para que a perspectiva econômica adquirisse autonomia em relação a outras esferas.

Em segundo lugar, a harmonia natural dos interesses conduz à defesa da liberdade individual e da noção de que a ordem é obtida espontaneamente, e não por construção deliberada. A liberdade individual encontra-se ligada à liberdade de iniciativa e de comércio. Por isso, antes de prosseguir nas repercussões do argumento de harmonia natural sobre as noções de liberdade e ordem espontânea, é relevante apresentar a relação que Smith faz entre a *divisão do trabalho* e a *extensão dos mercados*, dado que ele formula a partir desta relação o argumento mais específico pela liberdade de comércio.

"Quando o mercado é muito reduzido, ninguém pode sentir-se estimulado a dedicar-se inteiramente a uma ocupação, porque não poderá permutar toda a parcela excedente de sua produção [...] pela parcela de produção do trabalho alheio, da qual tem necessidade" (1996a, p. 77). Já o cenário de maior amplitude de mercados favorece a divisão do trabalho e por conseguinte a geração de riqueza. A consequência da argumentação de Smith é a de que a liberdade de comércio deve ser a mais ampla possível, já que a maior extensão dos mercados para a produção favorece a divisão do trabalho, que faz aumentar a produtividade, que por sua vez é sinônima de riqueza.

É interessante observar, contudo, que a liberdade de comércio não aparece como antônima perfeita da atuação estatal. Certos papéis desempenhados pelo Estado, ou o "soberano", são reconhecidos por Smith como compatíveis com a "liberdade natural", e mesmo como necessários para sua existência:

> Segundo o sistema da liberdade natural, ao soberano cabem apenas três deveres [...]: primeiro, o dever de proteger a sociedade contra a violência e a invasão de outros países independentes; segundo, o dever de proteger, na medida do possível, cada membro da sociedade contra a injustiça e a opressão de qualquer outro membro da mesma, ou seja, o dever de implantar uma administração judicial exata; e, terceiro, o dever de criar e manter certas obras e instituições públicas que jamais algum indivíduo ou um pequeno contingente de indivíduos poderão ter interesse em criar e manter, já que o lucro jamais poderia compensar o gasto de um indivíduo ou de um pequeno contingente de indivíduos, embora muitas vezes ele possa até compensar em maior grau o gasto de uma grande sociedade (SMITH, 1996b, p. 170).

É possível fazer a leitura de que certos elementos da atuação estatal estão na base do florescimento do comércio e da possibilidade de expansão dos mercados, dada a preocupação de Adam Smith com que a lei proteja o cumprimento dos contratos (1996a, p. 143-4) e os "os sagrados direitos da propriedade privada" (1996a, p. 208) para que o sistema de trocas funcione. A seguinte passagem acentua esta relação:

> O comércio e as manufaturas raramente podem florescer por muito tempo em um país que não tenha uma administração de justiça normal, no qual as pessoas não se sintam seguras na posse de suas propriedades, no qual a fidelidade nos contratos não seja garantida por lei e no qual não se possa supor que a autoridade do Estado seja regularmente empregada para urgir o pagamento das dívidas por parte de todos aqueles que têm condições de pagar. Em suma, o comércio e as manufaturas raramente podem florescer em qualquer país em que não haja um certo grau de confiança na justiça do Governo (SMITH, 1996b, p. 360).

Nota-se, desta forma, que o aspecto de "ordem espontânea" envolvido no argumento da "harmonia natural dos interesses" encontra-se *temperado* pela apresentação que Smith faz de uma base *institucional, estatal e jurídica*, fundamental à atividade econômica. É adequado abordar esse ponto com cuidado, porque ele é sutil. Smith não despreza a importância do Estado ou do direito. "A concepção clássica da economia política repousa sobre uma função *jurídica*" (SALLY, 1998, p. 26). Mas tampouco defende que o Estado se imiscua na orientação da atividade econômica. A chave para a distinção reside na concepção de um papel para o Estado e o direito que, embora existente, é limitado *e condicionado pelo objetivo de favorecer a atividade econômica privada*.

Trata-se de uma concepção "procedimental" (ou formal) do direito e da justiça. Ou seja, o direito é concebido em termos de provedor das "regras do jogo" da atividade econômica – "especialmente pela defesa da propriedade e dos contratos", mas não como meio de atuação *positiva* do Estado, como pela realização de políticas redistributivas ou de justiça social (SALLY, 1998, p. 185). "O Estado não deve desviar-se desta *agenda* pela interferência no funcionamento de mercado, ou seja, interferindo na liberdade de produção e de consumo por meio da fixação de preços e de outros controles" (SALLY, 1998, p. 185). Será possível apreciar, posteriormente, como esta concepção do papel do Estado e das instituições jurídicas se reflete na estruturação das relações econômicas internacionais do século XIX à Primeira Guerra Mundial.

Em razão destes contornos, a concepção do papel limitado do Estado em Smith não resulta na afirmação do *laissez faire* "extremo" ou "absoluto" (SALLY, 1998, p. 184). Os indivíduos não interagem num cenário de desregulamentação completa, mas de regulamentação limitada da atividade econômica. O *laissez faire* existe, sim, na concepção de que, para além do provimento das bases institucionais mínimas para o funcionamento dos mercados, o Estado deve abster-se de interferir.

Nesse sentido, Smith coleciona uma série de críticas, dentre as quais: (i) à concessão de monopólios, (ii) à regulamentação de profissões por corporações de ofício ou pelo Estado – cabe ao empregador julgar se o trabalhador é apto ao exercício da profissão (1996a, p. 167), e a inspeção do resultado de seu trabalho não deve caber ao Estado ou corporação de ofício, mas ao cliente que se depara com o produto no mercado (1996a, p. 173) –; aos (iii) obstáculos à livre circulação de mão de obra e de capital, tanto de uma profissão para outra como de um lugar para outro (1996a, p. 164), que por sua vez envolvem (iv) proibições de migração (1996a, p. 173) e (v) regulamentações de salários e lucros (1996a, p. 183-4). Todas elas restringem a liberdade de concorrência e afetam negativamente a expansão dos mercados e a divisão do trabalho. Além disso, é relevante que Smith posicione o trabalho exercido pelos agentes de Estado como "improdutivo", o que funciona como complemento à sua defesa do comedimento da atuação estatal:

> O soberano, por exemplo, com todos os oficiais de justiça e de guerra que servem sob suas ordens, todo o Exército e Marinha, são trabalhadores improdutivos. Servem ao Estado, sendo mantidos por uma parte da produção anual do trabalho de outros cidadãos. Seu serviço, por mais honroso, útil ou necessário que seja, não produz nada com o que igual quantidade de serviço possa posteriormente ser obtida. A proteção, a segurança e a defesa da comunidade, o efeito do trabalho dessas pessoas, neste ano, não comprarão sua proteção, segurança e defesa para o ano seguinte (SMITH, 1996a, p. 334).

Além destas críticas, no Livro IV, Adam Smith dirige especial atenção às barreiras ao comércio internacional. Neste ponto, estabelece-se a ligação entre o tamanho dos mercados e esta modalidade de comércio. O argumento fundamental consiste em que a divisão do trabalho é favorecida pelo comércio exterior, implicando níveis maiores de produtividade e riqueza:

> O comércio exterior valoriza as mercadorias supérfluas do país, trocando-as por alguma outra que pode atender a uma parte de suas necessidades e aumentar seus prazeres. Devido ao comércio exterior, a estreiteza do mercado interno não impede que a divisão do trabalho seja efetuada até à perfeição máxima em qualquer ramo do artesanato e da manufatura. Ao abrir um mercado mais vasto para qualquer parcela de produção de sua mão-de-obra que possa ultrapassar o consumo interno, o comércio exterior estimula essa mão-de-obra a melhorar suas forças produtivas e a aumentar sua produção ao máximo, aumentando

assim a renda e a riqueza reais da sociedade. O comércio externo presta continuamente esses grandes e relevantes serviços a todos os países entre os quais ele é praticado (SMITH,1996a, p. 430).

A defesa da divisão do trabalho no comércio internacional é feita com base no argumento das *vantagens naturais*, que também ficou conhecido como *vantagens absolutas no comércio internacional*. É aqui que se encontra a semente da elevação da liberdade comercial à categoria de valor fundamental para as relações econômicas internacionais.

Smith começa o argumento com a proposição de que "[t]odo pai de família prudente tem como princípio jamais tentar fazer em casa aquilo que custa mais fabricar do que comprar" (1996a, p. 438). Está envolvida, aqui, a noção daquilo que viria a se chamar "custo de oportunidade", segundo a qual o preço de uma coisa pode ser estimado naquilo de que se é necessário abrir mão para adquiri-la (cf. MANKIW, 2008, p. 557). Desse modo, por exemplo, o "alfaiate não tenta fazer seus próprios sapatos, mas compra-os do sapateiro", porque o tempo que dedicaria à produção do par de sapatos, que não é sua atividade habitual, seria superior ao que teria que empreender para fazer roupas com que comprá-los. Tal qual o alfaiate e o sapateiro, o "agricultor não tenta fazer ele mesmo seus sapatos ou sua roupa, porém recorre aos dois profissionais citados" (SMITH, 1996a, p. 438) Deste modo,

> [t]odos eles consideram de seu interesse empregar toda sua atividade de forma que aufiram alguma vantagem sobre seus vizinhos, comprando com uma parcela de sua produção – ou, o que é a mesma coisa, com o preço de uma parcela dela – tudo o mais de que tiverem necessidade (SMITH, 1996a, p. 438-9).

A partir do exemplo do que ocorre com o "pai de família", Smith transporta seu argumento – numa falácia de composição[10] – para a conduta do reino ou país, asseverando que o sensato para a família dificilmente será insensato para um "grande reino":

> Se um país estrangeiro estiver em condições de nos fornecer uma mercadoria a preço mais baixo do que o da mercadoria fabricada por nós mesmos, é melhor comprá-la com uma parcela da produção de nossa própria atividade, empregada de forma que possamos auferir alguma vantagem (SMITH, 1996a, p. 439).

---

10 "[A] falácia de composição estende a economia da unidade familiar à do governo" (GALBRAITH, 1997, p. 225).

Toma forma uma divisão do trabalho entre países engajados no comércio internacional, cada qual especializando sua produção segundo suas "vantagens naturais". A Inglaterra tem vantagens na manufatura, a Polônia e as colônias americanas são descritas como "agrícolas", e quanto à Escócia – seu país natal –, Smith aconselha que, por seu clima, não tente competir no mercado de vinhos, por implicar desperdício de forças produtivas:

> Utilizando vidros, viveiros e estufas pode-se cultivar excelentes uvas na Escócia, podendo-se com elas fabricar vinhos muito bons, com uma despesa aproximadamente trinta vezes superior àquela com a qual se pode importar de outros países vinhos pelo menos da mesma qualidade. Seria porventura uma lei racional proibir a importação de todos os vinhos estrangeiros, simplesmente para incentivar a fabricação de vinho clarete e borgonha? Ora, se é verdade que seria absurdo evidente canalizar para algum emprego trinta vezes mais capital e atividade nacionais do que o necessário para comprar de fora quantidade igual das mercadorias desejadas, logicamente é também absurdo, ainda que não tão gritante, mas certamente do mesmo gênero, canalizar para tal emprego a trigésima ou até mesmo a trecentésima parte mais de capital e de atividade (SMITH, 1996a, p. 440).

Consoante esta linha de argumentação, cada país será levado a focalizar na produção daquilo que faz melhor, ou seja, dos setores em que desfrutam de vantagens absolutas, engajando-se no comércio internacional para troca dos excedentes. Com isso, cada um obterá volume final de bens superior ao que teria caso tentasse produzir tudo aquilo de que necessita, sem atenção às suas vantagens naturais. Neste esquema, o comércio internacional é o elemento de ligação entre as vantagens *absolutas* de cada país. E o resultado final é benéfico para os que se engajam no comércio.

Há, porém, importante limitação ao argumento de Smith. Ele não favorece a ocorrência do comércio internacional para todos os países. Afinal, caso um país não seja melhor do que os demais em pelo menos um setor produtivo, não gozará de "vantagens absolutas". Nesse sentido, a argumentação de Smith em favor do livre comércio encontra-se condicionada pela presença de tais vantagens, empecilho que David Ricardo conseguiu superar ao desenvolver argumentação mais refinada (ver seção 2.3).

Em todo caso, o argumento das vantagens naturais ou absolutas soma-se à condenação de Smith à intervenção indevida do Estado no domínio econômico, especificamente no que diz respeito ao protecionismo comercial. Tarifas à importação e outras medidas de política comercial, como subsídios à exportação, são encaradas como tendo o efeito "de dirigir forçosamente a atividade ou comércio de um país para um canal muito menos vantajoso do que seria aquele para o qual ele se orientaria natural e espontaneamente" (1996b, p. 14).

Smith ressalva, porém, haver duas situações para as quais a intervenção do Estado é necessária para restringir o comércio internacional. "O primeiro ocorre quando se trata de um tipo específico de atividade necessária para a defesa do país" (1996a, p. 444). Dessa forma, considerando que a defesa da Grã-Bretanha "depende muito do número de seus marujos e navios", Smith julgou apropriada a lei de navegação que conferiu "aos marinheiros e à esquadra britânicos o monopólio do comércio de seu próprio país [...] sob pena de confisco do navio e da carga" (1996a, p. 444), porque a defesa assume prioridade sobre a riqueza[11] (1996a, p. 445).

A segunda hipótese prevista por Smith para restrição ao comércio internacional "ocorre quando dentro do país se impõe alguma taxa aos produtos nacionais. Nesse caso, parece razoável impor uma taxa igual ao produto similar do país estrangeiro" (1996a, p. 445). O ponto consiste, no fundo, na defesa de *tratamento nacional*[12] para produtos estrangeiros, que "não asseguraria à indústria nacional o monopólio do mercado interno, nem canalizaria para um emprego específico uma parcela de capital e de mão de obra do país maior do que a que naturalmente para ele seria canalizada" (1996a, p. 445).

Os elementos expostos acima permitem enxergar como Smith passa da divisão do trabalho à defesa do livre comércio, alcançando, na esfera do comércio internacional, um argumento pela abertura, baseado nas vantagens naturais ou absolutas de cada país. Viu-se que a defesa da liberdade de comércio casa-se com a concepção de uma ordem espontânea, orientada segundo a harmonia natural dos interesses, em que a produção da riqueza (e do bem do todo social) é favorecida pela busca que cada um faz de seu próprio interesse material. Não pelo direcionamento estatal da produção, troca e consumo.

Na seção seguinte, será possível notar o reaparecimento – com peculiar importância – das noções de harmonia natural dos interesses e de ordem espontânea. Estas conduzem à concepção de mercado autorregulado, pautado na livre atuação do *mecanismo de preços*. Será possível observar, ainda, o papel de verdadeiro elemento de ligação que os *preços* (e suas sinalizações) exercem

---

11 Este ponto pode ser interpretado como uma concessão à política. Mas pode-se, igualmente, recordar que Smith posiciona a defesa externa, juntamente com a administração da justiça e as obras e instituições públicas, como fundamentais ao curso normal do comércio. Há, portanto, certa circularidade nesta concessão à política, já que a preocupação retorna com facilidade à esfera econômica.

12 O princípio da não discriminação no comércio internacional, que se reflete na regra de tratamento nacional, foi incorporado à regulamentação do sistema multilateral de comércio criado após a Segunda Guerra Mundial, por meio do GATT 1947.

na representação sistematizada do domínio econômico feita por Smith. No fundo, expressando-se *via mecanismo de preços*, a harmonia natural dos interesses faz a ligação entre os diversos componentes do sistema econômico.

2.2 Smith e o domínio econômico como sistema

"Adam Smith deu à economia sua estrutura moderna" (GALBRAITH, 1989, p. 59). Embora não se valha de um *quadro econômico*, como Quesnay fez, Smith representa, ao longo da *Riqueza das Nações*, o domínio econômico pela descrição de setores interligados, com dependências mútuas, e entre os quais há fluxos de bens, trabalho e dinheiro. Tais fluxos estão em função de sinalizações de *preços*.

Um primeiro conjunto de componentes do sistema envolve três fatores de produção ligados a três tipos de remuneração e atribuídos (ambos) a três agrupamentos sociais. Estes elementos encontram-se esquematizados no Quadro 1, abaixo. Dessa forma, os fatores (i) trabalho, (ii) capital e (iii) terra correspondem às remunerações chamadas de (i) salário; (ii) lucros e juros e (iii) renda e aos grupos sócio-econômicos de (i) trabalhadores (ii) capitalistas e (iii) proprietários de terra. Neste esquema, as remunerações dos fatores de produção são componentes dos *preços* na base de toda a produção econômica. No fundo, os preços fazem a costura do sistema.

Quadro 1 – componentes gerais do sistema econômico de Smith

Fatores de produção	Remunerações	Grupos sociais
trabalho	salário	trabalhadores
capital	lucro (e juros)	capitalistas
terra	renda	propr. de terras

componentes do preço da produção

Fonte: Elaborado pelo autor com base em Smith, 1996a.

A renda é a remuneração pela propriedade da terra. O lucro[13] remunera o patrimônio investido e o risco assumido, ou seja, o capital. E o salário é o nome da remuneração pelo trabalho. Smith, em diversos pontos da obra, faz *ligações* entre fatores de produção, suas remunerações e grupos correspondentes, como a passagem a seguir exemplifica:

> A produção anual total da terra e do trabalho de cada país [...] naturalmente se divide, como já foi observado, em três partes: a renda da terra, os salários da mão-de-obra e o lucro do capital, constituindo uma renda para três categorias de pessoas: para aquelas que vivem da renda da terra, para aquelas que vivem de salário, e para aquelas que vivem do lucro. Essas são as três grandes categorias originais e constituintes de toda sociedade evoluída, de cuja receita deriva, em última análise, a renda de todas as demais categorias (SMITH, 1996a, p. 272).

Um segundo conjunto de sua sistematização – que na realidade parece ser um *subconjunto* afeito à categoria do "capital", diz respeito a três divisões do chamado "estoque total da sociedade" (vide Quadro 2, abaixo). A abordagem que Smith faz do "estoque" expõe certos fluxos monetários entre os extratos sociais. Há, em primeiro lugar, itens de consumo, que compreendem comida, roupas, móveis etc., e cuja característica é não serem destinados a gerar renda nem lucro (SMITH, 1996a, p. 289). Em segundo lugar, há o "capital fixo", categoria que engloba máquinas, instrumentos, construções que constituem meio de renda, melhorias e benfeitorias da terra, e as habilidades dos habitantes – ou o que se poderia hoje chamar de capital humano (a expressão não é empregada por Smith). A característica do capital fixo é proporcionar renda ou lucro sem mudar de proprietário (1996a, p. 290). Por fim, há o "capital circulante", caracterizado por proporcionar renda ou lucro mudando de dono, ou seja, pela circulação. O capital circulante compreende quatro itens, que são: (i) o dinheiro em circulação; (ii) as provisões disponíveis para venda, nas mãos de agricultores e manufatores; (iii) as matérias-primas e a produção em andamento; e (iv) os estoques de bens manufaturados que ainda estão em poder de intermediários e comerciantes, não tendo sido vendidos ou distribuídos aos consumidores (1996a, p. 290-1).

Os três tipos de capital encontram-se concatenados no esquema de Smith. Assim, por exemplo, o autor afirma que "[t]odo capital fixo deriva originalmente de um capital circulante, devendo ser continuamente mantido por ele", e que "[o] único objetivo e finalidade, tanto do capital fixo como do

---

13 Smith não distingue claramente lucro e juros (GALBRAITH, 1989, p. 60), mas aponta que os juros são o pagamento pelo emprego do capital alheio (SMITH, 1996a, p. 101-5).

circulante, consiste em manter e aumentar o capital que pode ser reservado para o consumo imediato. É este capital que alimenta, veste e dá moradia à população" (SMITH, 1996a, p. 291).

Quadro 2 – componentes do estoque geral da sociedade

comida, roupa, móveis etc.	itens de consumo	não usados na geração de lucro/renda
	(interconexões)	
máquinas, construções, habilidades	capital fixo	
		usados na geração de lucro/renda
dinheiro em circulação, provisões à venda, produção em curso, prod. em distribuição	capital circulante	

Fonte: Elaborado pelo autor com base em Smith, 1996a.

Há, ainda, relações entre o capital e outros aspectos, inclusive institucionais, com repercussões para o direito. "Em todos os países onde houver uma segurança razoável, toda pessoa de bom senso procurará empregar todo o capital sob seu controle, para desfrutá-lo atualmente ou para auferir dele um lucro no futuro" (1996a, p. 292). Já nos países "onde as pessoas estão continuamente expostas à violência de seus superiores, estas muitas vezes escondem grande parte de seu capital" (1996a, 293). Smith faz, ainda, advertências contra excessos estatais na exação de tributos, diferenciando seus efeitos sobre o capital "fixo" e o móvel, ou "circulante". Ao passo que o dono de terras não pode escapar a estes excessos com facilidade, o detentor de capital móvel pode escolher deslocar sua riqueza para outro país. Aparece em Smith o elemento da valorização da riqueza móvel, que Dumont (2000) associa à ideologia individualista das sociedades modernas:

> O proprietário de terra é inevitavelmente um cidadão do país em que está localizada sua propriedade. O proprietário de capital é propriamente um cidadão do mundo, não estando necessariamente ligado a algum país determinado. Ele facilmente deixaria o país no qual estivesse exposto a uma sindicância vexatória, visando onerá-lo com um imposto incômodo e transferiria seu capital a algum outro país em

que pudesse continuar seu negócio ou desfrutar de sua fortuna mais à vontade. Ao retirar seu capital, ele poria fim a todo o trabalho que esse capital havia mantido no país que deixou. O capital cultiva a terra; o capital emprega a mão-de-obra. Sob esse aspecto, um imposto que tendesse a desviar capital de determinado país tenderia a fazer secar toda fonte de receita, quer para o soberano, quer para a sociedade. Com a retirada desse capital, inevitavelmente diminuiria, em grau maior ou menor, não somente o lucro do capital, mas também a renda da terra e os salários do trabalho (SMITH, 1996b, p. 303).

Até o momento, foi possível observar que Smith estabelece vínculos entre componentes como fatores de produção, remunerações, grupos socioeconômicos e modalidades do "estoque total da sociedade" e, dentro destas, inclusive entre a influência das instituições e o capital. Mas as ligações não param por aí.

Vale relembrar que as três remunerações há pouco descritas – salário, lucro e renda – figuram como componentes do preço dos bens comercializados. Smith chama de "valor real" ou "natural" o preço dado ao produto em referência à soma destas remunerações. O valor real "mede o valor não somente daquela parte do preço que se desdobra em trabalho efetivo, mas também daquela representada pela renda da terra, e daquela que se desdobra no lucro devido ao empresário" (1996a, p. 103). Logo, o "valor real" é igual ao conjunto das remunerações dos três fatores necessários para produzir o bem na perspectiva de Smith (trabalho, capital e terra).

Ao propor a noção contrastante de "valor nominal" das mercadorias, Smith amplia a análise para abarcar outras relações, como as de oferta e demanda. Afinal, valor nominal é o "preço de mercado" ou "preço efetivo", podendo coincidir ou não com o valor real ou natural (1996a, p. 110):

> O preço de mercado de uma mercadoria específica é regulado pela proporção entre a quantidade que é efetivamente colocada no mercado e a demanda daqueles que estão dispostos a pagar o preço natural da mercadoria, ou seja, o valor total da renda fundiária, do trabalho e do lucro que devem ser pagos para levá-la ao mercado (1996a, p. 110).

Assim, se a "quantidade de uma mercadoria colocada no mercado é inferior à demanda efetiva" (que é a demanda daqueles que não só querem, como podem pagar pelo bem desejado), o preço de mercado subirá em relação ao preço natural, porque alguns consumidores "estarão dispostos a pagar mais". "Daí o preço exorbitante dos gêneros de primeira necessidade durante o bloqueio a uma cidade ou em caso de fome generalizada." (1996a, p. 110) Em contraste, o preço *de mercado* cairá em relação ao preço *natural* se a quantidade de mercadorias levadas ao mercado ultrapassar a demanda efetiva, não havendo possibilidade de que todas sejam vendidas "àqueles que desejam pagar o valor integral da terra, dos salários e do lucro, que devem ser pagos para colocar essa mercadoria no mercado." Nessa situação, parte das mercadorias "deve ser vendida àqueles que só aceitam pagar menos, e o preço baixo que pagam pela mercadoria necessariamente reduz o preço total" (1996a, p. 110-1).[14] Esse conjunto de motivadores do comportamento conforma o *mecanismo de preços*, a cargo do qual se situa a coordenação espontânea e automática de interesses diversos dos indivíduos (*harmonia natural* ou *mão invisível*), cada qual procurando seu bem-estar material[15].

Ainda a respeito da relação entre oferta e demanda, para Smith (ao contrário da posição de Jean-Baptiste Say[16]), a demanda é determinante da oferta. Em outros termos, havendo demanda, a oferta se ajustará para atendê-la:

> A quantidade de cada mercadoria colocada no mercado ajusta-se naturalmente à demanda efetiva. É interesse de todos os que empregam sua terra, seu trabalho ou seu capital para colocar uma mercadoria no mercado, que essa quantidade não supere jamais a demanda efetiva; e todas as outras pessoas têm interesse em que jamais a quantidade seja inferior a essa demanda (SMITH, 1996a, p. 111).

Ainda a respeito da abordagem dos *preços* em Smith, é significativo que não haja qualquer discussão sobre "preço justo", forma até então tradicional de lidar com a questão. Aliás, a doutrina do preço justo pode ser interpretada como tendo o propósito domar a paixão da avareza ou a busca privada pelo ganho. Este componente normativo externo – porquanto

---

14 A lei da oferta e demanda também é determinante do preço dos fatores de produção. Para Smith, a mão-de-obra está sujeita a esta lei assim como "qualquer outra mercadoria", de forma que, havendo "trabalhadores disponíveis do que a demanda efetiva por eles, os salários cairão, ao passo que a "escassez de mão-de-obra provoca uma concorrência entre os patrões", de que resultam aumentos na remuneração do trabalho (1996a, p. 121). A variação desse componente monetário da produção (salário) se reflete no preço final das mercadorias, porque o aumento da remuneração do trabalho "necessariamente" faz subir-lhes o preço, "tendendo assim a reduzir seu consumo tanto no país como no exterior" (SMITH, 1996a, p. 135). Smith faz interconexões análogas a respeito dos lucros (1996a, 137) e da renda da terra (1996a, p. 187), configurando múltiplas conexões entre as partes que compõem o sistema econômico.

15 "As variações de preços transmitem as informações necessárias para a coordenação das atividades econômicas ao sinalizarem para os vários agentes o que deverão fazer [...]. Assim, do lado da produção, os agentes econômicos irão canalizar os seus recursos para as atividades cujos preços estiverem subindo, devido à perspectiva de lucros, e contraindo-os nas atividades cujos preços estiverem caindo, em virtude da perspectiva de prejuízos. Do lado do consumo, os agentes econômicos irão adquirir os bens cujos preços estiverem mais baixos, em detrimento daqueles que estiverem relativamente mais altos" (TEIXEIRA, 2002, p. vii).

16 "A lei de Say, uma proposição bastante simples, dizia que o resultado da venda de um bem era distribuído em parte a alguém sob a forma de salários, ordenados, juros, aluguéis ou lucros (ou era tirada do homem que absorvesse um prejuízo), sendo esses os recursos necessários para comprar tais bens. O que ocorria com um bem ocorria com todos. Sendo assim não podia haver falta de poder de compra na economia" (GALBRAITH, 1997, p. 213). Cumpre ressaltar que a posição de Say a esse respeito foi mais influente sobre o pensamento econômico liberal posterior do que a do próprio Smith. A noção de Say seria, porém, severamente atacada por John Maynard Keynes nos anos 1930 (vide capítulo 5).

fundado na ética ou em preceitos costumeiros ou religiosos – é substituído por outro, interno ao domínio econômico, ou seja, o "preço de mercado", a que corresponde o cenário em que a busca privada dos interesses encontra-se livre e a visão de *doux commerce* é triunfante. A normatividade que emana do preço de mercado é como que a de uma "lei física" (descritiva de fenômenos, ao invés de prescritiva de comportamentos), a reger o funcionamento do mundo econômico.

No esquema de Smith, portanto, não é o "preço justo", mas a livre operação da oferta e da demanda, que determina o "valor de mercado". É importante ressaltar que o mecanismo de preços (cujas sinalizações respondem às relações entre oferta e demanda) liga os mais variados componentes do sistema descrito por Smith. Não só a quantidade a ser produzida quanto o preço das mercadorias respondem à oferta e à demanda, como também as remunerações e a própria disponibilidade de fatores de produção como trabalho, capital e terra. Estes se encarecem ou barateiam conforme sejam mais escassos ou abundantes, e vice-versa. O Quadro 3, abaixo, busca fornecer representação visual mais abrangente e concatenada de diversos elementos *sistematizados* por Smith. Cumpre fazer a ressalva de que este esquema não tem a pretensão de ser completo. Ainda assim, já é possível observar como as diferentes partes do sistema encontram-se ligadas, e o papel dos preços nessas ligações. Aqui esta a base para uma organização da atividade econômica que não é pautada na hierarquia, nem em predeterminações do direito natural, mas que permite sustentar que os mercados funcionam por si sós (dada a base institucional apontada por Smith).

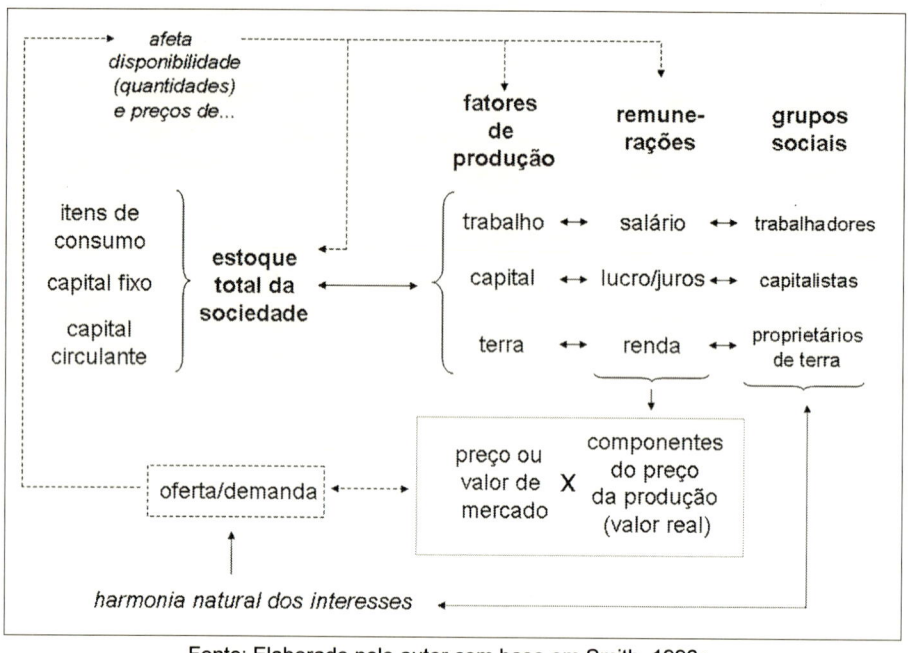

Quadro 3 – representação esquemática de aspectos do sistema de Smith

```
         afeta
     disponibilidade
      (quantidades)
      e preços de...              fatores       remune-      grupos
                                     de          rações      sociais
                                  produção

   itens de                       trabalho  ↔   salário   ↔  trabalhadores
   consumo        estoque
   capital fixo   total da        capital   ↔  lucro/juros ↔ capitalistas
                  sociedade
   capital                        terra     ↔   renda     ↔  proprietários
   circulante                                                de terra


                                              componentes
                                  preço ou    do preço
       oferta/demanda  ←→          valor de  X da produção
                                  mercado    (valor real)

   harmonia natural dos interesses  ←
```

Fonte: Elaborado pelo autor com base em Smith, 1996a.

Juntas, as seções 2.1 e 2.2 buscaram fornecer um panorama de aspectos do pensamento de Smith que serão úteis para compreender os impactos práticos e institucionais do liberalismo econômico. O capítulo 3 aborda sua influência sobre a estruturação da primeira ordem econômica internacional, ainda no século XIX. Mas essa influência vai além. Primeiro, porque Smith inaugura uma forma nova de pensar, consistente na própria perspectiva econômica. Além disso, porque o resgate extremado do projeto de liberdade dos mercados marcará a estruturação das relações econômicas dos anos 1970 em diante, como a os capítulos 7 e 8 relatarão.

Estes são, porém, temas para momentos posteriores do livro. A seguir, a seção 2.3 focaliza um componente das ideias de David Ricardo, um dos principais nomes associados ao liberalismo econômico. Não se tem o propósito de abordar o conjunto de suas ideias, mas de fazer um destaque para complementar a exposição dos contornos centrais do liberalismo, que não pode prescindir do argumento das *vantagens comparativas ou relativas no comércio internacional*. Afinal, a perspectiva de Ricardo sobre o comércio internacional se revelou mais influente que a do próprio Smith.

2.3 David Ricardo e o argumento das vantagens comparativas no comércio internacional

Assim como Smith, Ricardo (2001[1817]) defendeu os benefícios gerados pela especialização (divisão) do trabalho entre países ligados pelo comércio. Diferentemente, porém, a argumentação de Ricardo resultou no favorecimento de uma liberdade ampla de comércio, a abranger mesmo a situação em que determinado país não seja melhor produtor que outro em setor algum. Esta seria uma situação em que, para Smith, não haveria vantagem absoluta ou natural.

Ricardo precede seu argumento pela consideração de que a divisão do trabalho e a harmonia natural dos interesses encontram-se vinculadas, formando um princípio gerador de bem-estar universal. Aqui, é possível notar sua inserção na tradição de Smith:

> Num sistema de comércio perfeitamente livre, cada país consagra o seu capital e trabalho às atividades que lhe são mais rendosas. *Esta procura da vantagem individual coaduna-se admiravelmente com o bem estar universal.* Deste modo, estimulando-se a indústria, premiando-se os inventos e empregando-se o mais eficazmente possível as possibilidades especiais concedidas pela natureza, o trabalho é melhor distribuído e com maior economia enquanto que, aumentando a produção total, *se espalha o bem-estar por toda a parte e se ligam todas as nações do mundo civilizado com os elos do interesse e do intercâmbio*. É este princípio que faz com que o vinho seja produzido em França e Portugal, que se cultive o trigo na América e na Polônia e que se fabriquem ferramentas e outros produtos na Inglaterra (RICARDO, 2001, p. 149 – acrescentou-se ênfase).

A consequência desta linha de argumentação já é conhecida: o comércio permite difundir os ganhos de bem-estar obtidos com a divisão do trabalho, e o melhor uso do trabalho disponível reside na atividade em que ele é mais produtivo. Se Portugal e Inglaterra, por exemplo, tentassem isoladamente produzir tudo aquilo de que necessitam, estariam em posição pior do que aquela obtida pela especialização em setores específicos e o engajamento em trocas mútuas (RICARDO, 2001, p. 150). A parte "nova" do argumento começa a partir da sugestão da seguinte situação hipotética:

> A Inglaterra pode encontrar-se em tais circunstâncias que para produzir os tecidos necessita do trabalho de 100 homens durante um ano e se tentasse produzir o vinho poderia precisar do trabalho de 120

> homens durante o mesmo período. [...] Em Portugal, a produção de vinho poderia só necessitar do trabalho de 80 homens durante um ano e a produção dos tecidos exigiria o trabalho de 90 homens durante o mesmo período (RICARDO, 2001, p. 150-1).

Neste cenário, Portugal teria maior produtividade que a Inglaterra tanto na produção de vinhos quanto de tecidos, dado que precisaria de menor quantidade de trabalho para obter o mesmo volume de produção. Caso o argumento de Smith fosse aplicado, Portugal teria vantagens *absolutas* nos dois setores de produção; a Inglaterra não teria o que ganhar a partir do comércio com Portugal... Ricardo, entretanto, sugere que cada um dos países deva especializar-se naquilo em que é mais produtivo, considerando-se a gama de possibilidades para a produção interna e não a produtividade dos concorrentes estrangeiros. E, em seguida, deve abrir-se ao comércio internacional.

Ricardo identifica, então, que na Inglaterra há vantagens *relativas* para a produção têxtil (que demanda menos homens/ano que a produção vinícola). Não importa que Portugal conte com maior produtividade em ambos os setores. E o mesmo ocorre para Portugal, em que o ramo mais produtivo é o vinícola (que precisa de 10 homens/ano a menos do que na produção têxtil). A receita de vantagens *comparativas* ou *relativas* de Ricardo consiste em que cada país focalize sua produção naquilo que faz melhor, diante de suas próprias possibilidades, e dirija seus recursos produtivos para tal setor. O resultado será maior volume de produção e troca para ambos os países, que se sairão melhor do que se buscassem, cada qual, satisfazer autarquicamente todas as suas necessidades produtivas:

> Embora Portugal pudesse fabricar os seus tecidos só com 90 homens, importá-los-ia de um país onde são necessários 100 homens para os produzir porque teria mais vantagem em empregar o seu capital na produção de vinho, em troca do qual obteria da Inglaterra uma maior quantidade de tecidos do que a que poderia produzir desviando uma parte do seu capital utilizado na cultura da vinha para a fabricação de tecidos (RICARDO, 2001, p. 151).

O argumento das vantagens comparativas permite a apresentação da abertura ao comércio internacional como benéfica a todos os envolvidos. No entanto, cumpre observar que, na situação descrita por Ricardo, o comércio será mais vantajoso para Portugal, por ser o país mais produtivo no exemplo. Em termos mais simples, Portugal terá maiores ganhos de bem-estar com a abertura ao comércio internacional do que a Inglaterra, no exemplo fictício proposto por Ricardo. Na competição de um país com os demais, os ganhos do comércio internacional são desiguais, mas este ponto não é tomado por Ricardo como ressalva a seu argumento pela liberalização generalizada do comércio exterior.

Valendo-se da terminologia do estudo das relações internacionais, é possível afirmar que a proposta de David Ricardo para interação entre países espera que estes prefiram ter ganhos *absolutos* a ganhos *relativos* no comércio internacional. Ou seja, seria mais importante a cada país ter maiores ganhos de bem-estar em relação à situação de ausência de comércio internacional (ganhos absolutos do comércio), do que a comparação dos ganhos obtidos pelos países, uns em relação aos outros (ganhos relativos).

No cenário hipotético de Ricardo, tanto a Inglaterra quanto Portugal têm ganhos absolutos ao engajarem no livre comércio um com o outro, mas Portugal ganha *relativamente* à Inglaterra, tendendo a distanciar-se dela na acumulação de riqueza. Evidentemente, o cenário proposto por Ricardo é uma inversão da ascendência britânica sobre Portugal no comércio internacional do século XIX. Em todo caso, a defesa pela liberdade de comércio com base nas vantagens comparativas contém uma pressuposição de que os Estados tenham preferência por ganhos absolutos e não por ganhos relativos, o que é controverso no campo das relações internacionais (cf. CASTRO, 2005, p.153).

CAPÍTULO 3
ASPECTOS DA 1ª ORDEM ECONÔMICA INTERNACIONAL

Na esteira da expansão comercial britânica e das revoluções industriais, as elaborações intelectuais do liberalismo econômico – na tradição de Smith, Ricardo e outros – ganharam influência no século XIX e estiveram associadas aos contornos assumidos pela ordem econômica internacional nesse período.

É importante esclarecer que somente com o aumento da relevância das trocas comerciais e financeiras entre países pôde-se vislumbrar o surgimento de algo como uma ordem econômica internacional. E as trocas se tornaram mais intensas justamente ao longo do século XIX. Como Eiiti Sato aponta, em 1800, apenas 3% de todo o produto mundial estava relacionado ao comércio internacional. Já às vésperas de 1914, esta fatia havia crescido para 33%. Essa progressão nos números indica que os países tornaram-se mais significativamente dependentes de suas interações com mercados externos. O comércio exterior se tornou um "sistema" relevante para as economias dos países (SATO, 2012, p. 63). Assim como ocorreu no comércio, transações financeiras e interações monetárias se tornaram expressivamente mais internacionalizadas no período.

É nesse contexto que se pode falar na conformação de uma ordem econômica internacional, compreendida entre o século XIX e a Primeira Guerra Mundial, e intelectualmente marcada pelo primado da perspectiva econômica liberal. Para compreender aspectos essenciais dessa ordem, a seção 3.1 busca delinear os principais contornos de relações comerciais internacionais do período. Na sequência, a seção 3.2 abrange o sentido assumido por relações monetárias e financeiras sob o *Padrão-Ouro Internacional*, um regime informal estabelecido por volta de 1870 e que, apesar de tentativas posteriores de resgate até os anos 1930, desintegrou-se com a Primeira Guerra Mundial.

3.1 Aspectos caracterizadores das relações comerciais internacionais do período

O período de prestígio ideológico do liberalismo econômico contou com aumentos nos fluxos internacionais de comércio expressivos o suficiente para que a época seja hoje referida como uma "primeira globalização" econômica. Como Dani Rodrik (2007; 2011) destaca, em certos aspectos essa globalização foi até mais profunda do que aquela experimentada após a Segunda Guerra Mundial e intensificada a partir da década de 1970, bastando, para tanto, considerar que o fator *trabalho* jamais chegou a resgatar a mobilidade internacional de que gozou durante o século XIX.

Não parece ser possível compreender o avanço da liberdade comercial neste período sem relacioná-la à ascendência industrial, comercial e política da Grã-Bretanha. Afinal, foi ali que as ideias do liberalismo adquiriram influência mais precocemente, projetando-se sobre a política externa e vindo a influenciar o comportamento de outros países. Aliás, é curioso notar, seguindo a caracterização histórica feita por Ha-Joon Chang (2002)[17], que a Grã-Bretanha buscou proteger ativamente seu setor industrial têxtil incipiente até que este pudesse superar seus concorrentes, só então abraçando a postura de livre comércio.

3.1.1 Difusão da liberdade de comércio no século XIX

Ao contrário do que a percepção comum sugere, a Revolução Industrial britânica do século XVIII foi acompanhada de medidas restritivas ao comércio internacional. Medidas de proibição ou restrições a importações buscavam dar espaço a setores econômicos domésticos que não estavam à altura da competição internacional. Havia, igualmente, restrições e proibições de exportações de caráter estratégico para as manufaturas. Na Grã-Bretanha, matérias-primas fundamentais à indústria, como lã e carvão, não podiam ser livremente vendidas ao exterior. Outras restrições a produtos agrícolas advinham das chamadas *corn laws*. Políticas comerciais protetivas eram comuns no século XVIII e início do XIX também em outros países europeus (KINDLEBERGER, 2003, p. 73-6).

O movimento pela liberalização do comércio britânico era incipiente ao final do século XVIII, e só tomou fôlego após as guerras napoleônicas, encerradas em 1815 (KINDLEBERGER, 2003, p. 75). Na perspectiva de Polanyi, porém, apenas na década de 1830 o liberalismo econômico adquiriu verdadeira ascendência sobre a política britânica (POLANYI, 2001, p. 143).

Para Kindleberger, a difusão das medidas de livre comércio – primeiro na Grã-Bretanha, depois pela Europa – deu-se por razões diversificadas, e variáveis segundo o momento histórico (2003, p. 87). Sua explicação para a defesa britânica do livre comércio abrange três motivações. Uma delas relaciona-se ao "autointeresse direto de grupos particulares dominantes", com interesses atrelado à exportação (2003, p. 88). Kindleberger explica que

---

17 Vide Capítulo 10.

o fator de produção abundante tende a pressionar medidas políticas pela liberdade de comércio, ao passo que, tornando-se escasso, tende a fazer *lobby* por proteção. A influência deste fator parece atemporal no relato do autor. Num momento inicial, referente aos anos 1830, outra motivação residiu na tentativa britânica de impedir ou retardar a industrialização na Europa continental, num "imperialismo de livre comércio". A estratégia consistia em, a partir da liberdade de comércio, baixar os preços dos produtos industrializados exportados para o continente, considerando-se que as tarifas de importação existentes contribuíam para a alta dos preços destes produtos e, consequentemente, atraíam competidores locais às exportações britânicas (2003, p. 80). Por fim, entra o papel da influência do "credo liberal". Na Grã-Bretanha do século XIX, tornou-se generalizada a crença de que os "ensinamentos de economistas ortodoxos, incluindo os defensores do livre comércio, eram cientificamente exatos, universalmente aplicáveis, e demandavam assentimento" (2003, p. 81).

A postura de abertura unilateral ao comércio por parte da Grã-Bretanha ocorreu ao lado de negociações britânicas bilaterais em tratados de comércio, amizade e navegação. Uma característica destes tratados era a inclusão de cláusula de "nação mais favorecida" (NMF). "A cláusula de nação mais favorecida é a regra segundo a qual uma vantagem concedida a qualquer outro Estado se estende automaticamente ao parceiro comercial (que é, portanto, o mais favorecido)" (BARRAL, 2007a, p. 30). Cumpre ressalvar que esta cláusula já estava presente em tratados britânicos anteriores à era vitoriana. O Tratado de Comércio e Navegação celebrado entre Grã-Bretanha e Portugal, em 1808, quando da vinda da família real portuguesa ao Brasil, incluía a cláusula NMF. Significava, portanto, que "qualquer vantagem concedida por Portugal a outros Estados se estenderia automaticamente aos produtos ingleses, e vice-versa" (BARRAL, 2007a, p. 31).

Como Andrew Brown destaca, após a década de 1860 – quando da celebração do Tratado Cobden-Chevalier, com a França –, cláusulas NMF tornaram-se padrão nos acordos comerciais de outras potências europeias. Mudou-se a prática de "acordos bilaterais que confinavam as concessões às partes da negociação". Deste modo, formaram-se redes de cooperação comercial costuradas por meio de tratados bilaterais que continham a cláusula, com o efeito de transmitir as concessões feitas a um país aos demais favorecidos (BROWN, 2003, p. 56).

Em outros termos, a Grã-Bretanha, por meio da inclusão das cláusulas de NMF em seus tratados bilaterais do período, promoveu a liberalização do comércio para além das bases de reciprocidade. Isto porque, com referida cláusula, as partes de uma relação de NMF poderiam beneficiar-se de negociações que uma delas fizesse com terceiros, sem que da outra fossem exigidas concessões recíprocas. A política unilateral britânica de liberalização do comércio era, portanto, acompanhada de "tratados comerciais bilaterais que estendiam, de modo incondicionado, status de Nação Mais Favorecida a terceiros países" (SALLY, 1998, p. 199).

Cumpre salientar, no entanto, que a promoção britânica da abertura comercial no século XIX – embora contasse com os elementos de sua própria postura unilateral e das negociações bilaterais de tratados com cláusulas de NMF – era acompanhada do uso da força, favorecido pela hegemonia de que gozava no domínio naval. O período vitoriano é, afinal, também o período da *pax britanica*, de alcance máximo de sua extensão imperial. A força era "empregada para defender mercadores britânicos e para ampliar seus mercados", inclusive por meio de políticas de "guerra e anexação", muito comuns à presença britânica na Ásia e em outros pontos do globo (SEMMEL, 1970, p. 206). Não se pode deixar de lado a existência de elementos coercitivos nas práticas comerciais do século XIX. Tampouco se pode esquecer que, apesar do status britânico de *hegemon*, a porção final do século XIX e inicial do século XX foi marcada por disputas coloniais entre as potências europeias imperialistas. Em outros termos, o uso da força acompanhou a expansão comercial das potências comerciais de modo geral, e não apenas no caso da Grã-Bretanha.

A adoção de políticas de livre comércio não ficou adstrita à Grã-Bretanha. O caso da França é explicado por Kindleberger primariamente com base no argumento dos *interesses setoriais*. "O movimento de livre comércio na França tinha suporte em Bordeaux, a região exportadora de vinhos; de Lyon, com interesses na seda; e Paris, produtora dos chamados 'artigos de Paris' para venda no exterior (móveis, perfumes, imitações de joias, brinquedos e assim por diante)" (2003, p. 82). Outros países, sem setores industriais expressivos, contaram com abertura comercial após meados do século XIX com base no "triunfo intelectual dos economistas políticos" (2003, p. 81). Após 1857, Espanha, Portugal, Noruega e Suécia reverteram restrições e proibições de importação (2003, p. 83). Além destes países, Kindleberger atribui ao peso das considerações ideológicas, mais do que aos interesses econômicos de grupos locais específicos, a abertura comercial ocorrida na Holanda, Bélgica e Dinamarca no mesmo período (2003, p. 88).

3.1.2 Padrões de interação comercial

Embora a expressão "liberalismo econômico" possa sugerir que a estruturação das atividades econômicas aconteça "livre" de hierarquias, coerções ou outras modalidades de constrangimento, é importante ressaltar que o período em análise é caracterizado por padrões *assimétricos* de interação econômica (SATO, 2012, p. 62). Tais padrões guardam aproximações com a configuração das hierarquias políticas internacionais. Nesse sentido, relações desiguais de poder parecem ter se refletido em relações também desiguais de comércio.

O pano de fundo das relações comerciais desiguais do século XIX é um ambiente político que Eiiti Sato caracteriza por meio de três traços: (i) o eurocentrismo[18]; (ii) o colonialismo como forma de relação entre a Europa com outras partes do mundo; e (iii) a existência de um sistema que "se baseava num liberalismo no qual nações soberanas desenvolviam suas políticas de modo autônomo num ambiente de equilíbrio de poder" (2012, p. 56). Neste cenário, não estavam dadas as condições para qualquer pretensão à afirmação de igualdade de termos comerciais entre potências anglo-europeias e povos de outras partes do globo.

Os três elementos acima se refletem em aspectos que caracterizam padrões de comércio no século XIX. O primeiro é divisão internacional do trabalho. A especialização dos países em setores produtivos distintos gerou dois grandes agrupamentos. De um lado, países do mundo anglo-europeu se industrializaram. De outro, partes do globo que antes contavam com produção manufatureira significativa se desindustrializaram conforme o contato comercial com a Europa se intensificou (SATO, 2012, p. 64), a exemplo do ocorrido com a produção têxtil chinesa e indiana (SATO, 2012, p. 62). A expansão do comércio internacional colocou em contato regiões distintas e provocou mudanças em suas estruturas de produção:

> Em seus estágios iniciais, pode-se dizer que o comércio produziu um processo *smithiano* de especialização, isto é, dadas as diferenças de custos (principalmente depois que os transportes internacionais também ganharam o impulso de muitas melhorias, que reduziram tempo e custo), os produtos vindos dos países que estavam se industrializando rapidamente deslocaram as atividades manufatureiras nas regiões periféricas (SATO, 2012, p. 61-2).

Desse modo, certos países especializaram-se como "fábricas", ao passo que outros se tornaram "celeiros/minas" (SATO, 2012, p. 65). O comércio global do século XIX foi marcado pela troca de bens primários, como

---

18 Bernard Semmel aponta, a este respeito, que "havia uma percepção generalizada, amplamente compartilhada por economistas políticos, acerca da superioridade europeia, dos benefícios que poderiam ser conferidos pelo domínio europeu e, em particular, pelo domínio inglês" (1970, p. 209). Semmel exemplifica fazendo menção à postura de Jean-Baptiste Say em relação à administração colonial da Índia pela Grã-Bretanha. Segundo este, "o povo da Ásia 'dificilmente pensa ser possível viver sem um mestre'" (SAY apud SEMMEL, 1970, p. 209-10).

alimentos, minérios e outras matérias-primas, por manufaturas. É interessante observar que, na composição do volume total de comércio internacional, dois terços correspondiam a produtos primários, e apenas um terço a manufaturas (SATO, 2012, p. 74). Este é outro aspecto importante da configuração *desigual* do comércio. Países especializados na produção agrícola não passam pelo mesmo processo de mudança estrutural associada à industrialização e ao desenvolvimento. Neste sentido, a configuração pode ser lida como tendente à perpetuação de desigualdades econômicas entre países. Não se pode deixar de lado, aliás, a existência de *sobreposição* entre aqueles países que eram especializados na produção primária (celeiros/minas) e aqueles que eram escassos em capital. Estes consumiam não só produtos industrializados do exterior, como também investimentos das economias mais importantes: sobretudo a Grã-Bretanha (pela maior parte do século), e posteriormente também Estados Unidos, Alemanha e França.

Ainda outro aspecto se refere a certa configuração "triangular" dos fluxos de comércio e investimento no século XIX. A Grã-Bretanha, polo da ordem econômica internacional, obtinha superávit em seu comércio com a Índia. Esta era superavitária em relação ao restante do mundo. Por sua vez, a Grã-Bretanha tinha *deficit*s comerciais com o restante do mundo, importando persistentemente mais do que exportava. A situação não era desequilibrante para a Grã-Bretanha por dois fatores. Primeiramente, porque seus *deficit*s com o restante do mundo eram compensados pelos superávits mantidos em relação à Índia. Em segundo lugar, porque os chamados "itens de comércio invisível", como seguros, fretes, e retornos de investimentos feitos no exterior (SATO, 2012, p. 74), pesavam positivamente no balanço de pagamentos britânico. Esta estrutura triangular de comércio (e finanças) provia à Grã-Bretanha uma forma de equilibrar suas contas (SATO, 2012).

A caracterização dos elementos de assimetria nas relações comerciais do século XIX guarda conexões com o período inicial do direito internacional. As formas jurídicas do direito internacional foram instrumentais para a legitimação do avanço coercitivo do comércio europeu, além de se encontrarem mescladas com o propósito civilizador. Ao passo que instituições como colônias e protetorados davam as bases para a condução metropolitana da economia e comércio das colônias, a jurisdição consular isolava cidadãos europeus da justiça local, representando segurança para sua propriedade e seus contratos, elementos fundamentais à realização do comércio. Não se pode deixar de lado que o direito internacional reconhecia a normatividade de tratados obtidos por meio da coerção e a prática da diplomacia da canhoneira. Eram válidas as práticas coercitivas de abertura de portos, obtenção de reduções tarifárias ou tratamento preferencial, e para garantir o pagamento de dívidas. Além disso, o direito internacional era marcado por um tratamento peculiar da noção de soberania, que não chegava a ser atributo de todos os Estados. Era, ao invés, um atributo essencialmente europeu, mas que podia, atendidas as condições de "civilidade", estender-se a outros cantos do globo. O comportamento dos países da periferia global era permeado por condicionamentos que partiam desde o centro europeu. Assim, por exemplo, ocorria com a China, que não controlava seus portos de modo autônomo: "um cidadão britânico foi inspetor-geral das autoridades alfandegárias chinesas entre 1863 e 1908" (BROWN, 2003, p. 61).

O argumento, em síntese, é o de que o direito internacional proveu "formas" que abrigaram "práticas" de relações comerciais desiguais, além de frequentemente coercitivas. Neste contexto de padrões assimétricos de interação comercial, os países periféricos, como Eiiti Sato salienta, eram verdadeiros "elementos de equilíbrio da ordem econômica". Sua importância para a ordem econômica internacional consistia em sua posição como: (i) fornecedores de alimentos e matérias-primas aos países industrializados; (ii) destinos das emigrações europeias, "aliviando as pressões econômicas e sociais decorrentes da superpopulação da Europa"; e (iii) mercados consumidores para "produtos industriais e recursos financeiros dos centros industriais" (SATO, 2012, p. 75).

3.1.3 Pontos fora da curva do livre comércio

A promoção do livre comércio, inspirada nos fundamentos do liberalismo econômico, não foi, porém, a única tendência nas relações comerciais do período (cf. CHANG, 2002; RODRIK, 2011). Ao longo do século XIX e da porção inicial do século XX, certos países valeram-se de modelos alternativos que não dialogavam diretamente com as ideias de Smith ou Ricardo, mas que remetiam a outras fontes. Em particular, práticas de proteção a setores econômicos domésticos sensíveis – e em especial à indústria nascente –, encontravam guarida nas contribuições intelectuais de autores como Alexander Hamilton, que escreveu na porção final do século XVIII, e de Friedrich List, cuja produção é da primeira metade do século XIX.

Ao longo do século XIX e até a década de 1920, os Estados Unidos, embora fizessem tratados comerciais bilaterais com cláusulas de NMF, rejeitavam as formulações britânicas de cláusulas incondicionadas (SALLY, 1998, p. 199). A postura norte-americana era a de "conceder reduções tarifárias em bases estritamente bilaterais", de modo que eram estendidas a outros países "somente se estes conferissem aos Estados Unidos concessões equivalentes". Em outros termos, os Estados Unidos rejeitavam a ideia de que concessões comerciais pudessem ser obtidas por um país via cláusula de NMF, sem que este último também tivesse que reduzir suas tarifas para as exportações norte-americanas. Era uma visão "condicional da cláusula de nação mais favorecida" (BROWN, 2003, p. 56). Segundo Brown, os Estados Unidos desfrutavam do *status* de "caroneiro" (*free rider*), "beneficiando-se de tratamento incondicionado de nação mais favorecida por outros países que adotavam a cláusula, mas não estendendo o mesmo tratamento a estes" (BROWN, 2003, p. 57). Sobretudo após a Guerra de Secessão norte-americana, o comportamento dos Estados Unidos tornou-se "mais deliberadamente protecionista". O Sul agrícola favorecia políticas de livre comércio. No entanto, ao perder a disputa para o Norte industrializado na década de 1860, a política comercial norte-americana pendeu para maiores níveis de proteção tarifária (BROWN, 2003, p. 60; GALBRAITH, 1989, p. 142).

Para Brown, no momento da virada do século, as políticas comerciais de diversos países europeus haviam assumido contornos mais protecionistas. A Alemanha, após a unificação na década de 1870, promoveu política de proteção comercial e industrial no governo de Otto von Bismarck. Nesse contexto, o país de unificação e industrialização tardias emergiu como "líder mundial em indústrias nos setores de aço, químicos e elétrico", de modo que, no ano 1900, "as manufaturas correspondiam a aproximadamente 70% do total de exportações alemãs, uma proporção maior do que aquela atingida até mesmo pela Grã-Bretanha" (BROWN, 2003, p. 59).

A França também experimentou mudanças na orientação comercial na porção final do século. Após condução mais liberal sob o regime de Luis Napoleão, ocorreu certa guinada protecionista, marcada pela derrota para a Prússia na guerra franco-prussiana, de 1870-1. Em termos gerais, a política francesa passou a ser a de praticar tarifas elevadas para produtos estrangeiros (BROWN, 2003, p. 60).

Até mesmo na Grã-Bretanha houve certo "desencantamento com o liberalismo *laissez-faire*" na virada do século, diante da ascensão de outras potências econômicas e do acirramento das tensões com projetos imperialistas em choque. A partir de 1903, Joseph Chamberlain, líder do partido conservador, "começou a advogar alguma proteção para a indústria doméstica e a formação de uma área de comércio preferencial no império britânico" (BROWN, 2003, p. 60). No momento anterior à Primeira Guerra Mundial, no entanto, Chamberlain não obteve sucesso em suas pretensões protecionistas, que só se materializariam na década de 1930 (SEMMEL, 1970, p. 226).

Estes são apenas destaques pontuais de práticas mais amplas e generalizadas de protecionismo que estiveram na base dos percursos de desenvolvimento de muitos países, inclusive dos mais frequentemente associados à promoção do liberalismo econômico (CHANG, 2002). A partir deste breve relato, porém, foi possível notar que não se pode caracterizar o século XIX e início do século XX como tendo sido de *plena* adesão ao ideário liberal. Feita esta ressalva, os demais elementos aqui relatados permitem perceber que o liberalismo econômico esteve associado à conformação e expansão das relações comerciais internacionais do período, inclusive no que diz respeito à estruturação de padrões desiguais que se podiam justificar como decorrências de processos de *autorregulação* pela ação das forças de mercado (que conduziam alguns à industrialização e outros à desindustrialização/ especialização em matérias-primas).

Outras esferas de influência do liberalismo econômico no período em questão foram as relações internacionais em moeda e finanças. O *Padrão-Ouro Internacional* abraçou a ideia de *mercados autorregulados* e constituiu um regime informal que em muitos sentidos pode ser apontado como ainda mais influente que o comercial. Suas características e repercussões principais são objeto da seção seguinte.

3.2 Aspectos da cooperação internacional monetária e financeira

O *Padrão-Ouro Internacional* (POI) foi um regime informal estruturado nos anos 1870 e que regeu com expressivo sucesso a cooperação internacional tanto monetária quanto financeira[19] das principais potências da época e mesmo de outras economias periféricas, estas últimas com participações pontuais, oscilantes ou instáveis.

Num cenário em que cada país emite sua própria moeda nacional, é fácil perceber como investidores e comerciantes possam experimentar insegurança para conduzir negócios em outras economias. No que diz respeito exclusivamente à moeda – e não a outras instituições, como propriedade privada, garantia judicial ao cumprimento dos contratos etc. – tal insegurança está em grande parte associada à possibilidade de que o lucro ou juros esperados em negócios no exterior venham a ser corroídos por alterações na paridade entre as moedas, ou seja, por mudanças no *câmbio* (cf. POLANYI,

---

19 Na caracterização feita por Ernani Teixeira, "o corte entre o monetário e o financeiro decorre da definição de moeda. Quaisquer componentes, além daqueles que figuram no conceito de moeda, são denominados recursos não monetários ou simplesmente financeiros" (TEXEIRA, 2002, p. 33). O autor aponta ainda que a composição dos ativos que cumprem a função de moeda (reserva de valor, unidade de referência e meio de pagamento) é variável. Há uma "convenção universal" em torno de uma composição mínima a compreender "o papel moeda em poder do público mais o saldo dos depósitos à vista", porém "as definições de moeda têm se alterado ao longo do tempo", podendo incorporar também depósitos a prazo, títulos públicos e privados, e até mesmo outros ativos dotados de grande liquidez (2002, p. 21-2). Outra forma de separar o monetário do financeiro pode ser versada nos seguintes termos. Ao passo que o aspecto do "monetário" faz referência à existência e emprego da moeda como elemento que faz o intermédio das transações, o "financeiro" representa as transações em que o objeto transacionado é a própria moeda, com expectativa de ganho. Em todo caso, a distinção é sutil, e as duas áreas apresentam implicações mútuas e sobreposições.

2001; EICHENGREEN, 2008; GALBRAITH, 1997). Se a moeda local perde valor entre o momento em que o investimento é feito, e aquele em que é liquidado, o investidor estrangeiro pode perder dinheiro (BROZ, 2003, p. 207). A instabilidade monetária compromete, em especial, o retorno de investimentos de longo prazo[20] (POLANYI, 2001, p. 16).

Entre os fatores percebidos como de maior importância para a estabilidade ou instabilidade do valor da moeda local encontra-se o comportamento governamental, e em particular o modo como o orçamento público é gerido. Afinal, para além da tributação, governos podem levantar recursos para cobrir *déficits* orçamentários por meio do endividamento e da emissão de dinheiro novo. Ao fazê-lo, no entanto, colocam pressões sobre a moeda nacional no sentido de inflação (internamente) e depreciação do câmbio (externamente). Não fazê-lo, por sua vez, implica limitação significativa na capacidade que os governos têm de agir sobre os rumos da economia local e mesmo sobre demandas sociais, ou seja, implica conviver com períodos de recessão, desemprego e retração nas condições de vida da população.

O POI foi expressão de um consenso econômico e político que priorizava a segurança e a rentabilidade dos investimentos por meio da preservação de paridades fixas entre moedas nacionais distintas. O novo compromisso prioritário implicou limitações ao comportamento estatal. Em especial, a necessidade de manter orçamentos equilibrados alcançou *status* dogmático, restringindo significativamente a capacidade de governos de financiar *déficit*s por meio de manobras monetárias (*debasement of the coin*). A institucionalização do POI, acima mencionada, não se deu formalmente, nem foi positivada em tratados internacionais. Como aponta Barry Eichengreen, o POI não resultou de "discussões centralizadas [...] a respeito do desenho do sistema monetário internacional" (2003, p. 233). Ainda assim, até o final do século XIX, o POI "havia sido adotado pela maior parte das grandes nações comerciais do mundo, efetivamente estabelecendo o primeiro sistema cambial efetivamente global" (KETTELL, 2004, p. 34; cf. EICHENGREEN, 2008).

A instituição informal do POI contava com três regras: (i) paridades fixas entre moedas nacionais; (ii) conversibilidade da moeda nacional em ouro a uma taxa fixa de conversão e (iii) livre movimentação transfronteiriça

---

20 Um exemplo ajudará a esclarecer o ponto. Um investidor inglês do século XIX adquire da coroa portuguesa um título público, denominado em *réis* portugueses, e com valor correspondente a £100. O investimento promete remuneração de 10% ao cabo de um ano. Este investidor projeta auferir ganhos, portanto, de £10, ao obter, com o decurso do tempo, o montante total equivalente a £110. No entanto, caso neste meio termo a taxa de conversão do *real* português em ouro seja alterada, a rentabilidade do investimento poderá ser comprometida. Em especial, se um *real* português passar (num exemplo extremo) a resgatar 50% menos ouro na data do resgate do título pelo investidor inglês, ao sacar este montante em ouro e levá-lo à Inglaterra, ele conseguirá apenas £55, resultando em prejuízo, ainda que, formalmente, o governo português tenha honrado o contrato.

de ouro (SATO, 2012, p. 69; KETTELL, 2004, p. 33). Assim, durante a operação do POI, "por exemplo, uma libra esterlina podia ser convertida no Banco da Inglaterra em troca de 113 gramas de ouro, que por sua vez poderiam ser convertidas nos Estados Unidos por $4,86, estabelecendo desta forma uma paridade entre as duas moedas em £1=$4,86, ou $1=£0,205" (KETTELL, 2004, p. 34).

Cabe ressalvar que a adesão a tais regras não foi uniforme[21] pelos países participantes em todos os momentos (EICHENGREEN, 2008, p. 6-42; BROZ, 2003). O comportamento da Grã-Bretanha é o que mais se aproxima do modelo ideal do POI, ao passo que a França e a Alemanha adotaram posturas heterodoxas em momentos variados, conforme narra Lawrence Broz (2003). Apesar de variações momentâneas de comportamento, uma das características do POI até a Primeira Guerra Mundial foi a confiança generalizada da comunidade internacional de investidores – *haute finance* – na adesão dos países participantes a suas três regras. A solidez da confiança no compromisso prioritário com a preservação do valor relativo das moedas nacionais contribuiu para que mesmo os fluxos especulativos de curto prazo (*hot money*) assumissem, nesta época, sentidos "estabilizantes" (EICHENGREEN, 2008), ponto que será retomado adiante.

Como decorrência das regras do POI, emergiu uma "taxa fixa de câmbio entre as moedas mais importantes." (GALBRAITH, 1997, p. 37) A preservação da paridade entre as diferentes moedas pressupunha a operação de um mecanismo autorregulado de equilíbrio dos fluxos transnacionais de ouro, determinado pelo mercado (SATO, 2012, p. 78), e em que os Estados não deveriam interferir. Era necessário aos países em *deficit* comercial conviver com fluxos de ouro rumo ao exterior (que tendiam a ocasionar deflação e desemprego), ao passo que países superavitários teriam influxos em contrapartida (e inflação). Estes deslocamentos tenderiam, segundo o modelo ideal, a gerar realinhamentos entre os países (cf. EICHENGREEN, 2008, p. 29). Na prática, porém, os Estados e bancos centrais apresentavam resistências à livre movimentação do ouro, procurando evitá-la[22] (EICHENGREEN, 2008; BROZ, 2003).

---

21 Na França, por exemplo, a conversibilidade de notas de dinheiro em ouro não era garantida por lei, "mas deixada à discrição do banco central" (BROZ, 2003, p. 210). O Banco da França cobrava ágio pela troca do valor de face das notas em ouro. Em outros termos, quem descontasse as notas receberia uma quantia menor do que o valor nominal. A medida desestimulava a saída de ouro ao exterior. O custo desta política de proteção aos estoques nacionais de ouro – além de minar a credibilidade do compromisso francês com o POI – foi a limitação da expansão das atividades bancárias francesas no exterior, e da posição do franco como moeda de relevância internacional. Como consequência, apenas a Rússia matinha "ativos substanciais em francos", dadas suas vinculações políticas com a França na porção final do século XIX (BROZ, 2003, p. 211).

22 O principal instrumento de política monetária para tal fim, empregado extensivamente inclusive pelo Banco da Inglaterra, era a manipulação da *taxa de redesconto* (BROZ, 2003, p. 204), também chamada de taxa *interbancária* (GALBRAITH, 1997, p. 36) ou taxa básica de juros. Aumentos em referida taxa tornam mais cara a captação de dinheiro por bancos

O POI alcançou o efeito de "unir as atividades e políticas econômicas das nações", tendo sido "um instrumento notável de coordenação do comportamento econômico em diferentes países" (GALBRAITH, 1997, p. 141). A estabilidade monetária era, porém, atingida a certo preço. A "deficiência marcante" do POI consistia em exigir a subordinação da administração econômica doméstica "a um mecanismo internacional e impessoal, capaz de gerar dificuldades e perturbações consideráveis" (GALBRAITH, 1997, p. 142). Isto porque "política monetária", neste contexto, era sinônimo de preservação da paridade, conversibilidade e mobilidade da moeda. Obedecer às regras do POI significava abrir mão de instrumentos de política econômica que pudessem reverter períodos deflacionários, o desemprego e a recessão econômica. Em outros termos, o POI trazia repercussões para o comportamento doméstico dos Estados, no sentido de restringir as políticas públicas e as medidas de política econômica que estes poderiam adotar (CASTRO, 2006, p. 48-9; GALBRAITH, 1997, p. 141; KETTELL, 2004, p. 34).

A segurança e rentabilidade dos investimentos de longo prazo e das transações comerciais podia ser priorizada no século XIX porque ainda não havia pressões fortes o suficiente para subordinar a estabilidade da moeda a outros objetivos (POLANYI, 2001; EICHENGREEN, 2008, p. 30; CASTRO, 2006). Dois fatores são de especial relevância para explicar por que os governos encontravam-se isolados da pressão doméstica para atender a outros objetivos políticos, permanecendo "livres" para priorizar a política monetária segundo as exigências do POI.

O primeiro deles é a existência de formatos restritivos de democracia nos Estados liberais neste momento. Com o voto censitário, longe de universalizado, ainda não haviam sido formadas as democracias de massa do século XX. Este fator contribuía para restringir a representação de interesses de setores sociais afetados por medidas adversas de política monetária sob o POI (EICHENGREEN, 2008, p. 2). A esse respeito, Galbraith

---

comerciais, e portanto dificultam a concessão de novos empréstimos. Do contrário, reduzindo a taxa de redesconto, o banco central estimula que dinheiro seja injetado na economia por meio da atividade bancária. Diante destas relações, "o Banco da Inglaterra observava o tamanho de suas reservas de ouro ao definir a taxa de redesconto. Dado que a proporção de reservas era afetada primariamente por movimentações de ouro, o princípio operacional do Banco era o de responder a reduções em suas reservas por saída de ouro ao exterior por meio de aumentos na taxa de redesconto" (BROZ, 2003, p. 204). Com esta orientação monetária, o Banco da Inglaterra expunha a atividade econômica doméstica a "frequentes variações nas taxas de juros". Em outros termos, quando a Inglaterra perdia ouro para o exterior, o Banco da Inglaterra aumentava a taxa de juros com o objetivo de manter o valor da libra esterlina em relação ao ouro, "quer ou não estas ações estivessem de acordo com as necessidades da economia doméstica" (BROZ, 2003, p. 209). Na perspectiva de Broz, a preferência pela constância da libra em relação ao ouro, em detrimento da inconstância das taxas de juros, é explicada pela ascendência das classes financeiras na política britânica naquele momento, maior do que a de setores da economia real ou produtiva, até mesmo que o pujante setor industrial.

afirma que uma das coisas mais perigosas para o funcionamento do POI viria a ser a democracia (1997, p. 39; cf. POLANYI, 2001, p. 216, 243-4; SEMMEL, 1970[23]).

O segundo fator é o "sindicalismo não completamente desenvolvido". A organização e mobilização incipiente dos trabalhadores era insuficiente para fazer com que objetivos de pleno emprego ascendessem na agenda de prioridades governamentais (EICHENGREEN, 2008, p. 2, 30). A esse respeito, cumpre lembrar que os cenários deflacionários, frequentes no POI, dificultavam o desempenho econômico e aumentavam a parcela desempregada das populações.

O referido isolamento dos governos em relação às pressões de massa no século XIX dava as bases para existência da *confiança* generalizada na adesão dos governos (e dos bancos centrais, onde estes existiam) às regras do POI. Dois efeitos peculiares estão atrelados a esta confiança: a tolerância a desvios temporários e o sentido estabilizante dos fluxos especulativos (EICHENGREEN, 2008).

Num contexto de sólido compromisso dos Estados com a estabilidade monetária, havia certa "margem de manobra" para que a proporção de reservas (lastro) em relação à massa monetária em circulação caísse abaixo do piso legal em circunstâncias excepcionais. Ou seja, a taxa de conversão da moeda em ouro poderia modificar-se temporariamente, sem que o país fosse abandonado pelos investidores. Possibilitava-se, ainda, a suspensão temporária da conversibilidade da moeda, diante da certeza de que tanto esta quanto a paridade original em relação ao ouro voltariam mais à frente (EICHENGREEN, 2008, p. 37). As regras do POI não deixavam de ser um *ponto de fé* neste período. Isso se dava em tal proporção que mesmo o comportamento estatal em contravenção às regras era interpretado, em função desta fé, como desvio que só poderia ser temporário.

Outro efeito da confiança generalizada era a ocorrência peculiar dos fluxos especulativos com sentido estabilizante para a economia local em dificuldades para manter a paridade de sua moeda em relação ao ouro (EICHENGREEN, 2008, p. 36). Quando a moeda de um país começava a se depreciar em relação ao ouro, investidores tinham incentivos para adquirir a moeda mais barata, na certeza de que, no futuro, ela restauraria o seu valor,

---

23 Para Bernard Semmel, houve mudança a partir das décadas finais do século XIX, "quando a efetividade dos sindicatos trabalhistas em melhorar salários e as condições de trabalho estavam sendo regularmente demonstradas, e quando não apenas na Inglaterra, mas no continente [europeu], uma grande movimentação pela redistribuição da renda nacional, por sistemas de pensões a idosos e seguros de saúdo e desemprego, havia conseguido impressionantes sucessos iniciais" (SEMMEL, 1970, p. 222). No pós-Primeira Grande Guerra, as pressões por políticas redistributivas viriam a se intensificar (vide Capítulo 4).

e poderia ser vendida com ganho. Como numa profecia autorrealizante, a movimentação dos investidores contribuía para a revalorização da moeda deste país[24]. O ponto é explicado por Eiiti Sato:

> esses movimentos de capitais de curto prazo até ajudavam a compensar problemas de balanço de pagamentos de uma forma "automática": um país em *deficit* tinha sua taxa cambial pressionada para baixo, até níveis próximos do ponto de saída do ouro e, como consequência, especuladores estrangeiros eram atraídos a comprar essa moeda na esperança de obter lucros quando medidas corretivas fossem tomadas pelas autoridades monetárias daquele país a fim de melhorar a posição do seu balanço de pagamentos (SATO, 2012, p. 72).

Em contraste com os fluxos especulativos estabilizantes do período anterior à Primeira Guerra Mundial, o período posterior seria marcado pela "fuga de capital", ou desinvestimento, diante do comportamento do Estado que tendesse a minar a segurança e a rentabilidade dos investimentos[25] (POLANYI, 2001, p. 25).

A segurança e rentabilidade dos investimentos dependiam não só de comportamentos restritivos dos Estados no tocante às medidas de política econômica, que inspiravam a confiança dos investidores, como também da existência da paz entre grandes potências. Este é um dos tópicos de relevo na obra *The great transformation*, de Karl Polanyi (2001[1944]), segundo o qual o sistema internacional europeu do século XIX deveu a existência da paz não ao funcionamento isolado do balanço de poder, mas à sua operação conjugada com o POI. O elemento de peso na explicação de Polanyi é a emergência do "agudo interesse pela paz" (POLANYI, 2001, p. 7) por parte de uma classe de investidores internacionais com ascendência sobre os governos, e cujos negócios privados seriam comprometidos pela eclosão de guerras entre grandes potências. "A vasta maioria dos portadores de títulos governamentais, bem como de outros investidores e comerciantes, seria a primeira a perder em tais guerras, especialmente se as moedas fossem

---

24 Galbraith explica como a especulação pode atingir o autorreforço, fazendo com que a projeção de ganhos se concretize de fato. "A especulação ocorre quando os indivíduos compram ativos, sempre com o apoio de alguma doutrina racionalizadora, porque esperam que os preços subam. Essa expectativa e a ação resultante então servem para confirmar a expectativa. No momento, a realidade não é o que o ativo em questão – as terras, ou mercadorias, ou ações, ou companhia de investimento – renderá no futuro. Ao contrário, é somente importante que pessoas em número suficiente estejam esperando que o objeto da especulação tenha o seu preço aumentado, para que esse aumento realmente ocorra, o que atrairá mais pessoas ainda para estimular a realização de novas expectativas de aumentos adicionais." (GALBRAITH, 1997, p. 102).

25 Vide Capítulo 4.

afetadas." (POLANYI, 2001, p. 14) Estes grandes investidores internacionais com interesses comerciais privados vinculados à manutenção da paz internacional eram a *haute finance* (POLANYI, 2001, p. 10).

> A *haute finance*, uma instituição *sui generis,* peculiar ao último terço do século XIX e primeiro terço do século XX, funcionava como elo principal entre a organização política e econômica do mundo. Ela fornecia os instrumentos para um sistema de paz internacional, que era operado com a ajuda das potências, mas que as potências não poderiam por si próprias ter estabelecido ou mantido (POLANYI, 2001, p. 10).

Essa classe se tornou influente sobre os rumos das políticas econômicas nos pontos mais variados do globo. "Independente de cada governo, mesmo dos mais poderosos, ela estava em contato com todos; independente dos bancos centrais, mesmo do Banco da Inglaterra, ela estava proximamente conectada com ele." (POLANYI, 2001, p. 10). O poder da *haute finance* é explicado principalmente pela dependência que os governos experimentavam em relação à disponibilidade de recursos financeiros nos mercados internacionais. Ao lado da tributação e da impressão de papel-moeda, governos poderiam recorrer a estes mercados para arcar com seus gastos, seja contraindo empréstimos em instituições bancárias, seja oferecendo títulos da dívida pública à venda. Num contexto em que capacidade de exação de tributos é legalmente limitada (*Estado liberal de direito*), e a impressão de dinheiro sem lastro censurada pelo POI, a disponibilidade de recursos nos mercados internacionais havia se tornado relevante para a composição das finanças estatais. "Empréstimos, e a renovação de empréstimos, dependiam do crédito, e o crédito, do bom comportamento." (2001, p. 14; cf. FERGUSON, 2008).

As regras do POI eram informais, mas funcionaram por período considerável. A influência da *haute finance*, e seu poder de punir pela ameaça ou concretização da negação de crédito, ou fuga de capital, é uma explicação para o funcionamento do regime monetário internacional. Outra explicação reside na influência intelectual do liberalismo econômico, e em particular da noção mercado autorregulado, que estava embutida na proposta do POI para a ordenação das relações monetárias internacionais. Ambas encontram-se presentes na caracterização feita por Polanyi (2001). Estes elementos podem lançar alguma luz sobre as fontes da ordem monetária internacional do século XIX, a respeito da qual é notável a ausência de papel de coordenação por parte do direito internacional. Embora informais, sem serem jurídicas, as regras do POI foram emanações normativas *concretas* para as relações econômicas internacionais do período.

3.3 Algumas implicações normativas e jurídicas de ideias, práticas e instituições informadas pelo liberalismo econômico

O ganho de autonomia da perspectiva econômica trouxe implicações normativas importantes. A abordagem do POI, na seção anterior, permitiu evidenciar alguns elementos desta expressão de normatividade, com regras informais que "despolitizavam a moeda" (KENNEDY, 2006, p. 29) e traziam significativos constrangimentos à gama permitida de comportamentos estatais. Essa expressão de normatividade na esfera monetária e financeira é um dos componentes de um projeto mais amplo para a organização das relações econômicas internacionais, a envolver posição peculiar para o direito.

Viu-se que a noção de normatividade *interna* à economia, sob a perspectiva liberal, é baseada no argumento da *harmonia natural dos interesses*. Este favorece a livre atuação das "forças de mercado", e aponta que a coordenação espontânea das vontades privadas dispersas (e autointeressadas) conduz ao benefício do todo social. Apesar de não deixar de ser um item de fé, o argumento, em todo caso, resulta na postura de aversão a mecanismos de coordenação *política* (ou hierarquizada) da produção, troca e consumo. Ou seja, resulta no não intervencionismo estatal na esfera econômica.

No campo jurídico, a consequência de tal argumento é relegar o direito à *formalidade* (cf. CASTRO, 2012, p. 211). Não há lugar para que *conteúdos* previamente preenchidos pelo próprio direito orientem a produção, a troca ou o consumo. Sua função é prover as *formas* fundamentais ao livre desenrolar da *autonomia privada*, que corresponde à atuação desimpedida das *forças de mercado*, em linha com o argumento da harmonia natural dos interesses. O direito provê as formas, e a vontade privada as preenche de conteúdo.

Notadamente, esta concepção encontra-se abrigada pelo formato de *Estado liberal*, que separa direito público e privado: o direito público *limitando* comportamentos estatais em função do objetivo maior de habilitação e preservação da *esfera privada de autonomia*, em linha com o individualismo. Estas considerações se casam com a concepção de Adam Smith a respeito do papel fundamental que instituições jurídicas – como propriedade privada, contratos e a garantia judicial destes – têm em sua projeção do que seria o domínio econômico ótimo, sem referência a papéis mais ampliados do direito e do Estado (que deve permanecer limitado até mesmo sob o argumento de que o trabalho realizado por seus agentes é *improdutivo*, no sentido que Smith confere a tal expressão).

Internacionalmente, a projeção de instituições desenhadas para dar livre curso à *autonomia privada* ("forças de mercado") reflete-se numa ordem internacional que se pretende *espontânea*. No POI, por exemplo, os fluxos transfronteiriços de ouro devem permanecer livres, em linha com a crença de que os *mercados autorregulados* (cf. POLANYI, 2001, p. 3-5, 31) cuidarão dos ajustes necessários para preservar a paridade entre as moedas. Ao Estado cabe comportar-se de maneira restritiva (abstendo-se de gastar demais, desequilibrar o orçamento ou conduzir políticas econômicas de caráter intervencionista ou redistributivo), converter a moeda local em ouro sempre que instado a fazê-lo, e permitir o livre deslocamento de ouro por suas fronteiras. Embora nacional, a moeda isola-se da *política* e alinha-se à normatividade que emana da *economia* e que, nesse contexto – vale lembrar – vem da noção de *harmonia natural dos interesses*.

Esta concepção de moeda isolada da política reverte-se, em termos jurídicos, em barreiras para a afirmação concreta de *direitos sociais*, que são a linguagem jurídica para fazer referência às políticas econômicas de caráter redistributivo (cf. CASTRO, 2006). A pretensão que a afirmação destes direitos traz a uma parcela da composição do orçamento público encontra-se, afinal, limitada pelo compromisso prioritário com a sustentação da segurança e rentabilidade dos investimentos, objetivo último das regras do POI. A economia (sob o liberalismo) não só se autonomizou da política e do direito, como moldou-os em função de sua visão de mundo.

No campo do comércio internacional, a noção de *ordem espontânea* espelha-se na ausência da pretensão de negociar multilateralmente instituições para as relações comerciais. A liberdade de formatação do comércio internacional com virtualmente qualquer conteúdo parece conciliar-se com o sentido de *soberania* privilegiado no século XIX. Esta noção não se refletia na afirmação de igualdade entre os Estados, que se encontravam, afinal, hierarquizados até mesmo segundo seu grau de civilização (atributo do mundo anglo-europeu), selvageria ou barbárie (atributos dos demais), hierarquias estas que refletiam o *eurocentrismo* ou *anglo-eurocentrismo* do projeto do direito internacional público. A soberania era, ao contrário, a base para o comportamento estatal na esfera internacional que se dava como análogo da livre expressão da *autonomia privada* na esfera interna (vide capítulo 2).

Já foi mencionado que o objetivo de resguardar a autonomia privada resulta na defesa liberal de que o Estado deve, internamente, assegurar a propriedade privada, garantir os contratos e prover soluções judiciais para as disputas, entre outros. *Externamente*, estes papéis, no contexto da ordem econômica internacional aqui analisada, também eram desempenhados como projeções da soberania dos Estados. Para esta finalidade, as formas e práticas admitidas pelo direito internacional público mostraram-se úteis. Colônias e protetorados funcionaram como mecanismos para extensão transfronteiriça das garantias metropolitanas à propriedade e aos contratos. A diplomacia da canhoneira exerceu semelhante papel, auxiliando no respeito aos compromissos internacionalmente assumidos por países periféricos, na cobrança de dívidas e na abertura de portos e mercados. Tratados desiguais (juridicamente válidos mesmo se obtidos sob o constrangimento de canhoneiras) asseguravam a abertura comercial, reduções tarifárias, obtenção de termos comerciais preferenciais e o estabelecimento de jurisdições consulares. Estas, por sua vez, permitiam que as controvérsias envolvendo comerciantes e investidores metropolitanos fossem isoladas do judiciário local, operando como mecanismo de segurança para estes, suas propriedades e seus contratos, via discriminações baseadas na nacionalidade.

As formas jurídicas do direito internacional público, e as práticas por ele admitidas, foram instrumentais na configuração de padrões *assimétricos* de comércio no século XIX e início do século XX, que em larga medida acompanharam as assimetrias de poder existentes. Pode-se perceber o papel de fundo desempenhado pela forma jurídica da *soberania* para esta configuração. As instituições que apoiaram a expansão do comércio europeu foram reflexos desta. O cenário não propiciava aos participantes qualquer recurso a instituições da cooperação internacional que determinassem conteúdos para que relações comerciais pudessem ser qualificadas como "justas". A noção liberal de *autorregulação* (de mercados) não se chocou com a existência de práticas comerciais desiguais ou coercitivas, nem com a noção jurídica de soberania.

Como se pôde perceber, o direito passou a incorporar como suas as noções privilegiadas pelo liberalismo econômico. Nesse sentido, a *livre atuação das forças de mercado* corresponde, no direito, à *autonomia privada* ou da *vontade privada*. A noção econômica de mercados autorregulados que substituiu a coordenação hierárquica das relações de produção, troca e consumo, corresponde, no direito, não só à livre iniciativa como também à separação entre o direito público e o privado, que limita o Estado e habilita a liberdade privada de reger negócios via contratos. E, no plano da ordem internacional do comércio, a ausência de parâmetros multilateralmente estabelecidos para disciplinar as transações casa-se, juridicamente, com o cenário em que o direito internacional *privado* era, possivelmente, a única linguagem disponível para fazer referência a tais transações, e em que um direito internacional *econômico* simplesmente não existia.

Em linhas gerais, a caracterização aqui feita encaixa-se no sentido de "primeira globalização do direito e de pensamento jurídico" proposta por Duncan Kennedy (2006). Para ele, o pensamento jurídico clássico globalizou-se entre 1850 e 1914, baseado, sobretudo, no pensamento jurídico alemão. Segundo o autor, esta concepção de direito "não tinha essência" (2006, p. 20). A afirmação tem o sentido de que a concepção de justiça incorporada ao direito não era baseada na afirmação de conteúdos, mas tinha caráter procedimental ou formal. Outra característica da *primeira globalização jurídica* descrita por Kennedy era a visão do direito como *sistema* (2006, p. 25), cuja coerência interna era dada por três traços: a separação entre direito público e privado, o individualismo e o comprometimento com o formalismo na interpretação jurídica (2006, p. 25-6).

Um dos principais resultados práticos desses contornos é a concepção de uma esfera privada que ao Estado cabe resguardar, mas em que não deve intervir. Assim, "o governo deveria proteger os direitos dos sujeitos de direitos, o que significava ajudá-los a realizar suas vontades, restritas apenas conforme a necessidade de permitir que outros fizessem o mesmo." (2006, p. 26) Noções *positivas* de justiça, envolvendo projetos de igualdade *substancial* e políticas redistributivas, estavam fora da ordem do dia.

Em sua face internacional, essa concepção jurídica se refletiu no "primeiro sistema global de direito internacional econômico", que se baseava "no livre comércio, no padrão-ouro, e no direito internacional privado (frequentemente aplicado por árbitros) para resolver disputas." Na caracterização de Kennedy, esse sistema foi acompanhado de práticas coercitivas como a *gunboat diplomacy* ou diplomacia da canhoneira (2006, p. 29).

A noção de que uma *primeira globalização jurídica* possa ser lida ao lado da *primeira globalização econômica* é útil e permite estabelecer – como aqui se ensaiou fazer – pontes entre ideias e instituições jurídicas e econômicas. Uma das lições que podem ser retiradas desta primeira globalização é que, de certo modo, o direito cumpriu papel largamente instrumental em relação à economia, que conseguiu prover os objetivos últimos, o que equivale a dizer, o sentido da organização social (dentro e fora das fronteiras estatais). A noção de autorregulação dos mercados desponta na ordem econômica internacional inspirada nas ideias do liberalismo e tem, como reflexo jurídico, uma noção de justiça *negativa*, *formal* ou *procedimental*, que não dá margem a atuações estatais mais substanciais no sentido de coordenar ou participar da produção, troca, consumo, ou ainda de promover redistribuições econômicas na sociedade.

CAPÍTULO 4

ENTREGUERRAS:
período de crises e transformações

A Primeira Guerra Mundial interrompeu o funcionamento do POI e da primeira ordem econômica internacional. No início do conflito, Alemanha, França, Grã-Bretanha e Áustria suspenderam a conversibilidade de suas moedas em ouro (GALBRAITH, 1997, p. 131), e em parte passaram a custear suas despesas com impressão de papel-moeda novo. Ao final da guerra, todos os países beligerantes, com exceção dos EUA, haviam abandonado completamente as regras do POI, e em todo caso "[n]enhum país importante permitia mais a livre exportação do ouro" (GALBRAITH, 1997, p. 142).

O abandono do POI durante o conflito foi, porém, mais uma "interrupção" do que um repúdio completo. Ainda assim, pode-se caracterizar a ordem econômica internacional do POI como tendo sido encerrada em 1914, porque o retorno ao padrão, embora tenha acontecido, não se deu de modo sustentado. As circunstâncias internacionais e domésticas alteradas colocariam obstáculos à retomada do POI, mas elas não impediram a tentativa de restauração do sistema. Como se apontou anteriormente, o POI era artigo de fé de uma ordem liberal, e este elemento ideacional sobreviveu ao conflito mundial. Na nostalgia da ordem monetária precedente, uma série de países retornou à conversibilidade da moeda nacional em ouro: a Grã-Bretanha o fez em 1925, tendo restaurado inclusive a paridade praticada anteriormente à guerra[26] (GALBRAITH, 1997, p. 161); e a França, em 1928 (1997, p. 145), assim como outros países[27]. Mas os pressupostos para operação do POI já não eram os mesmos.

A década de 1920 foi acompanhada por novos elementos de crise, como hiperinflação em certos pontos da Europa, e cenários deflacionários e de altos índices de desemprego em outras partes do mundo. Além disso, o *crash* da Bolsa de Nova Iorque, marco da Grande Depressão, evidenciou a instabilidade das finanças internacionais, que passaram a contar com ocorrências

---

26 "Retornando ao ouro à antiga paridade, a Grã-Bretanha aceitava a necessidade de uma dolorosa redução de preços e salários, com a consequente estagnação e com o desemprego, fontes de ricas tensões sociais." (GALBRAITH, 1997, p. 161).

27 Segundo Barry Eichengreen, os países que primeiro restabeleceram a conversibilidade em ouro foram os que passaram por cenários de hiperinflação: Áustria, Alemanha, Hungria e Polônia. Eles emitiram novas moedas lastreadas em reservas de ouro e com valores de conversão estabelecidos por lei. Outros países que passaram por inflação moderada restauraram a conversibilidade sem trocar de moedas, como no caso da França, que tornou o franco conversível a um quinto da paridade praticada antes da guerra (2008, p. 45).

de "fuga de capital". O novo cenário mostrou-se convidativo a medidas protecionistas por parte dos Estados, que comprometeram a mobilidade desimpedida dos fluxos de ouro pressuposta pelo POI.

As transformações no plano internacional foram acompanhadas por mudanças que se difundiram nos cenários políticos domésticos. Em especial, as transformações mais importantes estiveram relacionadas ao formato de democracia nas principais potências, com maiores níveis de organização e articulação de trabalhadores do que antes da Primeira Guerra Mundial. De movimentos sindicais a partidos trabalhistas, estes alcançaram maiores espaços em disputas eleitorais e no jogo partidário. Beneficiaram-se da (e pressionaram pela) expansão do sufrágio, transformando os formatos censitários antecedentes de "democracia" em direção às *democracias de massa*. Rodrik relata, a este respeito, que a proporção da população britânica com direito a voto quadruplicou nos dez anos posteriores à Primeira Guerra. Nesse contexto, aliás, a imprensa passava por processo de massificação de seu alcance, sobretudo via jornais e rádio, contribuindo para colocar a política econômica sob o crivo da opinião pública (RODRIK, 2011, p. 43). Como resultado desses elementos, as pressões populares por políticas redistributivas passaram a alcançar os governos nacionais, comprometendo a prioridade exigida pelo POI de defesa inequívoca da estabilidade monetária.

Este ponto merece ser enfatizado, porque conecta as estruturas da cooperação econômica internacional a aspectos jurídicos "internos" que podem ser expressos na forma de *direitos sociais* (cf. CASTRO, 2006). A democracia ampliada mostrou-se incompatível com a operação do POI porque as demandas populares e trabalhistas por *políticas redistributivas* ameaçavam o compromisso político prioritário com a estabilidade monetária. No fundo, os novos elementos de política doméstica comprometeram a própria visão "ideal" do liberalismo econômico a respeito do funcionamento dos mercados de trabalho e suas relações com a moeda. Dani Rodrik explica o ocorrido em *três etapas* que mesclam aspectos políticos e econômicos.

Numa *primeira etapa*, Rodrik toma em perspectiva o "modelo dos manuais" a respeito do ajuste sob o POI, que presumia mercados de trabalho individualistas (sem organizações coletivas de trabalho, como sindicatos) e descentralizados, com salários flexíveis. Neste contexto, a remuneração do trabalho está sujeita à lei da oferta e da demanda, podendo aumentar ou diminuir segundo o grau de sua escassez. Em razão desta flexibilidade, pressupõe-se não haver margem para existência do "desemprego involuntário", porque havendo pessoas excedentes em busca de trabalho, as remunerações cairão até que mais contratações tornem-se atrativas para os empresários. O modelo liberal "dos manuais" tornou-se cada vez mais "fantasioso com o tempo conforme os trabalhadores tornaram-se mais organizados e os sindicatos se afirmavam. Houve significativo aumento da sindicalização nas duas décadas posteriores a 1920" (RODRIK, 2011, p. 42). A maior influência tanto sobre o jogo partidário quanto sobre as negociações remuneratórias com empresários resultou em inflexibilidade dos salários, que não mais poderiam ser facilmente reduzidos, ao menos em termos nominais, sem despertar reações de trabalhadores e de conjuntos mais amplos da sociedade. Na Grã-Bretanha, a resistência da classe dos mineiros à redução salarial resultou na adesão de outras categorias de trabalhadores e na greve geral de 1926. "A habilidade dos trabalhadores de manter a remuneração passou a significar que contrações monetárias significativas decorrentes da saída de ouro (ou de sua ameaça), como as ocorridas na Grã-Bretanha, agora resultariam em desemprego prolongado." (RODRIK, 2011, p. 43). Em outros termos, as novas condições políticas romperam com o modelo de autorregulação dos mercados de trabalho e da moeda segundo forças espontâneas de mercado. Agora, a deflação não resultaria em salários menores, mas em desemprego.

Numa *segunda etapa* de sua explicação, Rodrik destaca que, na nova conformação política das democracias de massa, os bancos centrais e as elites políticas "já não poderiam permanecer alheios às consequências políticas da recessão econômica e do alto desemprego. Os trabalhadores não só formaram sindicatos; eles agora tinham também o voto" (RODRIK, 2011, p. 43). Exercendo o sufrágio, pressionavam a política doméstica rumo a medidas redistributivas, como implementação e ampliação de sistemas de assistência e seguridade social, saúde pública, seguro-desemprego etc. As prioridades políticas desviavam-se da estabilidade monetária e migravam para o pleno emprego e outras formulações de direitos sociais, face às pressões populares nas urnas, protestos, greves e opinião pública (vide Quadro 4, abaixo).

Quadro 4 – Contraste entre aspectos do primeiro momento do POI (1870-1914) e do segundo momento de tentativas de sua restauração no entreguerras (décadas de 1920 e 1930)

	POI	entreguerras
cenário político	democracias censitárias	democracias de massa
influência sobre governos	*haute finance*	opinião pública, partidos trabalhistas sindicatos
visão de política fiscal	orçamentos equilibrados	políticas redistributivas pleno emprego
visão de política monetária	paridades cambiais fixas conversibilidade em ouro convivência com deflação	política expansionista intolerância à deflação
instrumentos de pressão	fuga de capital; mercados de títulos da dívida pública	voto; greves; protestos; imprensa
	(embates)	

Fonte: Elaborado pelo autor a partir de elementos presentes em Polanyi, 2001; Galbraith 1997; Rodrik, 2011; Castro, 2006; 2012.

Na *terceira etapa*, o deslocamento nas prioridades políticas dos Estados em atendimento às pressões das *massas* é respondido pelas finanças internacionais via ameaças e concretizações do *desinvestimento* ou *fuga de capital*, capazes de desestabilizar governos locais:

> Uma vez que os mercados financeiros começaram a questionar a credibilidade do compromisso de um governo com a paridade fixa em relação ao ouro, eles se tornaram uma força de instabilidade. A partir de então, os governos tornaram-se presas fáceis para ataques especulativos. À menor indicação de que as coisas estavam saindo do trilho, os investidores vendiam a moeda doméstica, compravam moedas estrangeiras, e moviam capital para fora do país (RODRIK, 2011, p. 43).

A instabilidade e volatilidade dos fluxos internacionais de capital no entreguerras serão retomadas a seguir. Vale adiantar, porém, que o aumento do perigo e da frequência da *fuga de capital* correspondeu à *fuga do POI*, praticada em série pelos países na década de 1930, em meio a cenários domésticos de depressão econômica, deflação e altos índices de desemprego.

4.1 Dificuldades e crises econômicas no entreguerras

Os anos posteriores à Primeira Guerra Mundial e à suspensão do POI foram marcados por processos inflacionários em pontos diversos na Europa. A onda de (hiper)inflação pode ser atribuída a certo conjunto de fatores, a incluir a depreciação das moedas na ausência do POI; a escassez de recursos em virtude da destruição das estruturas de produção e a demanda (acentuada) por estes recursos no período de reconstrução da Europa. Em geral, os anos posteriores à guerra foram seguidos de depressão e queda nos preços, mas em outros lugares a inflação continuou. O caso de hiperinflação na Alemanha é o mais famoso, e só foi contornado em 1924, mas moedas nacionais também foram "praticamente destruídas" na Áustria, Hungria, Polônia e Rússia (KENWOOD; LOUGHEED, 1999, p. 182). As maiores dificuldades para a economia e a cooperação econômica internacional do período não seriam, no entanto, advindas de processos inflacionários. A deflação e problemas de fluxos de capitais em economias financeiramente vinculadas umas às outras seriam os fatores de destaque neste período de crises.

A deflação é a queda geral e continuada de preços. Entre os fatores associados à deflação na década de 1920 estão não só a rigidez monetária imposta pelo retorno ao POI em diversos países, como também mudanças na produção e comércio de bens primários e secundários.

O mercado de bens primários experimentou aumento da produção mundial em virtude de progressos tecnológicos e do surgimento de novas fontes de suprimento. Novos maquinários e técnicas foram aplicados à agricultura, e também a mineração experimentou, além da mecanização, avanços em especial nos processos de perfuração e refinamento de petróleo, bem como a abertura de novos campos de extração (KENWOOD; LOUGHEED, 1999, p. 166). Ao passo que os produtos primários apresentaram contínuo crescimento dos estoques, seus preços tiveram tendências declinantes da metade da década de 1920 em diante (SATO, 2012, p. 93). Isso num contexto em que bens primários representavam dois terços da composição do comércio internacional, e de modo altamente concentrado: apenas 11 produtos agrícolas correspondiam a quase a metade do total de exportações mundiais (SATO, 2012, p. 90). A superprodução destes itens esteve, assim, relacionada às tendências deflacionárias do período.

No caso dos bens secundários ou industrializados, as mudanças se deram em virtude da expansão da industrialização. A Primeira Guerra Mundial comprometeu as estruturas produtivas na Europa e deu margem à "industrialização da periferia" (SATO, 2012, p. 103). Os abalos nos fluxos europeus de exportação de produtos industrializados, em virtude da guerra, foram estímulos à industrialização em diversos países. Kenwood e Lougheed noticiam altas taxas de industrialização, por exemplo, no Brasil, Finlândia, Índia, Nova Zelândia, África do Sul e Japão neste período (1999, p. 172). Como resultado, houve "significativas mudanças na distribuição da produção mundial de manufaturas", bem como "declínio relativo nos quinhões das potências industriais europeias antigas, como Grã-Bretanha, França e Alemanha." (1999, p. 172) Evidentemente, a ascensão dos Estados Unidos como fornecedor-chave de produtos primários e secundários – e de recursos financeiros – à Europa não pode ser ignorada, apesar de ser difícil enquadrá-lo na "periferia" mundial neste período de mudanças relativas no status econômico e político dos países, com o declínio da hegemonia britânica. Além disso, a produção industrial na Europa recuperou-se ao longo da década de 1920 com o avanço da reconstrução (KENWOOD; LOUGHEED, 1999, p. 190). O saldo desta configuração foi o aumento da produção de bens industrializados, que pressionou a redução dos preços.

A deflação associada à superprodução de bens primários e secundários – com acúmulo nos estoques e queda nos preços – foi um dos componentes nos chamados *círculos viciosos* da depressão econômica que marcou o entreguerras. Outro relevante componente diz respeito a problemas nos fluxos de capital entre economias financeiramente vinculadas, interdependentes, em um cenário de grande mobilidade de capital. Como aponta Eiiti Sato, "a crise dos anos 1930 foi fruto da associação das dificuldades dos mercados de *commodities* com a volatilidade dos capitais em um ambiente de completa inadequação do sistema monetário internacional à realidade" (2012, p. 87).

As vinculações financeiras entre as economias se davam não somente porque o POI interconectava as diferentes moedas nacionais e estimulava investimentos transfronteiriços, mas também em virtude: (i) das dívidas de guerra entre aliados e obrigações de reparação, estas últimas estabelecidas com o Tratado de Versalhes, de 1919; e (ii) dos fluxos internacionais de capital especulativo.

Quanto ao *primeiro aspecto*, os aliados encontravam-se encadeados em relações de dívida. "Itália, França e Bélgica haviam saído da guerra em dívida umas com as outras e com a Grã-Bretanha" (KENWOOD; LOUGHEED, 1999, p. 183), ao passo que todos estes e ainda outros países encontravam-se na posição de devedores dos Estados Unidos. Aqui, entra o elemento das reparações. Muitos dos aliados "passaram a considerar os pagamentos de reparações alemãs como meio para liquidar suas dívidas americanas". O resultado foi o desenvolvimento de um encadeamento de pagamentos de dívida que tinha origem na Alemanha e acabava nos Estados Unidos (KENWOOD; LOUGHEED, 1999, p. 183). Por sua vez, a Alemanha foi a principal importadora de capital dos Estados Unidos entre 1924 e 1929 (KENWOOD; LOUGHEED, 1999, p. 186), ligando as pontas dos elos financeiros internacionais. A posição dos Estados Unidos como provedores de capital associava-se a seu *status* comercial superavitário com a Europa. Quando a absorção da produção norte-americana pela Europa entrou em declínio, o padrão de pagamentos internacionais entrou em crise (KENWOOD; LOUGHEED, 1999, p. 186; EICHENGREEN, 2008, p. 67-9).

Quanto ao *segundo aspecto*, movimentos frequentes e imprevisíveis de capital de curto prazo, ou capital especulativo, tornaram *instáveis* as finanças internacionais do entreguerras. "Por mais que as entradas deste capital fossem benéficas aos países receptores, elas representavam fluxos desestabilizantes de capital, dado que sua retirada rápida poderia ocasionar grave crise financeira no centro que experimentava perda de fundos." (KENWOOD; LOUGHEED, 1999, p. 187). Trata-se da já aludida *fuga de capital*. Dada a prática bancária de tomar empréstimos de curto prazo e concedê-los a longo prazo, as movimentações repentinas de capital especulativo apresentavam o potencial de "disparar reações em cadeia na esfera das finanças internacionais, a envolver toda a comunidade de devedores e credores internacionais" (KEENWOOD; LOUGHEED, 1999, p. 187).

A estrutura internacional de pagamentos decorrentes do saldo da guerra e a instabilidade nas movimentações internacionais de capital entrecruzaram-se em Wall Street. O *crash* de 1929 na Bolsa de Nova Iorque representou a reversão dos fluxos internacionais de capital (KENWOOD; LOUGHEED, 1999, p. 191). Se antes da crise o capital norte-americano fluía ao exterior, no momento posterior houve pressões de reversão dos fluxos em virtude de "saques" de capital nos mercados em que ele se encontrava investido (desinvestimento). A drenagem resultante dos fluxos de capital norte-americano "colocou constrições financeiras severas em diversos países devedores, com resultante declínio da atividade econômica nestes países" (KENWOOD; LOUGHEED, 1999, p. 228). Houve diminuições súbitas de poder aquisitivo a partir de perdas das economias aplicadas em investimentos. Encadeamentos de falências bancárias nos Estados Unidos contribuíram para "secar" a disponibilidade de recursos financeiros e acentuar as pressões deflacionárias (GALBRAITH, 1997, p. 183). Neste cenário, diversos países desenvolveriam mecanismos de controle do capital que comprometeriam a livre circulação transfronteiriça do ouro e, por consequência, a existência do POI.

Quadro 5 – esquematização de encadeamentos econômicos relacionados a círculos viciosos

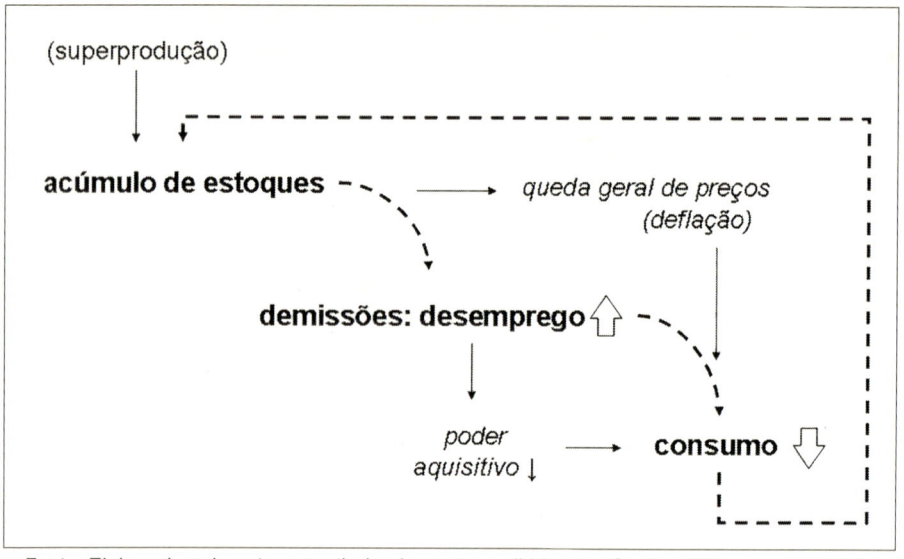

```
(superprodução)
    │
    ▼    ┌───────────────────────────────────────┐
acúmulo de estoques ─ ─ ──► queda geral de preços
                    ╲              (deflação)
                     ╲
                      ▼
            demissões: desemprego ⇧ ─ ─
                    │                   ╲
                    ▼                    ▼
                  poder          ────► consumo ⇩
              aquisitivo ↓
```

Fonte: Elaborado pelo autor a partir de elementos colhidos em Gazier, 2009; Keynes, 1996.

Estes contornos remetem à ocorrência de *círculos viciosos* (vide Quadro 5, acima). Ao caracterizar a crise de 1929, Bernard Gazier (2009) descreve a ocorrência de séries "de reações em cadeia, como num 'efeito dominó'" a abranger diferentes economias. Com estoques acumulados e queda de preços nos países, os incentivos à produção pelas empresas se esvaem. A produção e o consumo são ainda desestimulados pela escassez de recursos financeiros. Neste cenário, a resposta das empresas é a demissão de funcionários. Como Gazier aponta, a demissão pode ser a solução para uma empresa individual, mas quando diversas empresas a praticam, o resultado é a restrição generalizada dos mercados consumidores, em virtude da perda do poder de compra das famílias dos trabalhadores. Diante da retração do consumo, há novas rodadas de demissão, e novas contrações do consumo, caracterizando a espiral descendente. "No pessimismo ambiente, se verificam primeiro reflexos restritivos, como, por exemplo, limitar as compras ao mínimo necessário, não investir, aguardar; depois, acontecem verdadeiros pânicos." (GAZIER, 2009, p. 37; cf. KEYNES, 1996). Nota-se que a presença da deflação gera pressões pelo aumento do desemprego e pela escassez de capital (ou perda de liquidez), que por sua vez reforçam o processo deflacionário. O ideário econômico liberal clássico descartava a possibilidade de "desemprego involuntário": o equilíbrio espontâneo com pleno emprego era dogma a partir da flexibilidade da remuneração do trabalho, mas o dogma não guardava correspondência com o mundo real. A análise econômica tradicional carece de instrumentos para endereçar um fenômeno situado num "ponto cego" (vide capítulos 4 e 5).

Os círculos viciosos domésticos de depressão tiveram impactos sobre as transações comerciais e financeiras internacionais. No aspecto do comércio internacional, os países tornaram-se mais sensíveis à ameaça que as importações de produtos estrangeiros representavam para os postos de trabalho nacionais, em cenários de desemprego em ascensão e demandas sociais por proteção. Como Rodrik aponta, entre os anos de 1929 e 1937 o volume do comércio mundial caiu pela metade (2011, p. 45). No aspecto das transações financeiras, o capital tornou-se mais escasso, e a dúvida dos investidores quanto à segurança e a rentabilidade dos investimentos – a partir do aumento de pressões domésticas por políticas redistributivas e de pleno emprego que ameaçavam a prioridade da política monetária com o POI – contribuiu para a instabilidade financeira. Nesse sentido, a década de 1930 foi marcada por crises bancárias de contágio internacional que afetaram as moedas nacionais vinculadas pelo POI.

Na década de 1930, a fé no ideário liberal cedeu lugar a medidas de política econômica que procuravam atender às pressões domésticas por políticas de Estado que aliviassem os efeitos da Grande Depressão. A adoção de tais políticas esteve associada ao aumento do protecionismo comercial e financeiro (vide seção 4.2), rompendo com as práticas anteriores de cooperação econômica internacional instruídas pelo liberalismo econômico clássico. Em alguns casos, a alternativa ao modelo liberal de capitalismo foi encontrada no autoritarismo. Noutros, o liberalismo foi modificado, recebendo matizes significativos de intervenção estatal no domínio econômico, num caminho ligado à formação do Estado de bem-estar social, ou *welfare state*.

4.2 Crises nas práticas de cooperação econômica internacional do entreguerras

As adversidades econômicas do entreguerras refletiram-se em crises de cooperação internacional. Para além das rachaduras políticas internacionais que se desenharam ao longo da década de 1930 e que sinalizaram o fracasso do projeto de paz da Liga das Nações, a cooperação comercial, financeira e monetária entre os países também falhou. Os principais elementos representativos da cooperação em crise em cada uma destas áreas são: (i) o aumento do protecionismo comercial; (ii) o contágio internacional de crises bancárias; (iii) a acentuação de ocorrências de fuga de capital; (iv) o abandono do POI, na prática substituído por uma política de depreciações competitivas – uma espécie de *guerra cambial* – na década de 1930.

Para Dani Rodrik, o recurso a medidas protecionistas no comércio internacional tem uma causa próxima e outra profunda. A causa próxima foi a Grande Depressão[28], ao passo que as raízes mais profundas do protecionismo corresponderam a mudanças do papel do governo na sociedade. Afinal, extratos sociais como os dos trabalhadores encontravam-se mais organizados, com mais poder de voto, e uma sociedade mais "politicamente empoderada e ativa [...] demandava maior proteção econômica do governo em face da adversidade extrema" (RODRIK, 2011, p. 45).

Diante de tal cenário, a reação dos países foi recorrer a "medidas autônomas" – e não de cooperação, para proteção de suas economias (SATO, 2012, p. 87). No campo da proteção comercial, as medidas de intervenção do Estado incluíam aumentos de tarifas de importação, restrições via exigências de licenças ou estabelecimento de quotas e mesmo proibições, bem como controles cambiais (vide abaixo). A preocupação com a proteção agrícola difundiu-se com a queda dos preços, e "um movimento em busca da autossuficiência agrícola tornou-se generalizado na Europa nesta época" (KENWOOD; LOUGHEED, 1999, p. 178). A política de proteção comercial cumpria ainda a função, no que diz respeito à indústria, de procurar gerar empregos domesticamente pelo atendimento nacional "a demandas antes satisfeitas por importações cujo acesso ao mercado doméstico passou a ser negado pelo uso de tarifas e outras medidas restritivas" (KENWOOD; LOUGHEED, 1999, p. 179). O saldo da década de 1930 é a "falha generalizada da cooperação comercial" (RODRIK, 2011, p. 44).

---

28 As adversidades da Grande Depressão são sintetizadas por John Kenneth Galbraith: "A depressão tinha três características visíveis. A primeira, a implacável deflação dos preços gerando falências no setor industrial e na agricultura. A segunda, o desemprego. A terceira, as privações que trazia para grupos particularmente vulneráveis: os velhos, os jovens, os doentes e os mal-abrigados, para não falar nos desempregados." (1989, p. 176).

No parágrafo anterior, fez-se menção aos *controles cambiais*, que são instrumentos monetários da política comercial. Por meio dos controles cambiais, as autoridades monetárias podem restringir o acesso a moedas estrangeiras por meios diversos, que incluem venda local a preços oficialmente fixados e por rol restrito de bancos autorizados (restringindo a oferta de moeda estrangeira que poderia ser utilizada para importações) e restrições a remessas de dinheiro ao exterior. Outros mecanismos incluem a "venda obrigatória, ao Estado, da moeda estrangeira recebida pelos exportadores" e a "limitação para a aquisição de divisas pelos que viajam ao exterior" (SANDRONI, 1999, p. 129).

Além dos controles cambiais, a política protecionista dos anos 1930 contou com *depreciações cambiais competitivas*. Tais políticas, também conhecidas pela expressão *beggar-thy-neighbour* (SATO, 2012, p. 83) – algo como "empobreça vosso vizinho" –, tiveram como pressuposto o abandono do compromisso com a manutenção da paridade entre as moedas. Como explica Barry Eichengreen, os países que abandonaram o POI e fizeram a depreciação de suas moedas passaram a gozar de vantagem competitiva em suas exportações, que ficaram mais baratas. Ao mesmo tempo, gerou-se aversão doméstica às importações, que se tornaram mais caras em virtude do mesmo expediente (EICHENGREEN, 2008, p. 84, 87). "Existe um aspecto de guerra econômica na 'cascata' de depreciações monetárias." (GAZIER, 2009, 49). Afinal, o impulso à atividade doméstica pela proteção cambial que estimula exportações e inibe importações implica a criação local de empregos em detrimento dos empregos no exterior que se encontravam atrelados à produção estrangeira comprometida. Portanto, um aspecto da *guerra cambial* é a *disputa por empregos*. Outro aspecto é a *exportação da deflação* que, como se viu, está relacionada à recessão e ao desemprego. A decisão nacional de depreciar a moeda "significa a transferência e eventualmente a acentuação das pressões deflacionárias sobre outros países, já que terão mais dificuldade ainda em vender e precisarão resistir aos produtos estrangeiros subitamente transformados em negócios mais interessantes" (GAZIER, 2009, p. 48-9).

O uso da *depreciação cambial competitiva* esteve associado ao abandono do POI. Outros aspectos da desintegração da cooperação econômica internacional no entreguerras envolveram expectativas de investidores refletidas no comportamento do capital internacional (perda da *confiança*), crises bancárias e contágios encadeados de moedas nacionais distintas.

Barry Eichengreen explica que, antes da Primeira Guerra Mundial, havia confiança generalizada de que os governos estavam comprometidos com a manutenção do POI. No cenário do entreguerras, não havia mais a certeza do mercado de que a fraqueza experimentada por determinada moeda nacional seria temporária. Antes, tal certeza havia estimulado que os fluxos de capital especulativo (*hot money*) assumissem sentidos "estabilizantes" que buscavam obter rendimentos com moedas em dificuldade, tomando-se por certo que elas eventualmente voltariam à taxa de conversão em ouro legalmente estabelecida (vide capítulo 3). No POI do entreguerras, já não era possível prever qual seria a atuação das autoridades diante da escolha entre a defesa da paridade da moeda e medidas para estímulo da produção doméstica e redução do desemprego. Contrariamente à tendência de fluxos de capital internacional estabilizantes do século XIX, agora os movimentos de capital "de um tipo causador de distúrbios" tornaram-se generalizados, fugindo de moedas que apresentavam sinais de suspensão da conversibilidade ou de depreciação (2008, p. 71).

Nem mesmo as moedas das duas principais economias do sistema internacional – o dólar americano e a libra esterlina – estavam a salvo do medo descrito acima. Esse aspecto é importante na medida em que tais moedas serviam de lastro para aquelas de tantos outros países[29], de modo que a desconfiança em relação a elas estimulava corridas para a conversão das reservas de divisas estrangeiras em ouro (EICHENGREEN, 2008, p. 72). Trata-se, em outros termos, de elemento de encadeamento monetário internacional, que cria uma corrente de transmissão dos efeitos da desconfiança em relação a uma moeda para as demais.

Estas conexões se verificaram no contágio transfronteiriço de crises bancárias. Em 1931, na Áustria, o banco *Kredit Anstalt* encontrava-se em dificuldades em virtude de "uma série de compras de ações e de empréstimos, saldados com enormes perdas." A notícia da situação do banco gerou dúvidas quanto a sua solvência, e deu origem a "uma onda de saques massivos" que em três dias o fizeram quebrar (GAZIER, 2009, p. 45-6). Como Eichengreen expõe, diante do dilema de salvar o sistema bancário, garantindo a liquidez por meio de injeção de novos recursos monetários, ou de permanecer no POI, a Áustria optou por sair (2008, p. 76). Segundo Eichengreen, apesar de os ativos austríacos depositados na Alemanha não serem significativos, o temor a respeito da solvência dos bancos austríacos acabou por contaminar o sistema bancário alemão. O governo alemão decretou feriado bancário, impôs controles aos fluxos monetários transfronteiriços e, como resultado, a mais importante economia da Europa central, e segunda maior potência industrial mundial, não mais aderia às regras do POI (2008, p. 78).

---

29 Em muitos casos, as moedas nacionais não eram diretamente conversíveis em ouro, mas em outras moedas de aceitação internacional, como a libra e dólar, que operavam como lastros intermediários de ligação ao ouro (cf. EICHENGREEN, 2008; GALBRAITH, 1997).

De uma economia central para o sistema internacional, a crise bancária e monetária alemã gerou efeitos sobre a Grã-Bretanha. Investidores internacionais começaram a promover uma fuga da libra esterlina, vendendo-a em grandes quantidades, e forçando "aumentos da taxa de juros a uma magnitude que nenhum governo democraticamente eleito passando por 20 por cento de desemprego poderia suportar" (EICHENGREEN, 2008, p. 81-2). Como resultado, a Grã-Bretanha suspendeu a conversibilidade da libra em ouro, e abandonou a paridade legal em setembro de 1931.

A queda da libra esterlina contaminou o dólar americano[30]. Com medo de que o dólar pudesse ser depreciado, investidores internacionais e bancos centrais que detinham reservas em dólares começaram a vender a moeda e convertê-la em ouro (EICHENGREEN, 2008, p. 82-3). Com isso, o dólar foi depreciado em 1933 (2008, p. 84). A saída dos EUA em relação ao POI "incentivou que outros países seguissem o mesmo caminho" (2008, p. 85). Apesar de o POI como regime monetário internacional ter-se esvaído com a fuga das principais economias, alguns países persistiram nele, apesar das adversidades econômicas, até 1936. Nesse ano, abandonaram-no "França, Itália, Países Baixos, Bélgica, Suíça e algumas nações da Europa do Leste" (GAZIER, 2009, p. 81), encerrando o sistema.

Desponta, a partir do relato de crises financeiras e monetárias concatenadas que levaram ao fim do POI, o papel que a confiança – ou a falta dela – no compromisso dos governos com a manutenção da paridade cambial desempenhou. Vale lembrar, mais uma vez, que a mudança na disposição a confiar nos governos esteve atrelada às novas condições políticas domésticas, com democracias de massa e movimentos trabalhistas organizados, em que demandas populares por políticas redistributivas passavam a competir pela atenção governamental, antes monopolizada pelos imperativos da política monetária segundo o POI e a *haute finance*.

4.3 Crise dos fundamentos do liberalismo econômico

O período do entreguerras foi marcante para a economia não apenas em virtude de crises econômicas e de cooperação econômica internacional, mas também pelo impacto sobre a primazia do liberalismo clássico. Diante da persistência de crises econômicas, com círculos viciosos de deflação e

---

30   É notável que a crise bancária tenha acompanhado o sentido dos fluxos de pagamentos do entreguerras: da Alemanha à Grã-Bretanha e desta aos Estados Unidos.

desemprego, a sustentação de que os mercados eram capazes de autoequilíbrio espontâneo e geração de resultados ótimos foi colocada em xeque. Certos *pontos cegos* no esquema liberal clássico tornaram-se aparentes com a crise.

O principal deles é a ausência de formulações teóricas a respeito das depressões econômicas, que se refletia na incapacidade de prover soluções diante de sua ocorrência empírica (GALBRAITH, 1989, p. 174). Em outros termos, o liberalismo econômico não pôde remediar uma enfermidade cuja existência era negada por seu esquema intelectual. Galbraith ressalva que a ausência de uma teoria das depressões não quer dizer que o ciclo econômico não fosse estudado em parte alguma nos anos anteriores à Grande Depressão, mas que estes não eram estudados ou ensinados como componentes centrais do pensamento econômico (GALBRAITH, 1989, p. 174).

O ponto cego relativo à negação das depressões remonta a dois componentes do esquema liberal: o dogma do equilíbrio de pleno emprego e a lei de Say. Não só o pensamento clássico tomava como pressuposto o *uso ótimo dos fatores de produção*, como também pressupunha que o fator *trabalho* tinha sua remuneração tão sujeita às variações de preços quanto os demais fatores. Nesse esquema teórico, já mencionado anteriormente, a flexibilidade salarial conduzia ao pleno emprego. Caso houvesse "excesso" de mão de obra disponível, esta seria absorvida mediante a queda na remuneração: o valor mais barato do trabalho encontraria um novo ponto de equilíbrio da linha de "demanda" por parte das empresas, que passariam a empregar maiores quantidades de trabalhadores a preços menores. "No contexto clássico, quando havia desemprego [...] a causa aceita eram os salários elevados ou rígidos demais." (GALBRAITH, 1989, p. 210). No período do entreguerras, a rigidez salarial passaria a ser a regra, divorciando a empiria de um pressuposto liberal fundamental a respeito do funcionamento da economia.

Outro componente era a *lei de Say* – dogma segundo o qual a oferta cria sua demanda –, porque implicava a negação da possibilidade de "superprodução". Com o funcionamento desimpedido do mecanismo de preços, tudo o que é produzido é consumido. A lei de Say reforça a noção de que a resposta apropriada ao eventual acúmulo de estoques é a queda de preços, nada devendo ser feito para evitar a redução de salários (GALBRAITH, 1997, p. 214). Com preços livres para alcançar o ponto em que toda a produção é demandada, a lei de Say resulta na *negação de que possa haver demanda insuficiente*. Segundo Galbraith, a economia clássica empregava termos como *falácia de subconsumo* para expressar tal negação. "Se uma escassez de demanda não poderia existir, era bastante óbvio que também não havia como defender medidas governamentais para estimular esta demanda." (GALBRAITH, 1989, p. 200).

No lugar de medidas governamentais de intervenção no domínio econômico, o receituário ortodoxo postulava soluções *purgativas* para os problemas econômicos, baseados precisamente na livre operação do mecanismo de preços. A recomendação consistia em deixar que *os mercados superassem por si sós* as dificuldades econômicas, promovendo os ajustes necessários, por mais dolorosos e socialmente adversos que fossem. Assim, John Kenneth Galbraith explica que, pela postura prevalente num primeiro momento a respeito de como lidar com a Grande Depressão, a recuperação econômica ocorreria naturalmente uma vez que as "distorções prejudiciais" fossem espontaneamente eliminadas:

> A deflação e as falências eram os corretivos naturais. Joseph Schumpeter, Ministro das Finanças de seu país durante a maior parte da inflação austríaca, estava agora surgindo como figura de destaque no cenário econômico americano. Argumentava que o sistema econômico precisava expelir os seus próprios venenos através da depressão. Examinando a história dos ciclos econômicos ele concluía que nenhuma recuperação havia sido permanente sem que isso acontecesse e que qualquer intervenção pública para acelerá-la apenas adiava a terapia e, portanto, a recuperação (GALBRAITH, 1997, p. 180).

Nada deveria ser feito: "a depressão deveria seguir seu curso até esvair-se por si mesma" (GALBRAITH, 1989, p. 175-6). Apesar das recomendações purgativas da postura ortodoxa, a depressão persistiu, com etapas sucessivas de acentuação de deflação e desemprego, deterioração das condições sociais e aumento das pressões políticas por medidas governamentais por proteção contra a crise. O novo contexto implicou a perda de espaço para os economistas da tradição clássica (GALBRAITH, 1989, p. 175). No contexto de crise do pensamento econômico liberal, novas formulações econômicas endereçaram-lhe críticas e alcançaram espaço junto a certos governos. O período do entreguerras daria origem à ascensão de uma nova sensibilidade econômica, que viria a ser sistematizada por John Maynard Keynes, e a ficar conhecida como keynesianismo (ou liberalismo keynesiano, ou ainda economia da depressão). Tal perspectiva encontra-se na base da sensibilidade econômica que acompanhou a conformação da ordem internacional do pós-guerra (*liberalismo assistido*).

CAPÍTULO 5
ASCENSÃO DA ECONOMIA KEYNESIANA

A Grande Depressão dos anos 1930 colocou em xeque o esquema liberal clássico a respeito de como os governos deveriam se comportar em relação à economia. Em especial, passou-se a questionar "a convicção predominante de que o governo deve manter seu orçamento equilibrado, manter o padrão-ouro, e deixar que os negócios se equilibrem sozinhos em épocas de declínio econômico." Num contexto social e político transformado, havia demandas por "ações governamentais extraordinárias voltadas a operários da indústria, fazendeiros e outros grupos ameaçados", em meio a "volumes inéditos de desemprego em economias súbita e severamente contraídas" (WEIR; SKOCPOL, 1985, p. 107). A Grande Depressão rompeu os esquemas clássicos de pensamento e práticas econômicas, "abrindo novas possibilidades para que o Estado em democracias capitalistas liberais se tornasse agente de bem-estar social por meio da síntese de gastos sociais e gerenciamento macroeconômico" (1985, p. 148).

O keynesianismo emergiria da crise como a "linguagem transacional do discurso sobre economia pública" (1985, p. 149). No entanto, Margaret Weir e Theda Skocpol, assim como outros autores[31], advertem que muitas das políticas dessa era só retroativamente foram chamadas de "keynesianas" (1985, p. 107). As ideias de John Maynard Keynes, na obra que sistematizou os novos preceitos econômicos para lidar com períodos de recessão – *a Teoria geral do emprego, dos juros e da moeda,* de 1936 – só viriam a ter influência sobre o formato de políticas públicas num momento posterior. Por isso, Weir e Skocpol apelidam medidas divergentes do pensamento ortodoxo, adotadas em países como a Suécia, os Estados Unidos e a Grã-Bretanha, como "estratégias macroeconômicas protokeynesianas" (1985, p. 125). Apesar de divergirem da ortodoxia liberal em muitos aspectos, as respostas dos países à Grande Depressão não conformaram caminho único. Aliás, cumpre salientar que nem todos os países experimentaram respostas macroeconômicas no

---

31 Nesse sentido, John Kenneth Galbraith aponta que "[h]avia keynesianos muito antes de Keynes" (GALBRAITH, 1997, p. 200). Numa referência mais abrangente que aquela feita por Weir e Skocpol (1985), Bradley Bateman (2006) rotula de "protokeynesianas" certas políticas "de gerenciamento da demanda e de uso de déficits no período do entreguerras" ocorridas também no Japão, Itália, Alemanha e França. Salienta, ainda, que estas políticas foram rotuladas como keynesianas *"ex post"* (BATEMAN, 2006, p. 283).

estilo keynesiano. Ao passo que alguns permaneceram vinculados à "estase conservadora", outros responderam com modelos autoritários de coordenação da economia e da sociedade, como no caso alemão (1985, p. 107).

5.1 Experiências heterodoxas "protokeynesianas"

Na Suécia, desde 1932 houve movimentações para a construção de um "Estado de bem-estar social de pleno emprego" (WEIR; SKOCPOL, 1985, p. 109). O modelo adotava "frentes de trabalho público financiadas por *deficits* como estratégia explícita tanto para a recuperação econômica nacional quanto para o alívio do desemprego" (1985, p. 120).

A versatilidade para incorrer em *deficits* governamentais é atribuída, em parte, ao fato de que o Banco da Suécia era público – ao contrário do caso britânico – e responsável perante o parlamento sueco (1985, p. 129). Outra parte da explicação reside no acesso que economistas de inclinação heterodoxa tinham, desde muito cedo e de maneira sustentada, a centros administrativos estratégicos de formulação de políticas públicas, como comissões governamentais (1985, p. 132, 149). Em especial, destacava-se a influência da chamada "Escola de Estocolmo" – formada por economistas como Dag Hammarskjold, Alf Johansson, Gunnar Myrdal e Bertin Ohlin – sobre a política econômica heterodoxa do governo sueco (1985, p. 130).

Referindo-se às características do pensamento da Escola de Estocolmo, John Kenneth Galbraith chega a afirmar que a "revolução keynesiana" na economia poderia ser mais propriamente apelidada de "revolução sueca", embora saliente que a sistematização das ideias que viriam a ficar conhecidas como "macroeconomia"[32] é devida a Keynes e não à Escola de Estocolmo (GALBRAITH, 1989, p. 202).

Nos Estados Unidos, "os primeiros raciocínios para políticas de recuperação baseadas em gastos deficitários não vieram nem de Keynes nem de círculos acadêmicos." Somente no final dos anos 1930 a influência keynesiana, sobretudo por meio de economistas oriundos de Harvard e recrutados ao

---

32 Na caracterização de John Kenneth Galbraith, aquilo que Keynes abordou e que compõe "o estudo e o ensino de como o pleno emprego e a estabilidade de preços poderiam ser atingidos passariam a constituir um ramo especial da economia, a ser chamado de macroeconomia." Já "aquilo que Keynes não abordou, nem mencionou, passaria a chamar-se microeconomia". A distinção entre os dois campos é criticada por Galbraith por implicar "grave prejuízo para a compreensão econômica", dado que "a vida econômica é uma entidade única, e a separação entre macroeconomia e microeconomia impediu uma apreciação adequada da poderosa influência macroeconômica sobre os eventos microeconômicos – sobre as grandes empresas modernas, os sindicatos e a interação entre preços e salários em particular" (GALBRAITH, 1989, p. 212). Na perspectiva de Paulo Sandroni, ao passo que a macroeconomia "se interessa pelo estudo dos agregados como a produção, o consumo e a renda da população", a "microeconomia ocupa-se da forma como as unidades individuais que compõem a economia – consumidores privados, empresas comerciais, trabalhadores, latifundiários, produtores de bens ou serviços particulares etc. – agem e reagem umas sobre as outras." Destaca, ainda, que a separação entre os dois ramos, ocorrida na década de 1930, "é frágil" (SANDRONI, 1999, p. 388).

serviço público ou a órgãos consultivos, se faria sentir por meio da adoção de *deficit*s orçamentários deliberadamente planejados como estratégia antirrecessiva (WEIR; SKOCPOL, 1985, p. 116).

Diferentemente do ocorrido no caso sueco, economistas americanos não tiveram acesso precoce às estruturas governamentais de formulação de políticas públicas contra a depressão, e sua influência foi menor (WEIR; SKOCPOL, 1985, p. 136). Mesmo no período compreendido entre 1938 e 1946, a resposta norte-americana, embora também contasse com frentes públicas de trabalho, favoreceu reduções tributárias e "'ajustes automáticos' (ao invés de discricionários) dos gastos públicos para manejar a economia, com mais ênfase no controle da inflação do que na eliminação do desemprego." (1985, p. 108) Em outros termos, a adesão inicial dos Estados Unidos ao modelo de *welfare state* se deu parcialmente, em menor extensão do que na experiência sueca.

No caso da Grã-Bretanha, instituições como o seguro-desemprego, pensões por idade e seguros de saúde já haviam sido implementadas antes da Primeira Guerra Mundial, não podendo ser atribuídas a qualquer influência da *Teoria Geral* de Keynes (WEIR; SKOCPOL, 1985, p. 108, 121). Porém, as estruturas de seguridade social britânicas operavam segundo o modelo de autofinanciamento por meio de contribuições compulsórias pagas pelos segurados, e não de gastos governamentais deficitários (1985, p. 108, 122).

Em parte, as autoras atribuem às estruturas de seguridade social pré-existentes à Grande Depressão o fato de que a Grã-Bretanha não adotou estratégias "keynesianas" antirrecessivas antes da Segunda Guerra Mundial, só tendo ampliado suas instituições de seguridade social rumo a um "Estado de bem-estar social abrangente" após a guerra (1985, p. 109).

> Na Grã-Bretanha, nenhuma resposta keynesiana à Grande Depressão foi lançada por governos britânicos antes ou depois da *Teoria Geral*. Nem a presença de Keynes como escritor e consultor de políticas públicas, nem as conquistas de Keynes como grande teórico acadêmico foram suficientes para persuadir sua pátria a usar suas ideias para elaborar uma estratégia de recuperação (WEIR; SKOCPOL, 1985, p. 116).

Parte da explicação para a impenetrabilidade do Estado britânico às ideias keynesianas, ainda que Keynes estivesse *dentro* do Estado, se deve às características das estruturas estatais na Grã-Bretanha. Desde 1924, o Tesouro havia assumido controles expressivos sobre outros ministérios, dado que os projetos de políticas públicas que acarretassem aumento dos gastos governamentais, vindos de qualquer departamento, deveriam "passar pela avaliação do Tesouro antes que pudessem ir ao gabinete do dia" (1985, p. 127).

Nesse sentido, o Tesouro britânico poderia vetar preventivamente as propostas que comprometessem o objetivo do orçamento equilibrado, ainda muito caro a seus funcionários, de modo que um "viés profundo contra inovações políticas em choque com a ortodoxia econômica espalhou-se por todo o aparato burocrático britânico" (1985, p. 127). Assim, diferentemente do que ocorria na Suécia, ideias econômicas heterodoxas foram cortadas na raiz, impedindo que o keynesianismo tivesse influência nos momentos iniciais de resposta à Grande Depressão. O cerne das respostas britânicas consistiu em ampliar os esquemas de seguro-desemprego e não, por exemplo, em adotar a via das frentes de trabalho financiadas com *deficits* governamentais.

As experiências da Suécia, dos Estados Unidos e da Grã-Bretanha narradas por Weir e Skocpol, além daquelas de outros países como Japão, Itália (BATEMAN, 2006, p. 271) e Alemanha (GALBRAITH, 1997, p. 220) são marcas de um período em que governos nacionais passaram a assumir responsabilidade por novos objetivos econômicos, como a estabilização econômica[33], a busca do pleno emprego e por elementos de bem-estar social, que antes não eram encarados como sendo de sua alçada. A política econômica passou a contar com postura governamental ativa na política monetária e fiscal, com permissibilidade de orçamentos governamentais propositalmente deficitários, promoção de frentes públicas de trabalho para aliviar o desemprego e injetar recursos na economia, e medidas de seguridade social (WEIR; SKOCPOL, 1985, p. 107) que envolviam transferências de renda.

Tais experiências sinalizam a virada no pensamento e nas práticas econômicas rumo a um capitalismo que é vigiado e auxiliado pelo Estado, sem implicar controle ou planificação central da economia. Ao invés de esperar ajustes automáticos via livre jogo das forças de mercado segundo alguma noção de harmonia natural dos interesses, as novas concepções econômicas atribuem ao Estado papel fundamental no funcionamento e preservação do capitalismo – isto é, *salvar o capitalismo de si mesmo* (cf. RODRIK, 2011).

Este sentido permeia o keynesianismo. A grande contribuição de Keynes, como apontado anteriormente, consistiu mais na sistematização dos novos saberes econômicos para orientar a ação estatal em tempos de crise do que na invenção completamente original destes saberes. De toda

---

33 Eric Helleiner aponta que diante de "crises econômicas domésticas, tanto o Japão quanto a Alemanha começaram a experimentar com políticas financeiras domésticas não ortodoxas, como financiamentos deficitários e política monetária ativa", e que, conforme a militarização se acentuou nos anos 1930, "ambos os Estados começaram amplas intervenções diretas em seus sistemas financeiros domésticos para assegurar que recursos escassos de capital fossem alocados conforme objetivos nacionais" (HELLEINER, 1994b, p. 29).

forma, Keynes é o principal expoente teórico de nova concepção de política econômica que posiciona o Estado como responsável pelo funcionamento adequado da economia (GALBRAITH, 1989, p. 212).

5.2 Principais contornos do keynesianismo

Na *Teoria Geral*, Keynes formula ataques à concepção econômica clássica, a que ele também se refere como "ortodoxa". Os ataques não são dirigidos contra a consistência lógica do liberalismo econômico, mas contra o caráter abstrato do sistema que este pressupõe, por não guardar correspondência com o funcionamento concreto da economia (Keynes, 1996, p. 345). Assim, para Keynes:

> Os teóricos da escola clássica são comparáveis aos geômetras euclidianos em um mundo não euclidiano, os quais, descobrindo que, na realidade, as linhas aparentemente paralelas se encontram com muita frequência, as criticam por não se conservarem retas, como único recurso contra as desastrosas interseções que se produzem. Sendo esta a realidade, não há, de fato, nenhuma outra solução a não ser rejeitar o axioma das paralelas e elaborar uma geometria não euclidiana. A ciência econômica reclama hoje uma medida desse gênero (KEYNES, 1996, p. 54).

Apesar do desprendimento em relação à economia empírica, a perspectiva clássica ainda era dominante nos "meios acadêmicos e dirigentes" da geração de Keynes (1996, p. 44). Keynes propõe que a teoria econômica "deve ser capaz de explicar o fenômeno do ciclo econômico" e de endereçar o cenário de persistência da depressão nos anos 1930. Na sua perspectiva, os principais defeitos do modo como o capitalismo encontrava-se organizado eram "a sua incapacidade para proporcionar o pleno emprego e a sua arbitrária e desigual distribuição de riqueza e das rendas" (1996, p. 341).

Na explicação dos ciclos econômicos, Keynes propõe abordagem que, diferentemente da teoria clássica, não atribui peso *primário* à operação do mecanismo de preços. Para ele, muitos dos comportamentos individuais e coletivos das pessoas nos mercados são devidos a suas *inclinações psicológicas*, capazes de afetar não só as decisões de consumir e de investir (produzir ou especular), mas também a de reter moeda ou passá-la adiante. O principal objetivo da obra de Keynes, em meio à operação destes fatores em mercados interconectados (bens, trabalho, capital, moeda), consiste em:

descobrir o que, em dado sistema econômico, determina em um momento preciso a renda nacional e (o que vem a ser quase a mesma coisa) o volume de emprego que lhe corresponde [...]. Nossa tarefa final poderia consistir em selecionar as variáveis que a autoridade central pode controlar ou dirigir deliberadamente no tipo de sistema em que realmente vivemos (KEYNES, 1996, p. 239).

A ênfase "no tipo de sistema em que realmente vivemos" é acompanhada de críticas a afirmações da teoria clássica. Em meio a diversas críticas, algumas delas parecem assumir maior importância no corpo da obra. Serão abordadas aqui as críticas às pressuposições de que: há pleno emprego dos fatores de produção; a poupança e os investimentos são favorecidos pela existência da desigualdade de renda; e de que juros altos incentivam a poupança necessária para investimentos.

Segundo Keynes, a economia ortodoxa simplesmente *pressupõe* o emprego ótimo dos fatores de produção, como trabalho e capital, sem analisar "os determinantes do emprego efetivo dos recursos disponíveis" (1996, p. 45). Em outros termos, o economista clássico *imagina* uma situação de pleno emprego como ponto de partida para seu raciocínio. Esta imaginação é fundada em certa perspectiva dogmática, por sua vez assentada sobre o argumento da harmonia natural dos interesses, segundo a qual o comportamento individual autointeressado conduz a resultados socialmente ótimos. Em contraste, Keynes está interessado em saber quais são as condições que permitem alcançar o pleno emprego. Evidentemente, o *laissez-faire* não tem o condão de levar espontaneamente o nível de atividade econômica ao pleno emprego na concepção keynesiana.

A crítica de Keynes envolve ataque à teoria clássica do emprego e à formulação mais abrangente da lei de Say. A teoria clássica do emprego nega a existência do desemprego "involuntário". Somente admite as modalidades de desemprego friccional e voluntário. O desemprego *friccional* tem suas causas no lapso de tempo existente durante a mudança de trabalho por uma pessoa, ou seja, decorre "do fato de que a transferência de um emprego para outro não se realiza sem certa demora" (KEYNES, 1996, p. 46). Já o desemprego *voluntário* acontece quando os trabalhadores se recusam a trabalhar por remunerações menores, ou quando a pessoa considera que a remuneração oferecida pelo trabalho não compensa o lazer de que abriu mão (KEYNES, 1996, p. 47), ou seja, o custo de oportunidade. O desemprego involuntário inexistiria, segundo a concepção clássica, porque esta pressupõe a flexibilidade salarial. Os salários variam segundo a oferta e demanda de mão de obra, encontrando seu equilíbrio no "pleno emprego". Ou seja, os trabalhadores aceitariam trabalhar por menos no caso de queda da demanda por mão de obra, e o nível de emprego se manteria, ao passo que, caso as necessidades de produção demandassem mais trabalhadores, os salários tenderiam a subir.

O ataque de Keynes à teoria clássica do emprego consiste principalmente em questionar o postulado de que a aceitação de menores salários seja o remédio necessário para o desemprego (1996, p. 55). Segundo sua análise, os trabalhadores e sindicatos são sensíveis a reduções *nominais* nos salários – isto é, aos salários denominados em valores expressos em dinheiro –, mas não tendem a fazer greve quando seus salários *reais* – o que equivale a seu poder de compra – são diminuídos. Nesse sentido, ao passo que a explicação clássica atribuiria o desemprego de fato verificado na década de 1930 à inflexibilidade dos salários, Keynes parte para outras explicações do fenômeno. Em sua visão, não há razão para que a economia encontre seu equilíbrio no nível de "pleno emprego", em decorrência das relações entre emprego, consumo e investimentos (1996, p. 62).[34]

Antes de passar a tais relações, é necessário complementar a crítica de Keynes com o ataque feito à lei de Say. "Desde o tempo de Say e de Ricardo os economistas clássicos têm ensinado que a oferta cria sua própria procura" (KEYNES, 1996, p. 56). A lei de Say "equivale à proposição de que não há obstáculo ao pleno emprego" (1996, p. 61). Segundo Keynes, a ideia de que a oferta possa condicionar sua própria demanda e propiciar o equilíbrio de pleno emprego é baseada na "noção de que se o dinheiro não for gasto de uma forma, o será de outra" (1996, p. 57). O dinheiro não escaparia do sistema econômico, não haveria vazamentos.

No esquema clássico orientado pela lei de Say, mesmo que o indivíduo deixe de consumir imediatamente, sua decisão é encarada como ato que "equivale a um investimento na produção de riqueza sob a forma de capital" (KEYNES, 1996, p. 56). Em outros termos, a *poupança*, que é a parcela não consumida da renda[35], é igualada ao *investimento*[36]. Aqui reside o ponto fundamental atacado por Keynes (explicado nos parágrafos seguintes), que considera que a *suposição de igualdade necessária entre poupança e investimento* é o "axioma das paralelas" da teoria clássica, sendo o restante deduzido a partir dele: "vantagens sociais da poupança individual e nacional,

---

34 Na interpretação de Paul Davidson, na "moldura lógica keynesiana", a redução salarial não gera o efeito automático de conduzir a economia ao equilíbrio de pleno emprego (DAVIDSON, 1981, p. 156).
35 No esquema keynesiano, renda equivale ao que se obtém com a produção, sendo também o mesmo que a soma do consumo e dos investimentos (KEYNES, 1996, p. 91). A poupança é definida como "excedente do rendimento sobre os gastos de consumo" (1996, p. 90), ou pela expressão "Poupança = renda – consumo" (1996, p. 91).
36 Investimento designa "a compra de um ativo, velho ou novo, por um indivíduo ou uma empresa" (KEYNES, 1996, p. 101).

a atitude tradicional para com a taxa de juros, a teoria clássica do desemprego, a teoria quantitativa da moeda, as vantagens ilimitadas do *laissez-faire* quanto ao comércio externo e muitos outros aspectos" (1996, p. 58).

5.2.1 Preferência por liquidez

Keynes nega a existência de relação necessária entre a abstenção do consumo imediato e a decisão de investimento ou de consumo futuro, em razão do fator psicológico que chama de "preferência por liquidez" (1996, p. 58). Trata-se do desejo de *reter moeda*, ou seja, de consumir um ativo extremamente líquido, e esta preferência pode se tornar mais forte que o desejo de obter rendimentos com a aplicação dos recursos financeiros. Keynes explica que o "motivo da liquidez", que pode diminuir a propensão a consumir, pode estar relacionado ao desejo de "garantir recursos líquidos para enfrentar as emergências, dificuldades e crises" (1996, p. 128). Quando a preferência por liquidez é forte, há "entesouramento". Assim, Keynes afirma que o:

> ato de poupança individual hoje significa – por assim dizer – uma decisão de não jantar hoje, mas *não* implica, necessariamente, a decisão de jantar ou de comprar um par de sapatos daqui a uma semana ou um ano, ou de consumir uma coisa específica numa data especificada. Assim sendo, produz um efeito depressivo sobre as atividades econômicas aplicadas na preparação do jantar de hoje, sem estimular as que preparam algum ato futuro de consumo. Não é uma substituição da demanda de consumo presente por uma demanda de consumo futuro, mas apenas uma diminuição líquida desta demanda (KEYNES, 1996, p. 209).

Na terminologia keynesiana, o efeito do aumento da preferência por liquidez sobre o sistema econômico é a redução da "demanda efetiva"[37]. Como a lei de Say pressupunha que toda a oferta seria demandada, não concebia a existência de obstáculos – como o entesouramento – para que tal demanda se tornasse concreta:

> O celebrado *otimismo* da teoria econômica tradicional [...] tem como origem, no meu entender, o fato de não haver sido levado em conta o empecilho que uma insuficiência da demanda efetiva pode significar

---

37 Como explica Galbraith, "nada garante [que] aquilo que foi poupado será investido, o que vale dizer gasto" (1989, p. 210). "Se a renda é poupada e não gasta, o efeito será uma redução da demanda total de bens e serviços – da demanda total efetiva – e, portanto, da produção e do nível de emprego." (1989, p. 210).

para a prosperidade, pois em uma sociedade que funciona de acordo com os postulados clássicos deveria existir uma tendência natural para o emprego ótimo dos recursos (KEYNES, 1996, p. 66).

Em outros termos, quando as pessoas praticam o entesouramento, diminuem o seu consumo, e como o "volume de emprego depende do nível de receita que os empresários esperam receber da correspondente produção", estes tenderão a "fixar o volume de emprego ao nível em que esperam maximizar a diferença entre a receita e o custo dos fatores", quer dizer, seu lucro. Ainda em outros termos, a redução da demanda efetiva implica a redução do nível de atividade econômica em função das expectativas diminuídas dos empresários em relação a seu lucro, e portanto envolve demissão de trabalhadores (KEYNES, 1996, p. 60, 113, 210).

No fundo, a *preferência pela liquidez* significa simplesmente que o desejo de reter moedas ou ativos líquidos por parte das pessoas, em certas circunstâncias, pode ser maior que o de consumir bens e serviços disponíveis nos mercados ou de investir. O grande problema consiste em que, diferentemente dos bens e serviços, a produção de moeda para satisfazer a demanda por liquidez não gera empregos em quantidade significativa.[38]

A *preferência por liquidez* é um dos três fatores psicológicos fundamentais na teoria keynesiana. Outros são a *propensão ao consumo* e a *eficiência marginal do capital*.

5.2.2 Propensão ao consumo

A *propensão ao consumo* é a função psicológica que trata da "relação entre a renda de uma comunidade e o que se pode esperar que ela gaste em consumo" (KEYNES, 1996, p. 63). O ponto de partida do raciocínio para compreender a propensão ao consumo é a afirmação de que "os homens estão dispostos, de modo geral e em média, a aumentar o seu consumo à medida que a sua renda cresce" (1996, p. 118). No entanto, o aumento do consumo não se dá em proporção fixa com o aumento da renda: "quando nossa renda sobe, nosso consumo também sobe, embora menos. A chave do nosso problema prático encontra-se nesta lei psicológica" (1996, p. 64). O raciocínio por trás desta afirmação é o seguinte:

---

38 Referindo-se à situação em que há aumento da *preferência por liquidez,* Keynes afirma que "o desemprego aumenta porque as pessoas querem a Lua; os homens não podem conseguir emprego quando o objeto de seus desejos (isto é, o dinheiro) é uma coisa que não se produz e cuja demanda não pode ser facilmente contida" (1996, p. 229).

a satisfação das necessidades imediatas de um indivíduo e de sua família é, normalmente, mais forte que os seus motivos para poupar, que só adquirem predomínio efetivo quando se alcança determinado nível de conforto. Essas razões fazem com que, em geral, uma *proporção maior* da renda seja poupada à medida que a renda real aumenta (KEYNES, 1996, p. 119).

A consequência desta configuração da *propensão ao consumo* é a de que o enriquecimento da sociedade não tende a levar a níveis maiores de consumo suficientes para justificar o pleno emprego. A livre operação das forças de mercado tende a conduzir a um equilíbrio econômico com desemprego (1996, p. 64), já que "se o emprego e, portanto, a renda agregada aumentam, *nem todo* o emprego adicional será requerido para satisfazer as necessidades do consumo adicional" (1996, p. 119) Keynes está apontando como o acúmulo de renda – e portanto da propriedade privada – pode se converter em fator de instabilidade para o funcionamento do capitalismo.

Essa sinalização se dá em oposição à concepção econômica ortodoxa, que promove a "ideia de que o aumento do capital depende do vigor dos motivos que impelem à poupança, e de que uma grande proporção desse crescimento depende das poupanças dos ricos a partir do que lhes é supérfluo" (1996, p. 341). Em contraste, Keynes afirma que "o crescimento do capital não depende absolutamente de uma baixa propensão a consumir, mas é, ao contrário, reprimido pela mesma" (1996, p. 341). Afirma, ainda, que "a abstinência dos ricos mais provavelmente tolhe do que favorece o crescimento da riqueza. Fica assim invalidada uma das principais justificativas sociais da grande desigualdade de riqueza." (1996, p. 342).

Parte da solução de Keynes para endereçar o problema da propensão decrescente ao consumo diante de patamares maiores de renda consiste em favorecer *políticas econômicas de caráter redistributivo*, que em linguagem jurídica correspondem a *direitos sociais*, e que serão abordadas mais à frente. A outra parte consiste em fazer com que a poupança (isto é, o excedente da renda sobre o consumo) se reverta em investimentos na produção. Ou seja, os recursos monetários têm, de uma forma (consumo) ou de outra (investimentos), que voltar para a produção para que o sistema econômico não reduza seu nível de atividade e induza empresários a oferecer menores volumes de emprego (1996, p. 62). "Se a propensão a consumir e o montante de novos investimentos resultam em uma insuficiência da demanda efetiva, o nível real do emprego se reduzirá até ficar abaixo da oferta de mão de obra potencialmente disponível ao salário real em vigor", com a consequência de que "a insuficiência da demanda efetiva inibirá o processo de produção".

Conforme a sociedade enriquece, cria-se uma lacuna entre "a sua produção efetiva e a potencial" (1996, p. 64). O investimento precisa preencher a lacuna (1996, p. 120), mas o "incentivo para investir" está atrelado a outra função psicológica: a *eficiência marginal do capital*.

5.2.3 Eficiência marginal do capital

A *eficiência marginal do capital* refere-se à "expectativa psicológica do rendimento futuro dos bens de capital" (1996, p. 238). Trata-se da expectativa em relação ao que "o empresário pode esperar ganhar sob a forma de rendimentos futuros" decorrente de novos investimentos na produção (1996, p. 77-8). A taxa de juros desempenha papel fundamental na escolha por investir ou não na produção[39]. Se o retorno esperado de investimentos na produção for menor do que a taxa de juros prometida para outras aplicações de tipo "financeiro" ou "de portfólio" – o tipo de investimento especulativo que caracteriza o *rentier* –, então os incentivos ao investimento serão diminuídos, com impacto sobre o nível de atividade econômica e portanto do emprego. Para Keynes, em vista disso, a taxa de juros deve ser fixada de modo a estimular o nível de investimentos que conduza ao pleno emprego (1996, p. 216). Keynes sugere que o *rentier* precisa perder o lugar de destaque que ocupou no capitalismo no século XIX e início do século XX, favorecendo-se, em seu lugar, o "empreendimento" (1996, p. 217).

> A taxa de juros sobre o dinheiro parece, portanto, representar um papel especial na fixação de um *limite ao volume de emprego*, visto marcar o nível que deve alcançar a eficiência marginal de um bem de capital para que ele se torne objeto de nova produção (KEYNES, 1996, p. 218 – acrescentou-se ênfase).

O pensamento keynesiano em torno da eficiência marginal do capital e sua relação com a taxa de juros vai de encontro às formulações do pensamento liberal clássico. "A justificativa de uma taxa de juros moderadamente elevada foi encontrada, até aqui, na necessidade de proporcionar estímulo suficiente à poupança." (1996, p. 343). Vale lembrar que, no esquema clássico, poupança e investimento se igualam, presumindo-se que toda poupança, de

---

39 A respeito da eficiência marginal do capital na *Teoria geral* de Keynes, Gazier explica que a decisão do empresário de investir resulta de comparação entre a rentabilidade do investimento produtivo e a da especulação. "O empresário vai comparar essa taxa de rentabilidade à taxa do mercado, isto é, a que resulta da preferência pela liquidez e da oferta de moeda decorrente da política dos bancos e dos poderes públicos. Se ela for superior, há estímulo em investir. Este desaparece no caso de projetos que apenas rendem a taxa de mercado, pois as eventuais somas disponíveis serão mais bem empregadas (sem os esforços e os riscos ligados à implantação desse investimento na empresa) em empréstimos diretos a essa taxa" (GAZIER, 2011, p. 73).

uma forma ou de outra, reverta-se em capital aplicado na produção. Porém, Keynes desiguala poupança e investimento[40], e chega a conclusões opostas a respeito de como a taxa de juros deva ser definida:

> a extensão da poupança efetiva é rigorosamente determinada pelo montante de investimento, e que este montante cresce por efeito de uma taxa de juros *baixa* [...]. Assim sendo, o que mais nos convém é reduzir a taxa de juros até o nível em que, em relação à curva de eficiência marginal do capital, se realize o pleno emprego (KEYNES, 1996, p. 343 – ênfase no original).

5.2.4 Implicações das funções psicológicas apontadas por Keynes

Na operação das três funções psicológicas aqui referidas – preferência por liquidez, propensão ao consumo e eficiência marginal do capital – reside a grande "sacada" da *Teoria geral* de Keynes: estes fatores psicológicos estão na base de certo *desvio* de recursos que precisariam retornar à *produção* para que o nível de atividade econômica e de emprego pudesse se sustentar próximo ao pleno emprego. Assim, a *preferência por liquidez* drena recursos que poderiam ser investidos na produção, resultando na acumulação de ativos "líquidos" e mesmo do entesouramento, ou seja, de poupança não investida. A *propensão ao consumo* é uma função inversa do aumento da renda, significando que, na afluência, a sociedade tenderá a consumir menos do que o necessário para manter a produção no nível de pleno emprego, de modo que, se novos investimentos não migrarem para a produção, haverá desemprego. Por fim, a *eficiência marginal do capital* explica que as pessoas prefiram especular a investir na produção se as perspectivas de retorno do investimento produtivo forem menores do que as da atividade *rentista*, determinadas pela taxa prevalente de juros.

As três funções psicológicas permeiam a exposição que Keynes faz das interconexões entre os diversos mercados (de bens, capital, trabalho e moeda). Diante da percepção de como as relações entre os elementos que descreve afetam o "volume de emprego e a renda nacional" (1996, p. 237),

---

[40] Como se observou anteriormente, a função psicológica da *propensão a consumir* implica que o aumento da renda na sociedade é acompanhado por montantes maiores de poupança do que de consumo adicional. Em razão disso, as decisões dos empresários de investir na produção são afetadas, resultando em diminuição dos investimentos em produção nas sociedades mais afluentes. Esta é uma das razões para que Keynes desiguale poupança e investimento, rompendo com o esquema clássico. A outra razão consiste na possibilidade do entesouramento, em que a moeda é poupada de forma a ser privadamente retirada de circulação, não se convertendo em nenhum investimento economicamente útil enquanto assim permanecer.

Keynes dirige sua preocupação à identificação das medidas que o Estado pode adotar para guiar o sistema econômico ao nível de atividade em que se verifique o pleno emprego (1996, p. 239-40).

Não se pode esquecer que a *Teoria geral* foi escrita no período da Grande Depressão dos anos 1930. Nesse sentido, é uma resposta não só à teoria clássica, mas também à crise econômica. Por isso, as ideias defendidas por Keynes traduziram-se em medidas de política econômica que podem ser adotadas para sair da depressão, ou seja, de medidas *anticíclicas*.

5.3 Ciclos econômicos, medidas anticíclicas e implicações jurídicas

A ideia de "ciclo econômico" implica alternância de períodos de expansão e contração do nível de atividade econômica, e contraria a noção ortodoxa de equilíbrio de pleno emprego propiciado automaticamente pela livre operação das forças de mercado. Nesta concepção, os desequilíbrios seriam apenas friccionais, ou seja, situados no período em que os mercados estão se ajustando de um ponto de equilíbrio a outro. Diferentemente da concepção ortodoxa, Keynes enxerga o processo econômico como sendo de "movimentos cíclicos", em que fases de expansão da atividade econômica são sucedidas por crises, contrações, depressões e recuperações.

Keynes aponta que as depressões têm certas características conducentes ao autorreforço do processo depressivo, que envolvem *círculos viciosos* de desempenho econômico (vide Quadro 5, acima). Este ponto implica a rejeição das concepções purgativas a respeito das crises econômicas, mencionadas anteriormente, que consistem essencialmente em tolerar as dores do deslocamento de equilíbrio da economia e dos ajustes que ele implica. Quando, após uma crise, a produção é acumulada em estoques, os preços baixam "o bastante para causar uma restrição da produção que assegure a reabsorção dos estoques excedentes". A medida "representa um investimento negativo, que também contribui para diminuir o emprego (KEYNES, 1996, p. 297). A espiral descendente prossegue, porque menores níveis de emprego diminuem a renda da população, que por sua vez enfraquecem novamente a demanda pelo que é produzido, reforçando a tendência ao acúmulo dos estoques. Este jogo pode continuar indefinidamente se algo não for feito. A participação do Estado é fundamental para reverter a depressão via medidas de incentivo ao consumo, ao investimento e ao nível de emprego, ou seja, adotando medidas anticíclicas.

As funções do Estado consistem em manejar o nível de atividade econômica por meio da *política fiscal* – inclusive com políticas de redistribuição de renda – e *monetária,* entre outras. Não se trata, porém, de estatização do controle da produção, das trocas ou do consumo:

> Os controles centrais necessários para assegurar o pleno emprego exigirão, naturalmente, uma considerável extensão das funções tradicionais de governo. [...] Todavia, subsistirá ainda uma grande amplitude, que permita o exercício da iniciativa e responsabilidade privadas. Nesse domínio, as vantagens tradicionais do individualismo continuarão ainda sendo válidas (KEYNES, 1996, p. 346).

Noutra passagem, Keynes encontra-se preocupado em distinguir seu projeto da alternativa socialista ao capitalismo[41]:

> uma socialização algo ampla dos investimentos será o único meio de assegurar uma situação aproximada de pleno emprego, embora isso não implique a necessidade de excluir ajustes e fórmulas de toda a espécie que permitam ao Estado cooperar com a iniciativa privada. Mas, fora disso, não se vê nenhuma razão evidente que justifique um socialismo do Estado abrangendo a maior parte da vida econômica da nação. Não é a propriedade dos meios de produção que convém ao Estado assumir (KEYNES, 1996, p. 345).

Como se pôde notar, um dos elementos do projeto keynesiano para lidar com as depressões envolve a *redistribuição de renda*. Este elemento pauta as medidas de *política fiscal* sugeridas por Keynes como obras públicas[42] (1996, p. 137) e seguro-desemprego (1996, p. 119), entre outras medidas que envolvem também a receita genérica de "nova distribuição dos rendimentos" para estimular a propensão a consumir (1996, p. 299). Quanto ao modo de arcar com estas despesas estatais, Keynes sugere que o Estado pode se valer do "*deficit* orçamentário", trabalhando com "dinheiro emprestado" (1996, p. 119). "Se assim não fosse, o declínio do emprego e da renda, uma vez iniciado, poderia ir muito longe" (1996, p. 119).

As medidas de política fiscal sugeridas por Keynes envolvem a estruturação dos tributos de modo a favorecer a "propensão da comunidade a consumir", o que equivale a dizer: diminuir (ainda que temporariamente) as

---

41 "Keynes não deseja uma intervenção pública que oriente as iniciativas privadas e permanece um defensor da economia capitalista de mercado" (GAZIER, 2011, p. 79).

42 Numa das passagens da *Teoria geral*, Keynes defende que o gasto público pode gerar efeitos econômicos desejáveis ainda que seja empregado em atividades economicamente consideradas inúteis, como "abrir buracos no chão". A seguinte passagem, a este respeito, é bastante conhecida: "Se o Tesouro se dispusesse a encher garrafas usadas com papel-moeda, as enterrasse a uma profundidade conveniente em minas de carvão abandonadas que logo fossem cobertas com o lixo da cidade e deixasse à iniciativa privada, de acordo com os bem experimentados princípios do *laissez-faire*, a tarefa de desenterrar novamente as notas (naturalmente obtendo o direito de fazê-lo por meio de concessões sobre o terreno onde estão enterradas as notas), o desemprego poderia desaparecer e, com a ajuda das repercussões, é provável que a renda real da comunidade, bem como a sua riqueza em capital, fossem sensivelmente mais altas do que, na realidade, o são. Claro está que seria mais ajuizado construir casas ou algo semelhante; mas se a tanto se opõem dificuldades políticas e práticas, o recurso citado não deixa de ser preferível a nada." (KEYNES, 1996, p. 145).

desigualdades de renda. Além de exaltar a tributação sobre a renda – e não sobre o consumo –, Keynes considera "inegável" o caráter favorável ao consumo trazido por "uma política fiscal de altos impostos sobre heranças", por colocar obstáculos à acumulação (1996, p. 342). São, portanto, recomendações econômicas com impactos direitos sobre a estruturação do direito tributário.

Outro aspecto importante das medidas defendidas por Keynes se refere à política monetária. Na visão de Keynes, "há dois caminhos para aumentar a produção" (1996, p. 302), sendo um interferir no consumo e o outro nos investimentos. O autor indica que "o mais prudente seria avançar em ambas as frentes ao mesmo tempo", de modo a procurar "conseguir um fluxo de investimento controlado socialmente" e, ao mesmo tempo, empreender "toda sorte de medidas para aumentar a propensão a consumir", como as relatadas acima (1996, p. 302). Keynes defende aquilo que se pode considerar "política monetária expansiva" para os ciclos de depressão e para a preservação da prosperidade. A política monetária deve funcionar de modo a estimular o investimento produtivo em detrimento da aplicação meramente especulativa.

Quadro 6 – Comparação entre algumas categorias e caracterizações fundamentais do liberalismo econômico e da economia keynesiana

	liberalismo econômico	keynesianismo
motores da ação econômica	harmonia natural dos interesses mecanismo de preços	funções psicológicas (f) mecanismo de preços
trabalho	remuneração flexível desemprego voluntário / friccional	remuneração inflexível desemprego involuntário
capital	poupança = investimento Investimento favorecido por juros altos	poupança ≠ investimento (entesouramento) Investimento favorecido por juros baixos (f) eficiência marginal do capital
consumo	lei de Say ↓	(f) propensão ao consumo (f) preferência por liquidez
nível de atividade econômica	presumido no ponto "ótimo"	prejudicado pela queda de demanda agregada
tendência	mercados estáveis	mercados instáveis
noção resultante	equilíbrio de pleno emprego	ciclos econômicos

Fonte: Elaborado pelo autor a partir de elementos presentes em Keynes, 1996; Galbraith, 1989; 1997; Gazier, 2011; Bateman, 2006.

Para endereçar o problema criado pela *preferência por liquidez*, que é capaz de drenar dinheiro da economia por meio do entesouramento, Keynes defende juros baixos como meio de estimular o investimento: "o que mais nos convém é reduzir a taxa de juros até o nível em que, em relação à curva de eficiência marginal do capital, se realize o pleno emprego" (1996, p. 343). Baixas taxas de juros contribuem para que as escolhas de investimento favoreçam a produção, por comprometerem a rentabilidade de aplicações de caráter especulativo, que remuneram segundo os "juros do dinheiro". É importante frisar que a baixa na taxa de juros não é indicada somente como remédio para a fase depressiva do ciclo econômico, mas também para fazer perdurar ou prolongar o auge da expansão (1996, p. 299-300).

A partir dos elementos acima, foi possível observar como Keynes articula medidas de política fiscal e monetária – com matizes expansivos e redistributivos – para endereçar os efeitos nocivos ao consumo e ao investimento (e por consequência ao nível de emprego) das funções psicológicas de (baixa) propensão ao consumo, preferência por liquidez e eficiência marginal do capital. É interessante notar que as justificativas por medidas de redistribuição de renda se dão em bases econômicas: são necessárias à própria viabilidade do capitalismo. Embora considerações humanísticas possam ser acrescentadas a tais justificativas[43], o discurso permanece matizado pelo aspecto *econômico*. Em Keynes, o *político* é chamado ao auxílio do *econômico*. Não se pode chegar a dizer que haja subordinação do *econômico* ao *político*. A autonomia do domínio econômico certamente não é a mesma daquela pensada sob o argumento clássico da harmonia natural dos interesses, mas os objetivos sociais – como redistribuição de renda e pleno emprego – recebem justificações *econômicas* para serem perseguidos, no sentido de que a prosperidade material torna-se condicionada por estes objetivos[44].

Ao final de sua obra, Keynes sugere impactos que a organização do sistema econômico segundo seu sistema poderia ter sobre as relações internacionais. "Observei, de passagem, que o novo sistema poderia ser mais favorável à paz do que o antigo" (1996, p. 348). Em curto trecho, ele avalia o modelo antigo, instruído pela ortodoxia clássica:

---

43 "Sua análise favorece amplas justificações às transferências em favor dos mais pobres, que conciliam uma preocupação de justiça social e uma contribuição eficaz à retomada da atividade" (GAZIER, 2011, p. 78).

44 Afinal, como aponta Bernard Gazier, a *Teoria geral* de Keynes "quer mostrar que o capitalismo tem tendências permanentes à depressão, e que estas são cada vez mais fortes à medida que ele se desenvolve e algumas classes sociais enriquecem. O mecanismo é simples: à medida que o rendimento aumenta, a propensão a gastar tende a diminuir entre os mais ricos, o que tende a deprimir a atividade. A saturação das necessidades de consumo dos ricos freia a expansão do sistema" (GAZIER, 2011, p. 77).

sob o regime de *laissez-faire* interno e de padrão ouro internacional, como era o correto na segunda metade do século XIX, não havia qualquer outro meio disponível a um governo para aliviar a miséria econômica interna a não ser lutar pela conquista de mercados externos. Isso porque todos os remédios eficazes para o desemprego crônico ou intermitente estavam excluídos, à exceção das medidas destinadas a melhorar o balanço de pagamentos em conta corrente (KEYNES, 1996, p. 348).

Relaciona, portanto, a expansão do comércio a práticas violentas. Em contraste, a orientação doméstica do Estado ao pleno emprego, com maior controle sobre a política fiscal e monetária, favoreceria a estruturação de relações econômicas internacionais compatíveis com a paz:

> O comércio internacional deixaria de ser o que é, um expediente desesperado para manter o emprego interno, forçando as vendas nos mercados externos e restringindo as compras, o que, se tivesse êxito, simplesmente deslocaria o problema do desemprego para o vizinho que levasse desvantagem na luta, e se converteria num livre e desimpedido intercâmbio de mercadorias e serviços em condições de vantagens mútuas (KEYNES, 1996, p. 348).

O elemento de preservação da *estabilidade econômica doméstica*, aqui representado pela orientação do Estado ao objetivo do pleno emprego, somado a perspectiva de um "livre e desimpedido intercâmbio de mercadorias e serviços em condições de vantagens mútuas" expressam, de certa forma, as bases do *liberalismo assistido*[45], tema do próximo capítulo. Keynes teve participação nas negociações da ordem de Bretton Woods, sobretudo nos aspectos da cooperação monetária e financeira internacional. Como se verá, esta ordem procurou conciliar liberdade de comércio internacional e estabilidade econômica e social doméstica por meio da estruturação de uma ordem econômica internacional que fornecesse condições para uma abertura "segura" da economia ao exterior, sem abrir mão do *welfare state* e da liberdade governamental para definir estratégias de desenvolvimento (RUGGIE, 1982; cf. RODRIK, 2011; CASTRO, 2006).

---

45 Cabe fazer a ressalva de que a ordem de Bretton Woods não promoveu desimpedimentos no comércio internacional de serviços.

CAPÍTULO 6

2ª ORDEM ECONÔMICA INTERNACIONAL: Bretton Woods

No pós-segunda guerra, o meio econômico já se encontrava em larga medida sob a influência do pensamento keynesiano[46]. De modo geral, economistas compartilhavam "uma forte crença de que o Estado tinha um importante papel a desempenhar na vida econômica, em especial nas situações como aquela que tinham que enfrentar naqueles anos de reconstrução" (SATO, 2012, p. 125).

O keynesianismo teve influência na estruturação da ordem econômica internacional do pós-guerra. O próprio Keynes participou das negociações de Bretton Woods, como representante britânico. Harry Dexter White, principal figura da delegação dos Estados Unidos, era ele mesmo um economista keynesiano (HELLEINER, 1994b, p. 32). Com o status de perspectiva econômica preponderante, o keynesianismo contribuiu para que a cooperação econômica internacional incorporasse novos objetivos, antes vistos como assuntos domésticos, como pleno emprego e estímulo estatal à atividade econômica. A cooperação multilateral deveria passar a favorecê-los. A busca conjunta da abertura multilateral com a preservação da estabilidade doméstica dá o tom do liberalismo assistido (cf. RUGGIE, 1982; RODRIK, 2011).

Os economistas da época tomavam em perspectiva as relações econômicas do período do entreguerras, apontando um aspecto que desejavam conservar e outro que desejavam evitar. O aspecto a ser conservado, como sugerido anteriormente, é o compromisso estatal com o pleno emprego ou, de forma mais englobante, com políticas associadas ao *welfare state*. A preservação desse elemento decorria não só da influência do ideário keynesiano, como também dos novos cenários domésticos de massas urbanas assalariadas e politicamente empoderadas no ocidente industrializado. Aliás, como Helleiner destaca, se nos anos do POI a coalizão mais influente politicamente havia sido aquela formada por banqueiros e financistas internacionais, após

---

[46] Segundo John Kenneth Galbraith, a guerra "instalou keynesianos em grande número em posições de influência", tanto nos Estados Unidos quanto em variados países da Europa Ocidental (1989, p. 220). Além disso, afirma que "[e]ntre os economistas, uma nova visão de governo e uma nova confiança na sua intervenção seriam as principais consequências econômicas da guerra." (1989, p. 226) Estas afirmações são feitas num contexto em que Galbraith relaciona os incentivos que a Segunda Guerra Mundial representaram ao nível de atividade econômica nos Estados Unidos – que sanaram as tendências recessivas da década de 1930 – ao sucesso e propagação da economia keynesiana.

o entreguerras ela perdeu espaço para nova coalizão social composta por industrialistas, líderes trabalhistas e funcionários públicos de "mentalidade keynesiana" (HELLEINER, 1994b, p. 27). Estes setores eram favoráveis a abordagens econômicas de feições mais intervencionistas e capazes de posicionar as finanças domésticas e internacionais em função de objetivos políticos e econômicos mais amplos (1994b, p. 28).

Por sua vez, o aspecto do entreguerras cuja repetição se desejava evitar consistia no rompimento da cooperação econômica internacional. As transações comerciais internacionais encontravam-se dificultadas por medidas protecionistas variadas. Políticas de *depreciação cambial competitiva* acentuavam o problema, com impactos negativos sobre as possibilidades de cooperar nos campos monetário e financeiro. O comportamento dos Estados, orientado nestes moldes, fazia com que a busca dos objetivos domésticos de estabilidade representasse dificuldades para as economias dos demais. O jogo estava sendo jogado de forma que cada movimentação de um país em busca de bem-estar econômico interno causava impactos negativos nas demais economias. No novo cenário, desejava-se o retorno da cooperação internacional, sobretudo no campo do comércio de bens. O resgate da liberdade comercial internacional necessitaria também de medidas de cooperação monetária e financeira, mas que já não se dariam segundo o modelo do POI, ou seja, ao estilo *laissez-faire*, senão segundo a perspectiva keynesiana que percebia com desconfiança a atividade do *rentier*.

Por isso, a ordem de Bretton Woods envolveu o estabelecimento de instituições da cooperação econômica internacional que propiciassem o resgate da abertura ao comércio. A cooperação monetária se constituiu de maneira a propiciar bases cambiais estáveis para transações comerciais internacionais. Além disso, atuaria como elemento internacional favorecedor da autonomia dos Estados para adoção doméstica de políticas redistributivas, com espaço para que a política monetária e fiscal destes fosse moldada segundo os requisitos do *welfare state* (RUGGIE, 1982; RODRIK, 2011; CASTRO, 2006).

Por sua vez, o aspecto financeiro, além de contemplar empréstimos emergenciais multilaterais voltados a garantir a estabilidade cambial, passava a contar com uma ordem fortemente restritiva aos fluxos internacionais de capital[47]. Ainda neste aspecto, emergiu "uma consciência baseada no pressu-

---

47   Uma abordagem detalhada dos aspectos monetários e financeiros da ordem de Bretton Woods pode ser encontrada em Eichengreen (2008, p. 91-133). Em síntese, segundo o autor, o sistema monetário de Bretton Woods pretendia a estabilidade das moedas por meio de *pegged rates*. As moedas eram vinculadas ao dólar, e este, ao ouro, ao preço estatutário fixo de $35 a onça. O cenário inicial do sistema foi o de uma Europa deficitária em relação aos EUA na balança de pagamentos. Nesse contexto, a ajuda externa por meio do Plano Marshall foi fundamental para permitir a preservação da paridade entre as moedas, dadas às pressões por desvalorização representadas pelo déficit de comércio europeu. Os controles de capital foram centrais para a manutenção do sistema, diminuindo a volatilidade e dando fôlego aos governos nos contextos de pressão por depreciação de moedas. No entanto, esse mecanismo apenas ganhava

posto de que a disponibilidade de capital era a variável independente do crescimento das economias" (SATO, 2012, p. 135). Tal visão contribuiu para que a cooperação financeira internacional se voltasse a fluxos de ajuda externa. Desponta, no campo financeiro, o sentido de que os Estados passaram a se posicionar como controladores e direcionadores das finanças internacionais no pós-segunda guerra, em marcado contraste com o que prevalecia sob o POI, ou seja, a noção de que os fluxos transfronteiriços de capital devessem ser *privadamente* orientados.

O presente capítulo está organizado de forma a, primeiramente (6.1), dirigir-se à sensibilidade econômica predominante na época, o liberalismo assistido que, como se disse, tem forte tonalidade keynesiana. Pode-se mesmo pensá-lo como projeção internacional do que as políticas keynesianas representaram para o plano doméstico. Num segundo momento (6.2), destacam-se aspectos da cooperação internacional monetária e financeira, em especial ressaltando a importância dos controles de capital na ordem de Bretton Woods, e sua relação com a expansão doméstica de políticas redistributivas. Por meio do destaque dos elementos abordados nas seções 6.1 e 6.2, será possível realizar marcado contraste tanto com a ordem econômica internacional do POI, que precedeu a de Bretton Woods, como também, posteriormente, com aquela que se formaria a partir dos anos 1970, instruída pelo neoliberalismo.

6.1 Liberalismo assistido: multilateralismo e estabilidade doméstica

Uma forma de compreender os regimes internacionais consiste em focalizar suas instituições formais e informais. Para John Gerard Ruggie, no entanto, a compreensão adequada dos regimes precisa abarcar também a sua "gramática generativa". Trata-se de elemento ligado às ideias ou sensibilidades predominantes em determinado momento, ou "princípios subjacentes à ordem e ao sentido que moldam a maneira como [regimes internacionais] se formam e se transformam." Ruggie compara regimes internacionais à linguagem, e as unidades que integram tais regimes a "falantes de uma língua

---

tempo, não eliminando as razões subjacentes, determinantes da necessidade de ajuste. O aumento da mobilidade de capital representado pelo crescimento das multinacionais e incrementos tecnológicos na comunicação comprometeram os controles governamentais e colocaram em xeque a ordem de Bretton Woods. A sobrevivência do sistema passou a depender da cooperação internacional no Atlântico Norte – incentivada pelo contexto da Guerra Fria –, até que as pressões para a desvalorização do dólar tornaram-se insustentáveis; o preço do ouro no mercado ($40) distanciou-se do preço nominal em dólar, e eliminou-se o lastro em ouro do dólar em 1971 (após suspensão desde 1968), visto que a conversibilidade não poderia mais ser garantida. A partir disso, houve fuga do dólar, que se depreciou ainda mais. O sistema, na prática, permitiu a conversibilidade das moedas em taxas estáveis entre 1959 e 1970.

comum" (RUGGIE, 1982, p. 380). Como decorrência, para compreender a ordem de Bretton Woods, é necessário caracterizar sua linguagem econômica fundamental.

Para Ruggie, os regimes são decorrências da *internacionalização da autoridade política* (1982, p. 380). O autor atribui à expressão "autoridade política" certo sentido que não se confunde meramente com a estrutura de poder existente no mundo – como a hegemonia, bipolaridade ou multipolaridade –, embora este aspecto não deixe de ser relevante. Mais do que o poder por si só, *autoridade política* implica a fusão entre o poder e o *propósito social legítimo* (1982, p. 382; cf. LAKE, 2010). É justamente no papel do propósito social legítimo que reside a importância da "gramática generativa" dos regimes internacionais, anteriormente mencionada.

As concepções sobre o modo adequado de configurar as relações entre Estado e sociedade são componentes definidores do propósito social tido por legítimo em um determinado momento (1982, p. 413). A gramática do liberalismo clássico consolida como legítima a atuação estatal voltada para permitir máxima extensão das forças de mercado, ou seja, da atuação privada, sendo ilegítimo restringi-las em sua atuação econômica (1982, p. 381-2). De modo associado a essa gramática, o regime do POI incorporou "pressuposições particulares" a respeito do comportamento do Estado em sua relação com a sociedade. A linguagem da política monetária só continha palavras para igualá-la à preservação da paridade da moeda local em ouro, ao passo que a postura aceita para o comportamento estatal em uma economia concebida como "autoequilibrante" era a de abstenção (RUGGIE, 1982, p. 389). Estavam de fora desta gramática a orientação da política monetária para incremento do nível de atividade econômica ou a intervenção estatal em busca do pleno emprego.

No cenário do entreguerras, a noção de propósito social legítimo transformou-se. O Estado passou a assumir "responsabilidade direta pela segurança social e estabilidade domésticas" (1982, p. 388), em linha tanto com as mudanças internas no cenário político quanto com as prescrições do pensamento keynesiano. De modo correspondente, houve recurso generalizado a "formas cada vez maiores de intervenção na economia doméstica para afetar os níveis de preços e emprego, e para protegê-los contra fontes externas de distúrbios" (1982, p. 390).

A gramática generativa da ordem de Bretton Woods é diferente, portanto, daquela do POI. Não mais o liberalismo clássico, mas um liberalismo modificado, que concebe certa presença ativa do Estado na economia como necessária para o funcionamento do capitalismo e sua orientação a objetivos domésticos de estabilidade e pleno emprego, associados ao *welfare state*:

elaborar uma moldura que resguardasse e mesmo auxiliasse a busca por estabilidade doméstica sem, ao mesmo tempo, disparar as consequências externas mutuamente destrutivas que contaminaram o período do entreguerras. Essa era essência do compromisso do liberalismo assistido (*embedded liberalism*): diferentemente do nacionalismo econômico dos anos trinta, seria de caráter multilateral; diferentemente do liberalismo do padrão ouro e do livre comércio, seu multilateralismo seria baseado no intervencionismo doméstico (RUGGIE, 1982, p. 393).

Multilateralismo e estabilidade doméstica passavam a ser concebidos complementarmente, de modo que "o movimento rumo à maior abertura da economia internacional" foi atrelado a "medidas concebidas para proteger a economia doméstica de distúrbios externos" (1982, p. 405).[48] Esta era a nova concepção de propósito social legítimo, componente da autoridade política internacionalizada que moldou a ordem de Bretton Woods.

Na perspectiva de Dani Rodrik, o novo regime incorporou um "delicado compromisso": "permitir disciplina internacional suficiente e progresso rumo à liberalização para assegurar comércio mundial vibrante, mas dar bastante espaço aos governos para que respondessem às necessidades sociais e econômicas domésticas" (RODRIK, 2011, p. 69). Ainda segundo o autor, a ordem de Bretton Woods significava que os objetivos da política doméstica, como "pleno emprego, crescimento econômico, equidade, seguro social, e o *welfare state*" assumiam prioridade sobre a "política econômica internacional", e não o contrário. Consoante a isso, afirma que o "objetivo seria a globalização moderada, não a hiperglobalização" (RODRIK, 2011, p. 70).

O sentido de globalização moderada, associado ao liberalismo assistido, favorecia a criação de meios para expansão do comércio internacional. O Acordo Geral de Tarifas e Comércio – o GATT 1947 – foi a principal instituição envolvida nesse propósito. Apesar de favorecer a liberdade de comércio, o regime continha exceções (como os temas de agricultura e serviços, que não chegaram a ser abrangidos), válvulas de escape para a proteção comercial (como a facilidade na adoção de medidas *antidumping* e de salvaguardas) e um sistema de solução de controvérsias que poderia ser bloqueado por qualquer membro da organização (dado que exigia unanimidade para aprovação dos relatórios dos painéis). "Na realidade, o comércio

---

48 Na perspectiva de Dani Rodrik, o "[m]ultilateralismo significava que a aplicação de regras e os sistemas de crenças funcionariam por meio de instituições internacionais – o Fundo Monetário Internacional, o Banco Mundial e o GATT – ao invés de por exercício puro de poder ou imperialismo." Como ressalva, afirma que as instituições multilaterais "nunca se tornaram verdadeiramente autônomas dos Estados Unidos ou de outras destacadas potências econômicas, mas tampouco foram meras extensões dessas potências" (RODRIK, 2011, p. 70).

tornou-se (e permaneceu) livre somente nos aspectos em que apresentava pouca ameaça às instituições domésticas, às preferências distributivas, ou a valores" (RODRIK, 2011, p. 75). Ainda segundo Rodrik, o "propósito do GATT nunca foi maximizar o livre comércio. Foi conseguir a maior quantidade de comércio compatível com diferentes nações agindo cada qual a seu modo" (2011, p. 75).

A abertura comercial foi acompanhada da cooperação monetária e financeira voltada tanto para prover as bases de estabilidade cambial de que dependia a expansão do comércio, quanto a fornecer a liquidez (ou seja, de disponibilidade de recursos financeiros) necessária à reativação de economias (sobretudo europeias) no pós-guerra[49]. A cooperação cambial implicou o estabelecimento de paridades *fixas, porém ajustáveis*, entre as moedas nacionais. A conversibilidade de todas as moedas estava ancorada no dólar, por sua vez conversível em ouro. A sustentação das paridades fixas já não se daria segundo as regras do POI, que exigiriam ajustes automáticos a partir da livre movimentação transfronteiriça do ouro. Esse esquema teria inviabilizado políticas relacionadas ao *welfare state* e à estabilidade doméstica, como se verá adiante (6.2).

Ao invés disso, a estabilidade cambial do padrão dólar-ouro foi fundada, *por um lado*, em empréstimos voltados a sanar desequilíbrios nos balanços de pagamentos dos Estados que passavam por dificuldades, permanecendo, paralelamente à estrutura de empréstimos multilaterais, a possibilidade de reajustar a relação de câmbio entre a moeda nacional e o dólar para refletir a situação da balança de pagamentos. Ou seja, admitia-se que a paridade fosse modificada para dar espaço à autonomia doméstica necessária a políticas redistributivas, em linha com o propósito do liberalismo assistido de conciliar o multilateralismo com a estabilidade doméstica. A estabilidade cambial era ainda fundada, *por outro lado*, na presença de controles de capital. Como Dani Rodrik caracteriza, a ordem de Bretton Woods refletiu a noção de que o "comércio, e não as finanças de curto prazo, necessitavam de promoção" (RODRIK, 2011, p. 97).[50]

Essa descrição de como a ordem de Bretton Woods favoreceu a busca conciliada de multilateralismo e estabilidade doméstica levanta a necessidade de fazer ao menos duas ressalvas importantes. Em primeiro lugar, no que diz

---

[49] Vale lembrar que o provimento internacional de liquidez inicialmente foi pensado como função do Banco Mundial (ou, à época, Banco Internacional para Reconstrução e Desenvolvimento). Nos primeiros anos da ordem de Bretton Woods, no entanto, o Banco Mundial teve importância reduzida em face da prioridade conferida pelos Estados Unidos à canalização de recursos à Europa via Plano Marshall.

[50] Eric Helleiner aponta que Keynes e White compartilhavam a "crença de que uma ordem financeira internacional liberal não era compatível com um sistema de taxas de câmbio com paridades estáveis e com um sistema mais liberal de comércio internacional" (HELLEINER, 1994b, p. 35). Helleiner afirma, ainda, que "as finanças ocuparam certo *status* de segunda classe na visão do pós-guerra de uma ordem econômica internacional liberal" (HELLEINER, 1994a, p. 165).

respeito à cooperação multilateral, não se pode pensar que os Estados se movessem de maneira perfeitamente concertada. Como Ruggie aponta, permaneceram "enormes diferenças" entre os países a respeito de que políticas e arranjos institucionais, tanto domésticos quanto internacionais, seriam condizentes com o objetivo do multilateralismo (1982, p. 393). Em segundo lugar, sobretudo no que diz respeito à orientação da cooperação internacional em favor da estabilidade doméstica dos países, os ares do liberalismo assistido não foram "completamente estendidos aos países em desenvolvimento", num contexto em que a postura do FMI em relação a estes favorecia "medidas ortodoxas de estabilização" (1982, p. 413), e em que as regras do GATT "beneficiavam relativamente poucos dentre eles" (1982, p. 414).

Mesmo com essas ressalvas ou limitações, o liberalismo assistido deixou sobre a ordem econômica internacional a marca do *gerenciamento estatal da economia*. Trata-se de componente da gramática keynesiana que se faria presente, em alguma medida, em todos os campos da cooperação econômica internacional: comércio, moeda e finanças.

Os *controles de capital*, característicos da ordem de Bretton Woods, são fortes exemplos da importância que o gerenciamento estatal da economia assumiu no período do pós-guerra, em linha com a sensibilidade prevalente do liberalismo assistido. Eles foram componentes fundamentais da autonomia doméstica vinculada à adoção de políticas redistributivas, segundo o modelo do *welfare state*. Configuram um elemento concreto de uma modalidade de estruturação da cooperação econômica internacional essencialmente distinta do POI ou da hiperglobalização favorecida pelo ideário neoliberal.

6.2 Aspectos da cooperação monetária e financeira internacional de Bretton Woods e relação com políticas domésticas redistributivas

Barry Eichengreen afirma que os fluxos transnacionais de capital privado existentes durante a ordem de Bretton Woods se deram *apesar* das instituições da cooperação econômica internacional, e não em razão delas (2008, p. 91). A afirmação introduz a descrição do cenário monetário e financeiro do pós-guerra, em que os governos mantiveram controles sobre a movimentação de capital.[51] Tais controles eram essenciais à manutenção de

---

51   Dani Rodrik explica que a imposição de controles de capital restringe a capacidade dos residentes de investir em bolsas de valores estrangeiras e de adquirir ativos financeiros estrangeiros, bem como limitações severas ao acesso de bancos e firmas a empréstimos obtidos no exterior. Além disso, os governos "tipicamente impunham regulamentos intricados – tributos, requisitos para licenciamento, proibições diretas – que tornavam o ato de mover dinheiro pelas fronteiras do país um pesadelo. A maior parte dos países era receptiva às empresas multinacionais e aos investimentos de longo prazo, mas os empréstimos de curto prazo e os fluxos de portfólio (alcunhados de *'hot money'*) eram vistos de modo diferente, como fontes de instabilidade financeira e não de crescimento econômico" (RODRIK, 2011, p. 90).

taxas de câmbio relativamente estáveis, na ausência de um mecanismo automático de ajuste, como aquele do POI (2008, p. 94). "Seria difícil descrever exageradamente a força do consenso em favor dos controles de capital no período posterior à Segunda Guerra Mundial" (RODRIK, 2011, p. 95).

O acordo constitutivo do FMI reconheceu explicitamente a licitude do emprego do controle de capitais pelos Estados. A maior parte dos países europeus valeu-se dos controles até meados da década de 1980. A exceção consistiu nos Estados Unidos, que não adotaram controles de capital até a década de 1960, e em todo caso não os mantiveram por muito tempo (RODRIK, 2011, p. 99).

Os controles de capital são o aspecto mais evidente da intenção de colocar a liberdade financeira em lugar subsidiário. Não se desejava que fluxos volumosos e repentinos de capital pudessem ameaçar a paridade entre as moedas e, com ela, o comércio internacional. Se há duas liberdades favorecidas neste período, elas são (i) a de comércio e (ii) a de adoção de políticas públicas de caráter redistributivo, mas *não a liberdade financeira*.

Vale lembrar que, durante a primeira fase do POI (1870-1914), a mobilidade do capital não entrou em conflito com a estabilidade cambial porque não havia pressões domésticas relevantes para desviar os governos do compromisso prioritário com a conversibilidade das moedas nacionais em ouro a paridades fixas, que representava, simultaneamente, a adesão ao modelo de gestão estatal de orçamento equilibrado e não intervenção na esfera econômica.

No cenário do entreguerras e de Bretton Woods, em contraste, a mobilidade do capital entrava em choque não apenas com a estabilidade do câmbio, como também com as políticas domésticas de caráter redistributivo. Afinal, ela "impede que as nações adotem políticas monetárias e fiscais que difiram daquelas em outras economias, e portanto minam a condução de políticas apropriadas à economia doméstica" (RODRIK, 2011, p. 107). Tanto Keynes quanto Harry Dexter White – os principais formuladores dos acordos de Bretton Woods – estavam convencidos que o "o novo *welfare state* tinha que ser protegido da fuga de capital (*capital flight*) iniciada por 'razões políticas' ou induzida pelo desejo de evadir o 'fardo da legislação social'" (HELLEINER, 1994b, p. 34).

O sistema de Bretton Woods se diferenciava do POI, no entanto, não apenas em razão da adoção dos controles de capital. O aspecto da estabilidade cambial pode parecer semelhante ao que havia no POI: ambos tinham a pretensão de fixar as paridades, de alguma forma, em relação ao ouro, embora o regime de Bretton Woods posicionasse o dólar como lastro intermediário. Ainda assim, as taxas cambiais fixas (*pegged rates*) do pós--segunda guerra eram ajustáveis, ou "fixas, porém flexíveis". Ao passar por dificuldades no balanço de pagamentos – o que se conhecia como "desequilíbrio fundamental" –, os países poderiam reajustar as taxas de câmbio junto ao FMI (EICHENGREEN, 2008, p. 92).

No POI, não havia esta possibilidade. A resposta ao "desequilíbrio fundamental" consistia em permitir a livre entrada e saída de ouro até que a relação de câmbio voltasse à paridade anterior ao desequilíbrio: uma solução purgativa. Considerando que a existência de controles de capital seja a primeira diferença em relação ao POI, a relativa flexibilidade das *pegged rates* (taxas cambiais fixas, porém ajustáveis) de Bretton Woods é a segunda.

Outra diferença consiste nos papéis desempenhados pelo FMI, tanto no sentido de monitoramento das políticas nacionais como, principalmente, de concessão de financiamentos a países em risco de alteração cambial em virtude de *deficit*s na balança de pagamentos (EICHENGREEN, 2008, p. 91). "Os recursos do FMI forneciam uma linha adicional de defesa para países que tentavam manter paridades cambiais fixas [*pegged exchange rates*] face a pressões de mercado" (2008, p. 92).

À época do POI, o regime internacional monetário baseava-se em instituições informais. Não havia qualquer organização internacional encarregada de supervisionar sua operação e de prestar auxílio nos momentos de crise. Vale lembrar que a *haute finance* supervisionou *de fato* o funcionamento do POI, e que no primeiro período deste regime os fluxos privados especulativos internacionais tendiam a assumir caráter estabilizante, indo ao auxílio dos governos em dificuldades cambiais. No entanto, este auxílio baseado na livre atuação das forças de mercado vinha ao preço da impossibilidade de adotar medidas que minassem a confiança da *haute finance* na segurança e rentabilidade dos investimentos.

Na caracterização feita por Dani Rodrik, os regimes monetário e financeiro de Bretton Woods refletiram o princípio de que os Estados precisavam de espaço para gerenciar suas economias nacionais rumo ao pleno emprego e a ritmos de crescimento adequados. Trata-se do espaço para formulação de políticas (*policy space*). Em Rodrik, o *policy space* encontra-se associado à noção de política democrática e em contraste às medidas que são adotadas em função de constrangimentos oriundos das finanças internacionais, de outros elementos da cooperação econômica internacional e de soluções tecnocráticas.

Pode-se interpretar que, no contexto do POI, não havia *policy space* para a adoção de políticas redistributivas, dados os encadeamentos entre a estabilidade cambial e o comportamento das forças privadas – e desimpedidas – nos mercados financeiros internacionais. Para Rodrik, a existência dos controles de capital, do provimento de empréstimos emergenciais do FMI para auxílio dos países em dificuldade no balanço de pagamentos e a possibilidade de reajustar as relações de paridade entre as moedas no evento de "desequilíbrio fundamental" eram elementos da cooperação monetária e financeira internacional que favoreciam a existência de *policy space* no pós--guerra (2011, p. 98). Nesse sentido, afirma que:

> Se as projeções de crescimento e emprego de um país entrassem em conflito com seus pagamentos externos, mesmo depois de recorrer a controles de capital e a financiamentos do FMI, a incompatibilidade poderia ser removida pelo ajuste da taxa de câmbio, ao invés de deixar que a economia local sofresse. "Fixas, mas ajustáveis" era um novo conceito na política cambial. O compromisso foi pensado para prover estabilidade ao comércio internacional, mas não à custa de danos ao emprego e crescimento domésticos (RODRIK, 2011, p. 98).

A descrição acima é sugestiva de que os regimes internacionais de moeda e finanças de Bretton Woods encontravam-se relacionados ao propósito de resguardar o espaço para que os Estados pudessem adotar medidas de política monetária e fiscal de caráter redistributivo, de modo condizente com o modelo de *welfare state* e portanto com a expansão de direitos sociais. Nesse sentido, a cooperação econômica internacional encontrava-se estruturada de modo a refletir os anseios políticos de massas urbanas assalariadas e da coalizão que a ela correspondia – industrialistas, organizações trabalhistas e funcionários públicos de mentalidade keynesiana. Feita esta relação, é importante compreendê-la: por que o incentivo aos controles cambiais, as paridades fixas mas ajustáveis entre as moedas nacionais e os empréstimos emergenciais do FMI, no plano da cooperação internacional, favoreceriam as políticas e direitos relacionados ao *welfare state*?

No que diz respeito aos controles de capital, especificamente, Eric Helleiner aponta *quatro elementos* que ressaltam sua instrumentalidade para o modelo do *welfare state* (HELLEINER, 1994a, p. 163-4).

Primeiramente, "os controles de capital eram necessários para proteger os novos mecanismos de planejamento macroeconômico, desenvolvidos nos anos 1930, de movimentos financeiros especulativos que poderiam causar desequilíbrio no sistema." Em especial, as políticas redistributivas e de incentivo ao pleno emprego tendiam a ser favorecidas – segundo o esquema keynesiano – por uma taxa de juros relativamente baixa, que incentivasse o consumo e o investimento produtivo. Num cenário de alta mobilidade de capital, os países não têm plena autonomia *de fato* para fixação da taxa de juros local em função de objetivos políticos. Baixar as taxas de juros num cenário de capital internacional volátil significa ter que conviver com o *desinvestimento*, ou *fuga de capital*, que tenderá a migrar em busca de maiores patamares de rentabilidade. Nesse sentido, a existência de controles de capital propiciava a liberdade de fixar a taxa de juros segundo os objetivos da política doméstica, "sem referência às taxas prevalentes em outros pontos do mundo" (HELLEINER, 1994a, p. 164), imunizando o *welfare state* do perigo representado pela fuga de capital.

O *segundo elemento* da relação entre controles de capital e *welfare state* pode ser encontrado nas implicações que os gastos governamentais têm para a política tributária. O Estado consegue realizar despesas mediante fundos obtidos pela tributação ou pelo endividamento (ou ainda, num cenário de moeda de curso forçado, pela impressão de dinheiro novo). Com o aumento dos gastos, há pressões econômicas para que a tributação e o endividamento aumentem. No que diz respeito especificamente ao aspecto da tributação, as perspectivas de carga tributária maior podem motivar pessoas e empresas a deslocar fundos ao exterior (*arbitragem tributária*). Diante desse risco, os controles de capital tornavam-se necessários para evitar a evasão tributária internacional (HELLEINER, 1994a, p. 164), contribuindo para manter as bases orçamentárias de sustentação do *welfare state*.

O *terceiro elemento* remete ao aspecto da competição institucional. As modulações do formato das instituições em diferentes países resultam em graus variados de atratividade aos investimentos. Diante disso, a mobilidade do capital tende a incentivar certa desregulamentação financeira competitiva por parte de países desejosos de atrair capital novo. O modelo do *welfare state* implicava maior densidade de regulamentação financeira doméstica "para facilitar o planejamento industrial e macroeconômico". Esses objetivos seriam "erodidos se os poupadores e tomadores de empréstimos domésticos tivessem acesso a mercados financeiros no exterior" (HELLEINER, 1994a, p. 164). Os controles de capital eram necessários para evitar que as regulações financeiras domésticas fossem contornadas, ou seja, para evitar fluxos rumo a mercados menos regulados no exterior (*arbitragem regulatória*).

O *último dos motivos* levantados por Helleiner refere-se à necessidade de evitar a fuga do capital de curto prazo (*hot money*) induzida por "razões políticas" ou pelo "desejo de influenciar a legislação" (HELLEINER, 1994a, p. 164).

Ao lado dos controles de capital, os empréstimos do FMI também desempenhavam importante papel para o *welfare state*. O contraste com o POI ajudará a compreender o ponto. No regime do POI, afinal, a manutenção do orçamento equilibrado era prioridade da política fiscal. Com investidores tranquilizados quanto à segurança e a rentabilidade de seus investimentos, o Estado evitava deslocamentos massivos de ouro que comprometessem a paridade da moeda local em relação a seu lastro metálico.

No cenário de Bretton Woods, as prioridades da política fiscal eram o pleno emprego e o estímulo à atividade econômica, e *não o equilíbrio orçamentário*. Os desequilíbrios nas contas públicas geram pressões inflacionárias. A inflação é a depreciação da moeda, que equivale ao aumento contínuo e generalizado dos preços de bens e serviços. Como consequência, quando uma moeda passa por processo inflacionário, a tendência é a de que o câmbio se deprecie em relação à moeda de referência que, no caso de Bretton Woods, era o dólar. Para evitar que o modelo de política fiscal do *welfare state* comprometesse o regime de paridades cambiais da ordem do pós-guerra, o FMI concedia empréstimos emergenciais, de curto prazo, para Estados que sofriam pressões momentâneas pela depreciação do câmbio.

Nesse sentido, pode-se compreender a afirmação de Michael Webb de que, dado o cenário de baixa mobilidade de capital em virtude dos controles estatais nas décadas de 1950 e 1960, os desequilíbrios em balanças de pagamentos criados por políticas monetárias e fiscais autonomamente definidas podiam ser endereçados por medidas como empréstimos emergenciais do FMI, além de por intervenções coordenadas de bancos centrais nos mercados de divisas internacionais (WEBB, 1994, p. 185).

6.3 Algumas implicações normativas e jurídicas de ideias, práticas e instituições informadas pelo liberalismo assistido

Dadas suas interrelações, é importante compreender as repercussões que as ideias e instituições econômicas do período abordado nos capítulos 5 e 6 tiveram sobre o direito. Duncan Kennedy se refere a este momento como *segunda globalização* do direito e do pensamento jurídico, que foi simultaneamente uma crítica à *primeira globalização* e um projeto de reconstrução inspirado no "social" (2006, p. 37).

A visão do *social* tinha por base a percepção de *interdependências* na sociedade e entre os diferentes setores que formam uma economia moderna. A afirmação das interdependências pode ser lida como base para deslocar o primado do indivíduo (fundado na noção de *harmonia natural dos interesses*) e passar a associar direito a *pluralidades de indivíduos*, como classes sociais (2006, p. 42). Um mote jurídico em ascensão seria a noção de "interesse público", levantado como base para coordenar as diferentes "atividades interdependentes de modo a maximizar o bem-estar social."

Como consequência dessa *segunda globalização*, ganharam prestígio o direito público em geral, abrangendo direito do trabalho, direito administrativo e modalidades de "legislação social" (KENNEDY, 2006, p. 42) associadas ao *welfare state*, como seguridade social, com "titularidades baseadas em necessidades" (2006, p. 54). Os motivos de *comunidade* e *solidariedade*, de certo modo, passavam a ocupar o lugar, nesta *langue*, que o *interesse material individual*, associado ao liberalismo econômico, havia conseguido atingir no pensamento e nas instituições jurídicas daquilo que Castro (2012) se refere como *direito burguês*.

No campo da estruturação jurídica da ordem econômica, a *segunda globalização* refletiu-se na concepção de uma "economia de mercado nacional e internacionalmente regulada" que a ordem de Bretton Woods promoveu. Nesse sentido, favoreceu o "programa de reforma social progressiva de reestruturação das titularidades como base para uma economia capitalista mista altamente regulada que perseguia uma estratégia de paz social por meio do desenvolvimento econômico" (KENNEDY, 2006, p. 57). A *reestruturação de titularidades* pode ser lida como correspondente à passagem da ênfase em *direitos individuais* para *direitos sociais e econômicos*. Nesse projeto, as ideias de Keynes foram importantes:

> A contribuição de Keynes nessa área consistiu em mostrar que a política fiscal e monetária poderia funcionar racionalmente de modo "anticíclico", contrabalanceando, por meio da ação estratégica centralizada, a lógica capitalista e individualista de bolha seguida de estouro [*boom followed by bust*], e assim beneficiando a todos na sociedade. Mas as políticas fiscal e monetária também significavam gastos deficitários em períodos de contração econômica, e portanto abriram a possibilidade de financiar todo o programa dos reformadores sociais nos cruciais períodos em que historicamente eles haviam sido forçados a interromper suas atividades (KENNEDY, 2006, p. 57).

Analisando este período de *segunda globalização*, é possível notar que ele foi fértil em interações entre instituições jurídicas e econômicas. O próprio desmantelamento das condições de sustentação do POI no entreguerras esteve associado à expansão de *direitos políticos*. A expansão do *direito ao voto* está na base da formação das democracias de massa. O uso de direitos de representação política está associado à participação de partidos trabalhistas na elaboração e contestação das políticas de governo, canalizando novos interesses como o *pleno emprego* à pauta da atenção pública. Notadamente, estes aspectos jurídicos estiveram envolvidos no choque com a priorização da estabilidade monetária que o POI exigia dos Estados.

Instituições jurídicas também estiveram na base da erosão da primazia do pensamento liberal. Vale recordar que uma das razões para o desprestígio da *ortodoxia clássica* no cenário do entreguerras foi a sua incapacidade de responder às demandas práticas por soluções contra a depressão econômica. Um dos principais *pontos cegos* da economia a esse respeito veio a ser a concepção teórica que simplesmente presumia o *equilíbrio econômico de pleno emprego*, negando o desemprego (salvo o voluntário e o friccional). Na base dessa negação estava o raciocínio de que o desemprego não poderia existir porque a remuneração da mão de obra se ajustaria automaticamente às variações em sua demanda. A flexibilidade da remuneração do trabalho era *presumida*.

No entreguerras, porém, legislações trabalhistas e a ascensão do direito do trabalho – correspondentes a pressões sociais via greves, protestos, opinião pública e urnas – *enrijeceram* o preço do "fator trabalho" pela positivação do direito à irredutibilidade salarial, entre outros. O liberalismo econômico não conseguiu prover soluções a um cenário empírico transformado, de convivência com o desemprego crônico, perdendo lugar para concepções *protokeynesianas* e *keynesianas* de políticas econômicas.

As novas concepções econômicas corresponderam, como indicado anteriormente, ao deslocamento da primazia dos *direitos individuais* aos *direitos sociais e econômicos*. Não se pode deixar de considerar a existência da tensão entre as duas categorizações. Lendo-se Keynes com um olhar jurídico, é possível percebê-las.

Tome-se, por exemplo, o aspecto do direito individual à *propriedade privada*. A lógica liberal não apresentava qualquer obstáculo à sua fruição por aqueles que já a detinham, nem à sua acumulação irrestrita. A *autonomia privada* era uma esfera individual em que o Estado não deveria interferir. Em Keynes, em contraste, a possibilidade de acumulação irrestrita da propriedade privada recebe um ataque por meio da *função psicológica da propensão ao consumo*. Recorda-se, aqui, que tal função afirma que a propensão a consumir diminui na proporção que a renda aumenta. Esta é a base para que Keynes perceba a ameaça da concentração de renda para o nível de atividade econômica, que pode colocar em ação a espiral viciosa que leva à depressão. Sugere, então, medidas de política fiscal de redistribuição de renda que podem assumir a forma de *direitos à seguridade social, renda mínima, seguro-desemprego* entre outros. No aspecto tributário, Keynes recomenda dirigir a legislação à exação *progressiva* focada na *renda* ao invés do consumo. Ainda no campo tributário, pode-se considerar a limitação ao direito de propriedade privada que decorre da limitação keynesiana de tributação progressiva da *herança*. É possível agrupar estes exemplos quanto ao sentido geral que assumem em relação ao direito de propriedade privada, e lê-los como representativos da substituição de sua *inviolabilidade* pelo Estado (resguardo da autonomia individual) por *ações de disciplina estatal dos rumos econômicos adequados para a propriedade individual* que correspondem, no direito, à afirmação da "função social" da propriedade.

Além desses elementos, não se deve esquecer que a promoção de *direitos sociais* (políticas redistributivas) implica pretensões a parcelas do orçamento público, composto em larga medida pela tributação. Em última análise, portanto, a afirmação desses direitos tem como contrapartida aumentos na carga tributária que atinge a propriedade privada. Em conexão a este aspecto, a possibilidade de lançar mão de *déficits orçamentários* esteve na base dos projetos de expansão de *direitos sociais* associados ao *welfare state*.

A afirmação jurídica desses direitos se deu num contexto de transição do formato de política fiscal considerado apropriado. Se antes o mote era *orçamentos equilibrados*, com o advento da ordem de Bretton Woods, os Estados passam a contar com estruturas de cooperação econômica internacional desenhadas para permitir a convivência entre *desequilíbrios orçamentários* e um regime global de moedas conversíveis a paridades *fixas, porém ajustáveis*. Como Rodrik (2011) enfatiza, tratou-se de arranjo internacional que deu às economias avançadas espaço para aprofundar o modelo de *welfare state*, e aos países em desenvolvimento, para perseguir estratégias heterodoxas de industrialização (via substituição de importações ou modelos voltados à exportação). Num caso como no outro, certa leitura *jurídica* é possível: a cooperação econômica internacional foi estruturada de modo a dar curso à atuação expandida das *formas do direito público*.

Regressando ao tema anterior, algo semelhante ao ocorrido com a *propriedade privada* pode ser afirmado em relação aos *contratos*, no sentido de que a autonomia privada é relativizada em função da presença de conteúdos elaborados segundo o *interesse público*. A negociação privada não mais pode livremente determinar todos os aspectos, por exemplo, do contrato de trabalho, porque certos *conteúdos* encontram-se previamente determinados por processos de negociação de caráter público (legislativos, administrativos e judiciais) (cf. CASTRO, 2011; 2014a).

Marcus Faro de Castro aponta, porém, que o momento aqui indicado como correspondente à *segunda globalização* também representou a perda da capacidade do direito de *prover as formas* para a organização do todo social. Nesse sentido, a posição do direito foi subsidiária às formulações intelectuais provenientes da macroeconomia, que proveu os materiais intelectuais (e consequências institucionais correlatas) para reorganização da economia e da sociedade. Pode-se interpretar que as formas jurídicas abrigaram conteúdos provenientes de outras esferas de saber. Ou seja:

> *não foram os juristas* que forjaram os instrumentos capazes de superar o desemprego em massa [...]. Nem tampouco foram os juristas que indicaram os caminhos para a superação do subemprego em massa (a pobreza, o subdesenvolvimento) nos países menos industrializados. *Foram os economistas* (CASTRO, 2012, p. 215 – acrescentou-se ênfase).

Portanto, o papel do direito na transformação das instituições e práticas do período foi *complementar*, e não de *coordenação* direta, que ocorreu "por meio do emprego de categorias macroeconômicas" (CASTRO, 2012, p. 214).

CAPÍTULO 7

NEOLIBERALISMO

Na década de 1960, iniciou-se a transição na ordem monetária e financeira internacional rumo à reemergência das finanças globais (HELLEINER, 1994b, p. 82, 99). As décadas de 1970 e 1980 já caracterizariam um cenário bastante transformado. Da autonomia doméstica baseada na cooperação cambial e nos controles de capital, típicos da ordem de Bretton Woods, passou-se a maiores patamares de mobilidade e volatilidade do capital internacional.

Diversos fatores concretos estiveram implicados na transição. No aspecto da cooperação monetária e financeira, foram particularmente relevantes: (i) a ruptura do padrão dólar-ouro pelos Estados Unidos, em 1971, com o abandono da conversibilidade da moeda norte-americana; (ii) a promoção do mercado de eurodólares desde a década de 1960 por parte dos Estados Unidos e da Grã-Bretanha, com menor densidade de regulamentação; (iii) o incremento tecnológico[52] que, refletindo-se sobre as telecomunicações, proveu maior agilidade às transações financeiras internacionais (era dos satélites) e, ainda, (iv) o ganho de importância das corporações transnacionais e de suas movimentações comerciais e financeiras entre pontos diversos do globo. Tais fatores serão retomados adiante, no capítulo 8.

Ao lado destes fatores, aspectos ideacionais desempenharam relevante papel. Um ideário de contestação ao que era percebido como "coletivismo" – e o liberalismo keynesiano enquadrava-se aqui por seu apoio à redistribuição de renda, ao planejamento econômico e, de modo geral, ao *welfare state* – manteve-se vivo desde o final da década de 1930. No cenário do pós-guerra, este ideário encontraria voz por meio de associações transnacionais de intelectuais, a começar pela *Mont-Pèlerin Society*. Nela, nomes como Friedrich Hayek, Ludwig von Mises e Milton Friedman faziam o intercâmbio de ideias voltadas ao convencimento de elites políticas no sentido de promover a organização social em torno dos mercados. Estes intelectuais buscavam manter viva a "chama do liberalismo clássico", reeditando-o para uma nova realidade. A proposta de resgate envolvia aspectos de transformação e adaptação.

---

52 Para Robert Guttmann, o "capitalismo dirigido pelas finanças", que caracteriza o momento pós-Bretton Woods, experimentou a trasformação das finanças internacionais a partir de "uma combinação de desregulamentação, globalização e informatização" (2008, p. 15).

Embora o ideário neoliberal estivesse sendo assim gestado, foi com a conjuntura crítica dos anos 1970 que ele ascendeu à proeminência acadêmica e política. Nesta década, tornou-se comum, nas economias avançadas, a coexistência de altos níveis de inflação e baixo crescimento, acompanhado, ainda, por aumentos no desemprego. O cenário de *estagflação* implicou o descrédito do receituário keynesiano, disparando a procura por referenciais intelectuais alternativos para a orientação da economia. A resposta neoliberal veio na forma de aversão ao Estado, recomendando a redução de seu papel na economia, a desregulamentação da atividade econômica e a valorização dos mercados como "principal fonte de dinamismo para um novo ciclo de crescimento" (SATO, 2012, p. 167). Esta resposta encontrou guarida política em diversos pontos do mundo, consolidando-se com os governos de Margaret Thatcher, na Grã-Bretanha, e Ronald Reagan, nos Estados Unidos, que marcaram a década de 1980.

O presente capítulo descreve o momento formativo do ideário neoliberal, bem como a ocorrência de "conversões" a este ideário em contextos políticos domésticos, a exemplo do ocorrido na Grã-Bretanha, nos Estados Unidos e na Suécia. Aspectos da transformação na ordem econômica internacional atrelada às novas ideias serão abordados no capítulo 8.

7.1 Aspectos do ideário neoliberal, sua ascensão e proeminência política

O termo "neoliberalismo" foi cunhado pelo economista alemão Alexander Rüstow nos anos 1930 para "indicar a distinção entre o *ethos* pró-coletivista prevalente e os princípios do liberalismo tradicional" (TURNER, 2008, p. 4). Nesse sentido, o projeto neoliberal trazia a proposta de "novo entendimento de Estado, economia e sociedade dentro da moldura ideológica balizada pelo liberalismo tradicional" (2008, p. 4). Mais do que mero projeto de resgate dessas ideias, o neoliberalismo estruturou-se como reação ao que era percebido como "ameaça coletivista" (2008, p. 14).

Essa ameaça era identificada a partir de diversas fontes nos anos 1930. Algumas delas eram localizadas, mas poderiam se espalhar por revolução, como o projeto socialista em curso na União Soviética. Outras podiam propagar-se pela força ou anexação, como o projeto nacional-socialista na Alemanha. Por fim, havia a ameaça mais generalizada representada por novas modalidades de política econômica que viriam a associar-se ao nome de Keynes. Todas elas, em alguma medida, implicavam certo desapego às noções de *laissez-faire* e acentuações variadas do grau de intervenção do Estado na economia. Esses projetos "coletivistas" ameaçavam os valores liberais da autonomia individual e da propriedade privada (TURNER, 2008).

O conceito de neoliberalismo é escorregadio. Não há definição única; além disso, é difícil encontrar autores que se autointitulem neoliberais. Em geral, tende-se à rejeição do rótulo ou à busca de outras adjetivações. Assim, é comum que autores cujos críticos alcunham de "neoliberais" prefiram sua caracterização como "liberais", ou, no caso norte-americano, como "neoconservadores" ou "libertários"[53] (TURNER, 2008, p. 6). Apesar da grande variação de escolas, é possível encontrar elementos nucleares ou fundamentais, que demarcam a moldura cognitiva neoliberal. Entre estes estão *um motivo* e *quatro princípios* ou crenças genéricas.

O *motivo* – no sentido de tema que perpassa a produção intelectual, situando-se no plano de fundo de toda a argumentação – é "desconfiança em relação ao Estado" (TURNER, 2008, p. 15). A crença neoliberal não deposita suas "fichas" na iniciativa pública ou em noções como "interesse público", mas na iniciativa privada e na liberdade de ação do indivíduo (autonomia privada).

O comportamento econômico individual desimpedido conduz aos melhores resultados. Essa reedição do argumento da *harmonia natural dos interesses*, que remonta a Mandeville (vide capítulo 1) e a Smith (vide capítulo 2), é o *primeiro princípio* que marca as correntes pertencentes ao "guarda-chuva" neoliberal: a afirmação da "importância da ordem dos mercados como mecanismo indispensável para a alocação eficiente dos recursos e para a salvaguarda da liberdade individual" (TURNER, 2008, p. 4). Sob o ponto de vista neoliberal, os mercados "são sacrossantos ao funcionamento da economia; eles são parte da ordem natural espontânea de valores civilizados e cooperação mútua que sustenta o capitalismo" (TURNER, 2008, p. 15).

O *segundo princípio* é a adesão à ideia de "Estado de direito" ou *Rechtsstaat*, na expressão da escola austríaca. "A função do Estado é assegurar a coesão e estabilidade sociais pela preservação das liberdades individuais" (TURNER, 2008, p. 4). Essa concepção propõe que o direito exerça função essencialmente limitadora da ação do Estado, de modo a impedir inclusive suas incursões sobre a ordem dos mercados (TURNER, 2008, p.

---

53   Segundo Rachel Turner, há diversas linhagens de neoliberalismo que agrupam intelectuais com propostas relativamente distintas, mas que preservam núcleo ideológico fundamental comum, abordado a seguir. Assim, tem-se uma lista (exemplificativa) de nomes e vertentes: Hayek e von Mises são expoentes da "escola austríaca"; Lionel Robbins capitaneou o pensamento neoliberal na London School of Economics; o "grupo de Friburgo" tem nomes como Alexander Rüstow; Walter Eucken e Franz Böhm; os "ordoliberais alemães" incluem Wilhelm Röpke e Alfred Muller-Armack; a vertente monetarista do neoliberalismo conta com Milton Friedman e Alan Walters; e a escola de "public choice", com James Buchanan e Gordon Tullock (TURNER, 2008, p. 6).

188). A ideia de "justiça" a ser promovida é fundamentalmente "negativa", de preservação da autonomia individual, sem implicar o caráter "positivo" associado às medidas de redistribuição de renda e participação estatal na economia. Na "constituição" ideal, a economia é deixada ao direito *privado*, e o *Rechtsstaat* se pauta pela "estrita separação de poderes, o governo submetido às leis e ao *rule of law* efetivo" (TURNER, 2008, p. 189).

De certa forma, o segundo princípio conduz ao *terceiro*, que consiste na defesa da intervenção estatal mínima. "Os neoliberais defendem que o Estado deva ser forte porém mínimo" (TURNER, 2008, p. 5). Forte, no sentido de que a autoridade política deve ser capaz de assegurar a ordem, resguardar a liberdade individual e prover o essencial ao funcionamento dos mercados. Mínimo, no sentido de abstenção em relação à participação ativa na economia.

Esta configuração traz impactos para um projeto distinto de "bem--estar social", que substitui os conceitos "provimento estatal [de bem-estar], justiça social, igualdade social e direitos sociais positivos por seus conceitos adjacentes, tais como o valor da liberdade, igualdade de oportunidades, responsabilidade individual e direitos negativos." Em assuntos de *welfare*, a responsabilidade já não recai primariamente sobre o Estado, mas sobre a caridade e as estruturas de suporte providas por atores privados, como membros da comunidade, da família ou organizações voluntárias. É comum, como traço da argumentação neoliberal, a afirmação de que as medidas assistenciais do Estado, ao assegurar o bem-estar individual independentemente de seu mérito, "minam as fundações morais da sociedade" e "levam à ineficiência e ineficácia econômicas" (TURNER, 2008, p. 163).

O *último princípio* demarcador do neoliberalismo é a afirmação fortalecida da propriedade privada. "O conceito atinge o cerne da divisão o público e o privado e, consequentemente, do próprio liberalismo, ao delinear conceitualmente o domínio e autonomia privados nos quais nenhuma instituição estatal pode legitimamente invadir" (TURNER, 2008, p. 5). Como a propriedade privada delimita um espaço do indivíduo que não pode ser afetado pelo Estado, ela é expressão da liberdade individual. Além disso, está na base dos incentivos econômicos para a "iniciativa individual que leva à competição no livre mercado e à eficiência econômica" (TURNER, 2008, p. 212). É, ainda, um "veículo para a descentralização das decisões [econômicas] e para situá-las no nível do indivíduo" (TURNER, 2008, p. 5).

Para além desse significado, a defesa da propriedade pela perspectiva neoliberal denota também que todo meio de produção deva ser privado, excluindo-se, portanto, o Estado. "Como proponentes do livre comércio e de livres mercados, eles proclamam que as firmas ou corporações devam sempre ser associações privadas ao invés de agentes do interesse público" (TURNER, 2008, p. 213).

O ideário neoliberal conformou-se tendo os elementos acima como núcleo. Diversas vertentes, no entanto, contribuíram para sua formação a partir de influxos diferentes. Como apontado anteriormente, os principais nomes do neoliberalismo (em suas representações teóricas) foram Hayek, Mises e Friedman. Os dois primeiros encabeçaram a "escola austríaca"; o último, a corrente monetarista. Ambas as vertentes partilham daquilo que Ronaldo Fiani (2011) caracteriza como "abordagem dos mercados". Entre os elementos desta abordagem estão concepções hoje consideradas "microeconômicas", como a *teoria do equilíbrio geral* e os critérios de eficiência de Pareto. A compreensão destes dois pontos ajuda a caracterizar a abordagem neoliberal.

A *teoria do equilíbrio geral* foi inicialmente formulada por Léon Walras, em 1874 (FIANI, 2011, p. 22). A abordagem de Walras tem esse nome porque propõe a ideia de "equilíbrio entre oferta e demanda de todos os mercados que compõem a economia simultaneamente" (FIANI, 2011, p. 23). Como que por meio de "vasos comunicantes", alterações de oferta e demanda num mercado repercutem-se sobre os demais, e os preços se ajustam automaticamente para refletir as novas posições de equilíbrio em cada um deles (2011, p. 24-5). O "equilíbrio geral" não trabalha, porém, com mercados *empíricos*, e sim com certa concepção abstrata e estilizada dos mercados. Entre elas estão pressuposições de que os mercados sejam "competitivos" e "completos".

Ao trabalhar mercados como "competitivos", a teoria parte de quatro pressuposições: (i) informação perfeita e completa dos indivíduos a respeito das oportunidades nos mercados; (ii) ausência de impedimentos para que os agentes econômicos realizem suas atividades, aplicando seus recursos livremente nos melhores negócios; (iii) existência de grande número de compradores e vendedores – ou seja, negação de monopólios e monopsônios, oligopólios e oligopsônios –; e (iv) produtos tomados como homogêneos pelos compradores, sem que haja efeitos "da reputação ou da marca do produtor sobre a decisão dos consumidores" (FIANI, 2011, p. 26-7). Por sua vez, a "hipótese dos mercados completos" parte da suposição de "que há mercados para todos os bens e serviços desejados pelas pessoas, ou seja, existiria um mercado, preferencialmente operando de acordo com as quatro hipóteses acima, para qualquer produto que alguém desejasse" (FIANI, 2011, p. 27).

Outro elemento relevante para a chamada "abordagem dos mercados" consiste nas propostas de Vilfredo Pareto acerca da eficiência econômica. Pareto afirmou e ilustrou, por meio de modelos econômicos, que a eficiência econômica é atingida quando não é possível melhorar a situação de um sem piorar a de outros na economia. Ao alcançar-se esse cenário, tem-se um "ótimo de Pareto" ou uma situação "Pareto-eficiente" (FIANI, 2011, p. 30). "Inversamente, quando é possível melhorar a situação de alguém sem piorar a situação de ninguém, essa situação é dita Pareto-ineficiente" (2011, p. 31).

A abordagem dos mercados conecta as contribuições de Walras e Pareto. Afirma, no que considera um teorema, que uma situação de equilíbrio, como proposta por Walras, conduz à eficiência de Pareto no ponto ótimo. Em outros termos, dado que os mercados sejam competitivos e completos, "o resultado será sempre uma alocação eficiente de recursos na produção de bens e serviços" (FIANI, 2011, p. 31). O resultado do teorema é tornar "difícil argumentar em favor de uma política que seja diferente da total liberalização dos mercados" (2011, p. 35).

As contribuições de Walras e Pareto eram componentes da economia ao tempo das formulações de Hayek, von Mises e Friedman. Para Rachel Turner, o "paradigma austríaco" de Hayek e von Mises incorpora uma "interpretação particular do conceito de 'mercado'". Assim, a concepção de Hayek enxerga os mercados como provedores de uma ordem espontânea, capazes de conduzir à eficiência econômica e lidar com informações (pela livre operação do mecanismo de preços) melhor do que o planejamento estatal poderia fazer (TURNER, 2008, p. 121). O papel do Estado é o de garantidor das "regras do jogo", da autonomia individual e das condições para que as trocas nos mercados ocorram de modo desimpedido. Há certas tonalidades evolutivas ou darwinianas nessa concepção, como Turner destaca:

> A ordem econômica espontânea do mercado maximiza a renda individual média ao aumentar as chances de todos tanto quanto possível. O sucesso econômico é atribuído às forças impulsionadoras da competição nos mercados e ao aproveitamento da iniciativa individual. Como na seleção natural darwiniana, a competição na ordem do mercado age de modo a suprimir a ineficiência negativa ao preservar os vencedores por sua obtenção de lucros e eliminar os ineficientes realizadores de perdas. Isso torna a sociedade de mercado, para os neoliberais, a ordem econômica mais produtiva e eficiente (TURNER, 2008, p. 124).

Milton Friedman, expoente da chamada "escola de Chicago", tinha proximidade com as perspectivas intelectuais austríacas de Hayek e von Mises. Vale lembrar que todos os três estiveram na reunião inaugural da *Mont-Pèlerin Society*, em 1947. Além disso, Hayek entrou para o corpo docente da Universidade de Chicago nos anos 1950, tendo permanecido ali por uma década (TURNER, 2008, p. 222). O sentido das ideias de Friedman não era o de "reparar" aquelas da escola austríaca, mas de aplicar o mesmo espírito geral a um assunto específico:

> Friedman e o neoliberalismo da escola de Chicago foram além de Hayek e Mises em sua aplicação de uma instância ideológica de ultraliberdade de mercado a medidas políticas práticas. Os escritos de Friedman adotavam uma posição clássica de livre mercado por um meio específico: a moeda (TURNER, 2008, p. 101).

A pedra fundamental da perspectiva monetarista é a afirmação de que o nível de preços está vinculado à quantidade de moeda em circulação. Quanto mais moeda estiver disponível para uma mesma quantidade de bens e serviços no comércio, mais altos tenderão a ser os preços. "Se a oferta de moeda fosse infinitamente grande, como na Alemanha em 1923, os preços seriam infinitamente altos." A oferta de moeda depende não somente das cédulas que circulam de mão em mão, mas também da capacidade que os bancos têm de reproduzi-la. Em última instância, a oferta de moeda encontra-se atrelada ao nível de atividade econômica. Quanto maior este for, mais empréstimos serão demandados e mais depósitos bancários existirão, resultando em maior oferta de moeda. Além desta proposição fundamental, a perspectiva monetarista leva em consideração o ritmo ao qual a moeda é gasta (GALBRAITH, 1997, p. 202).

Esses contornos do monetarismo receberam expressão algébrica por Irving Fisher, que "indicou que os preços dependem do volume de dinheiro ou moeda em circulação e da taxa à qual ela gira, além do volume de depósitos bancários e da taxa a qual estes giram, todos divididos pelo volume de transações comerciais." Com ele, emergiu a chamada "teoria quantitativa da moeda", que resultava na recomendação de que a oferta de moeda fosse manejada como forma de manter os preços estáveis, evitando inflação e deflação (GALBRAITH, 1997, p. 203).

A contribuição de Friedman ao neoliberalismo consistiu no emprego da teoria quantitativa da moeda como "fórmula para minimizar o papel do governo": Friedman, um "conservador devoto", "voltou a Irving Fisher" e afirmou que a tarefa do Estado na economia consistiria em controlar o estoque de moeda. As demais intervenções diretas do Estado no mercado estariam excluídas de legitimação por sua perspectiva monetarista (GALBRAITH, 1997, p 273). Se os agregados monetários "fossem controlados de maneira a permitir um aumento moderado e constante em relação [...] ao crescimento da atividade econômica, a tarefa da administração da economia estaria concluída. Nada mais precisaria ser feito" (GALBRAITH, 1997, p. 274).[54] Em outros termos, o monetarismo em Friedman é a chave intelectual para resguardar a liberdade de ação individual nos mercados.

Essa perspectiva é irreconciliável com o keynesianismo em ao menos dois aspectos. Para Keynes, a política monetária, por si só, não é suficiente para seu objetivo de intervenção estatal na economia com vistas ao incremento do nível de atividade econômica. Como um barbante que arrasta um objeto ao ser puxado, mas não o movimenta ao ser empurrado, a oferta de moeda não aumenta o nível de atividade se os indivíduos não estiverem dispostos a contrair novos empréstimos, num cenário que configura a chamada "armadilha de liquidez". Nesse caso, o "nível de atividade econômica poderia ser indiferente à oferta de moeda" (GALBRAITH, 1997, p. 212). Por isso, a ferramenta privilegiada de estímulo econômico reside na política fiscal. O segundo aspecto refere-se à maneira de conceber a relação entre inflação e emprego. Em Keynes, alguma inflação é desejável como estímulo a maiores níveis de consumo e de produção, e como desestímulo ao entesouramento. Friedman, porém, faz uma associação diferente. Para ele, a redução da inflação conduz à redução do desemprego e à produção da prosperidade (TURNER, 2008, p. 102). A inflação é, afinal, o sintoma de desajuste entre a oferta de moeda e o nível de atividade econômica: um "erro" que cabe à política monetária corrigir.

Uma importante característica do pensamento econômico neoliberal reside no uso de modelos abstratos para estruturação do raciocínio. Como Bresser-Pereira aponta, os modelos de "macroeconomistas neoclássicos" e "economistas financeiros neoclássicos" fazem uso intensivo da matemática, "e esse uso respalda sua alegação de que os modelos que propõem são científicos" (BRESSER-PEREIRA, 2010, p. 63). Nesse sentido, a avaliação do caráter científico da teoria econômica que propõem não reside em sua correspondência necessária com a realidade, "mas à sua consistência matemática" (2010, p. 64). A crítica que Bresser-Pereira faz a esse expediente do raciocínio neoliberal é amplamente compartilhada nas contribuições de autores da nova economia do desenvolvimento no início do século XXI, como Ha-Joon Chang e Dani Rodrik (vide capítulo 10):

> Os modelos neoclássicos hipotético-dedutivos são castelos matemáticos erguidos sobre o ar e que não têm utilidade prática, a não ser para justificar mercados auto-regulados e eficientes, ou, em outras palavras, agir

---

54 A esse respeito, Bernard Gazier caracteriza o monetarismo de Friedman como proponente de "uma antipolítica, pois ela se limita a formular uma regra, a estabelecer uma barreira às autoridades quando estas determinam, por suas intervenções de desconto e de open market, por exemplo, o estoque de moeda de um país" (2009, p. 103).

como metaideologia. Esses modelos tendem a ser radicalmente irreais na medida em que presumem, por exemplo, que não possa haver insolvências, ou que a moeda não precise ser considerada, ou que os intermediários financeiros não têm papel a desempenhar nos modelos, ou que o preço de um ativo financeiro reflete todas as informações disponíveis relevantes para seu valor etc. etc. (BRESSER-PEREIRA, 2010, p. 64).

Os elementos levantados acima são a base para identificação dos principais contornos do neoliberalismo como perspectiva econômica que agrega contribuições intelectuais provenientes de diferentes escolas, mas com núcleo comum. A identificação de certos aspectos de suas principais vertentes, como a escola austríaca e o monetarismo de Friedman, ajuda a complementar o quadro descritivo desta perspectiva econômica. Essa caracterização foi, porém, apenas um primeiro passo. Compreender como o neoliberalismo se difundiu transnacionalmente é uma tarefa diferente, a que se dedica a seção 7.2. Por sua vez, a seção 7.3, mais à frente, dedica-se a ainda outro aspecto relevante para a compreensão da influência do pensamento neoliberal sobre a cooperação econômica internacional: sua incrustação na política doméstica em diversos países, dentre os quais a Grã-Bretanha, Estados Unidos e Suécia.

7.2 *Mont-Pèlerin Society* e ramificações: intelectuais contra o coletivismo

A *Mont-Pèlerin Society* (MPS) foi estabelecida na Suíça a partir de um encontro de intelectuais ocorrido em 1947. Seu principal idealizador e porta-voz foi Friedrich Hayek (MILLER, 2010, p. 26). A proposta da MPS era manter a "chama da economia de livre mercado acesa" durante o período "adverso" em que o coletivismo se encontrava em alta (TURNER, 2008, p. 69).

Os intelectuais da MPS, em linha com Hayek, preocupavam-se com a orientação keynesiana da política econômica em diversas partes do mundo. Para Hayek, "toda forma de coletivismo, mesmo as formas racionalistas liberais mais amenas, conduz à ditadura e à catástrofe econômica" (TURNER, 2008, p. 75). Os membros da MPS "encaravam como perigosos a crescente intervenção pública na economia e na sociedade, e não menos o *welfare state*; o poder e influência de sindicatos e monopólios; e a contínua ameaça e realidade da inflação" (TURNER, 2008, p. 72). Tanto Hayek quanto von Mises consideravam que a proposta keynesiana de redistribuição de renda feria a propriedade privada ao penalizá-la com a tributação necessária ao sustento da intervenção governamental, sendo uma forma de socialismo (TURNER, 2008, p. 101).

Os motes dos membros da MPS eram livre mercado, livre iniciativa e Estado limitado (TURNER, 2008, p. 74). Para Hayek, o resgate do liberalismo seria determinado pelo sucesso dos intelectuais de inclinação liberal em recapturar o espaço ideológico perdido para os coletivistas. Para tanto, os esforços da MPS deveriam ser direcionados a conquistar intelectualmente as elites políticas, recrutando-as ao suporte da causa neoliberal (TURNER, 2008, p. 70). Tratava-se de "vencer a batalha das ideias" (MILLER, 2010, p. 37).

A organização criada na década de 1940 foi o embrião de uma "extensa rede intelectual de fundações, institutos, centros de pesquisa, ideólogos e acadêmicos" de inclinação neoliberal (TURNER, 2008, p. 2). Na Grã-Bretanha, destacam-se o papel do *Institute for Economic Affairs*[55], do *Centre for Policy Studies* e do *Adam Smith Institute* (TURNER, 2008, p. 220). Esses *think tanks* ajudaram a formular ideias cuja influência fez-se sentir no governo de Margaret Thatcher. Muitas de suas propostas foram incorporadas pela plataforma do partido conservador britânico (TURNER, 2008, p. 223).

Nos Estados Unidos, Friedman e Hayek foram membros de número considerável de *think tanks* voltados à defesa do livre mercado e de Estado mínimo, associados à direita conservadora ou libertária: os já existentes *Hoover Institute*, de 1919 – alguns de seus membros viriam a formar os quadros do governo Reagan – e o *American Enterprise Institute* de 1943; e a nova *Heritage Foundation,* de 1973 (TUNER, 2008, p. 102, 106). Nesta, Friedman e Hayek participaram ao lado de Ronald Coase, expoente da *Análise Econômica do Direito* (AED), e Douglass North, uma das principais figuras da virada institucional da economia do desenvolvimento, e influente sobre a AED e o *Law & Finance*. Além desses, tinham ligações e participações, juntamente com outros membros da MPS, no *Cato Institute*, de 1974, e na *John Birch Society*, fundada nos anos 1950, que realizava trabalho "de base" junto à população, por meio de livrarias e vínculos com escolas, igrejas e comunidades locais, pelos quais difundia ideias contrárias à intervenção governamental, tributação elevada e desequilíbrios orçamentários (TURNER, 2008, p. 100).

---

55 David Miller atribui a MPS, e especificamente às movimentações de Hayek, o impulso inicial para criação do *Institute for Economic Affairs* em 1955 (MILLER, 2010, p. 26). Igualmente, traça a influência da MPS no estabelecimento de outras "organizações de direita", como o *Centre for Policy Studies* de 1974 e o *Adam Smith Institute* de 1976. Para Miller, estas organizações serviram de espaço para fomento de uma investida intelectual baseada no "fundamentalismo de mercado, especialmente na forma de privatização e desregulamentação", que teve sucesso em ser absorvida, na Grã-Bretanha, na forma do "thatcherismo" (MILLER, 2010, p. 30).

Muitos dos mencionados *think tanks*, por sua vez, fomentavam periódicos de difusão de ideias neoliberais. Alguns eram voltados ao *grande público*, outros, à *academia*. Exemplo de periódico do primeiro tipo foi a *National Review*, inicialmente publicada em 1955, e que "posicionava-se pelo livre-mercado, anticomunismo agressivo, bem como pelos valores tradicionais conservadores cristãos." A revista "tornou-se uma das mais importantes fontes de ideias para a reascensão do pensamento conservador nas décadas seguintes". Exemplos do último tipo foram a *Modern Age*, de 1957, e *The Public Interest*, de 1965, ambas de caráter neoconservador (TURNER, 2008, p. 101).

Como membros da MPS também eram participantes e colaboradores de muitos destes *think tanks* e publicações, a enumeração acima permite perceber como espaços variados de difusão de ideias neoliberais em contextos nacionais distintos "encontravam-se unidos em suas aspirações por meio de suas conexões à *Mont-Pèlerin Society*." (TURNER, 2008, p. 107) Nesse sentido, a MPS foi a incubadora para a projeção transnacional da perspectiva intelectual de seus participantes.

A seguir, a seção 7.3 aborda aspectos da conversão da política doméstica ao neoliberalismo em três contextos nacionais distintos, em que o papel da "batalha das ideias" mostrou-se relevante. Trata-se, no fundo, de desdobramentos nacionais correlacionados a mudanças na ordem econômica internacional, por sua vez abordadas no capítulo 8.

7.3 Conversões neoliberais em contextos domésticos

Condições econômicas adversas – como a *estagflação* e os choques do petróleo – refletiram-se no desprestígio do keynesianismo, motivando a busca por alternativas em diversos contextos domésticos. Como resultado, governos marcadamente neoliberais emergiram na Grã-Bretanha, nos Estados Unidos e na Suécia, como exemplos de um fenômeno mais amplo de transição política no mundo, correlacionado à mudança de paradigmas econômicos. Nas palavras de Bresser-Pereira, na década de 1970 "a macroeconomia neoclássica substituiu a keynesiana" (2010, p. 54). Os intelectuais da perspectiva econômica em ascensão viram suas ideias apropriadas e acopladas ao projeto de grupos domésticos disputando espaços de poder.

7.3.1 Grã-Bretanha e ascensão do governo Thatcher

Na década de 1970, a Grã-Bretanha passou por profundas transformações na política econômica. A década iniciou-se com atuação governamental marcadamente keynesiana. Encerrou-se, porém, com a rejeição do keynesianismo nos quadros de governo e absorção das ideias monetaristas, que se institucionalizaram e tornaram-se o novo paradigma. Para Peter Hall, essa virada foi resultado de "mudanças na economia mundial, choques entre interesses políticos e sociais, e uma disputa entre interpretações econômicas que competiam entre si" (1992, p. 91).

Segundo Hall, a Grã-Bretanha passou a conviver com níveis crescentes de inflação ao mesmo tempo em que passava por cenário de estagnação econômica e aumentos do desemprego, após os choques do petróleo em 1973-4 (1992, p. 94). Este fenômeno não era exclusivamente britânico. Fazia parte de uma tendência nas economias capitalistas avançadas. O cenário escapava ao receituário keynesiano, cuja orientação principal era antideflacionária, e tendia a enxergar na inflação um fator impulsionador do dinamismo econômico e do nível de emprego[56]. A desilusão sentida com a orientação econômica keynesiana foi acompanhada pela abertura de espaço político para a busca de alternativas:

> A disponibilidade e apelo de ideais monetaristas foi central para a direção da mudança na política macroeconômica britânica. Como os problemas de inflação e desemprego mostraram-se persistentes em face das recomendações keynesianas, os formuladores de políticas públicas naturalmente começaram a procurar por soluções alternativas; e, entre as opções aceitas, a doutrina monetarista apresentava méritos especiais. Em particular, ela endereçava diretamente o problema da inflação, que se tornava crescentemente preocupante aos britânicos, num ponto em que as soluções keynesianas pareciam ser cada vez mais de difícil manejo e focadas em questões de desemprego (HALL, 1992, p. 94).

Outro fator que contribuiu para impulsionar a mudança em direção ao monetarismo foi a ascensão dos mercados financeiros e da dependência do governo britânico em relação às vendas de títulos públicos nesses mercados. As políticas keynesianas anteriormente adotadas mediante *defici*ts orçamentários estimularam o endividamento junto aos mercados financeiros. Por sua vez, a necessidade de acesso governamental aos recursos disponíveis nesses mercados tornaram o "governo cada vez mais sensível às visões sobre a política econômica expressas nesses mercados" (1992, p. 100). No cenário de dificuldades econômicas, o governo britânico havia se tornado, de certo modo, "refém" da confiança de investidores: "o governo frequentemente se encontrava simultaneamente incapaz de vender títulos públicos ou de evitar

---

56 "Inflação e desemprego começaram a crescer simultaneamente na Grã-Bretanha durante os anos 1970, lançando dúvidas sobre o *trade-off* que a maior parte dos keynesianos afirmava existir entre essas duas variáveis, bem como sobre os efeitos que os modelos keynesianos tinham dificuldade em prever ou explicar" (HALL, 1992, p. 104).

uma fuga da libra esterlina a não ser que aumentasse a taxa de juros ou reduzisse seus gastos públicos" (1992, p. 103). Os representantes políticos da classe trabalhista, que favoreciam políticas ao estilo keynesiano, perderam espaço para os "porta-vozes do capital", que se inclinavam pelo monetarismo (1992, p. 94).

Em meio a esse cenário, a atuação de *think tanks* – como os mencionados anteriormente – e da imprensa mostrou-se relevante. Publicações dirigidas ao público geral como *The Times, The Financial Times, The Economist* e *The Daily Telegraph* realizaram uma "expansão sem paralelos da cobertura dada a assuntos econômicos sofisticados pela imprensa britânica" (1992, p. 105). Como Hall aponta, três dos quatro maiores jornais britânicos "deram uma quantidade extraordinária de cobertura a ideias monetaristas num momento em que elas ainda eram majoritariamente rejeitadas pelos economistas britânicos" (1992, p. 108).

Para Hall, o papel da imprensa foi mais importante do que aquele que a academia teve na popularização do ponto de vista monetarista (1992, p. 105). Essas ideias tinham um "apelo especial" aos membros do Partido Conservador, que "encontravam no monetarismo raciocínios altamente coerentes para muitas das iniciativas políticas que há muito eles favoreciam", como redução dos gastos públicos, da tributação e da dívida pública, rejeição de políticas de renda mínima, redução do setor público e introdução de limitações legais ao poder de sindicatos (1992, p. 105). Afinal, o monetarismo fornecia uma plataforma de ideias pela qual "o governo poderia controlar a inflação – e os sindicatos – simplesmente por aderir a uma meta rígida para o crescimento da massa monetária" (1992, p. 106).

Embora a virada em direção ao monetarismo na Grã-Bretanha tenha começado de modo hesitante em 1976, apenas em 1979 a doutrina se tornou o mote central da política econômica, com a ascensão de Margaret Thatcher (HALL, 1992, p. 100). Nesse momento, o monetarismo já havia se tornado "uma alternativa completamente elaborada ao paradigma keynesiano reinante", e adquirido uma "base de suporte institucional na *City* [comunidade financeira de Londres], entre economistas em diversas universidades, e na mídia" (1992, p. 97). A política monetária, antes vista como subsidiária ou complementar à política fiscal, tornou-se o principal instrumento de política econômica do governo. "A redução da inflação tornou-se a prioridade destacada da política governamental, e a redução do *deficit* do setor público, o principal meio para esse fim." (1992, p. 104). No discurso de Thatcher, a disciplina fiscal era um imperativo⁵⁷. Além disso, certos programas que haviam sido marcas do *welfare state* britânico por décadas foram revertidos, como políticas de renda mínima (1992, p. 91).

A Grã-Bretanha havia embarcado no modelo de políticas públicas que postulava a "flexibilização" das leis de proteção ao trabalho, a "redução dos benefícios sociais proporcionados pelo Estado" e do "porte do aparelho do Estado", bem como a desregulamentação de "todos os mercados, principalmente os financeiros" (BRESSER-PEREIRA, 2010, p. 55).

7.3.2 Estados Unidos e ascensão do governo Reagan

O nome de Ronald Reagan está para a conversão política ao neoliberalismo nos Estados Unidos assim como o de Margaret Thatcher está para a Grã-Bretanha. Reagan representa o momento em que o paradigma tornou-se dominante na política doméstica, como uma alternativa "organizada, coerente e plausível" à orientação econômica anteriormente prevalente (TURNER, 2008, p. 106). Porém, mesmo antes de Reagan, "defensores do pensamento neoliberal" já haviam adquirido alguma influência sobre a política dos governos Nixon e Ford, na década de 1970 (HELLEINER, 1994b).

Eric Helleiner, nesse sentido, aponta que a nomeação de George Shultz como secretário do Tesouro em 1972 é uma instância representativa da influência da "posição neoliberal" em virtude de sua "afiliação próxima com a Universidade de Chicago e Milton Friedman." (HELLEINER, 1994b, p. 115) Shultz e outros nomeados para cargos elevados da burocracia governamental norte-americana rejeitavam medidas de política econômica e cooperação internacional concebidas sob o paradigma anterior. Além de Friedman, inspiravam-se em "Hayek, Röpke e outros neoliberais europeus" (HELLEINER, 1994b, p. 115, 204). No campo das finanças internacionais, eram contrários ao regime permissivo aos controles de capital de Bretton Woods, e buscavam "promover uma alocação mais eficiente de capital não apenas entre países, como também dentro deles, por meio do estímulo à competição financeira doméstica." Além disso, ao invés de paridades fixas, defendiam o regime cambial da livre flutuação (1994b, p. 115-6). No aspecto da concepção de Estado,

---

57   Segundo Bradley Bateman, o fato de que mais déficits orçamentários governamentais ocorreram sob o governo de Margaret Thatcher do que de qualquer outro primeiro ministro britânico na segunda metade do século XX é uma das "ironias" da história da política fiscal (BATEMAN, 2006, p. 290). Tal como Thatcher, Reagan, nos Estados Unidos, governou com grandes déficits fiscais, associados a incrementos nos gastos militares e cortes na tributação, apesar do discurso de equilíbrio nas contas públicas.

entendiam que o uso coercitivo do poder de polícia estatal era incompatível com a liberdade individual (1994b, p. 116). Esta nova concepção "aplaudia os mercados financeiros internacionais" por sua capacidade de "disciplinar a política governamental e induzir Estados a programas fiscais e monetários mais "sãos" (1994b, p. 116).

Assim como no caso britânico, a existência simultânea de inflação em alta com crescimento econômico e nível de emprego em baixa, na década de 1970, produziu "desilusão" com medidas econômicas ao estilo keynesiano ou do *New Deal* (HELLEINER, 1994b, p. 119). Havia a percepção de que a orientação econômica anterior do governo havia contribuído para "destruir a autonomia individual por meio da aplicação de tributação confiscatória da renda sobre indivíduos privados e por encorajar a dependência na assistência estatal" (TURNER, 2008, p. 103). A descrença na capacidade da economia keynesiana de prover soluções neste cenário era um dos elementos que conformavam uma conjuntura favorável a mudanças:

> Nesse clima intelectual de incerteza, intelectuais neoliberais – incluindo americanos como Milton Friedman – estavam, em contraste, autoconfiantes, e ativamente difundiram a mensagem neoliberal por meio de *think tanks* britânicos como o *Institute of Economic Affairs* (que havia sido fundado sob a liderança de Friedrich Hayek em meados dos anos 1950). A mensagem neoliberal encontrou suporte particularmente forte entre banqueiros privados e oficiais financeiros no governo (HELLEINER, 1994b, p. 130).

No relato de Helleiner, a ascensão do neoliberalismo na década de 1970, nos Estados Unidos como em outros países, foi impulsionada pelo expressivo crescimento do volume e importância dos mercados financeiros internacionais e da formação de "redes" de funcionários governamentais que compartilhavam visões neoliberais sobre finanças (1994b, p. 130). Além disso, em referência específica ao ocorrido nos Estados Unidos, Helleiner sinaliza para a importância dos *lobbies* formados por corporações multinacionais e bancos, influentes desde os governos de Nixon e Ford, ou seja, desde o início da década de 1970 (1994b, p. 120). Esses *lobbies* contribuíram para que a influência do ideário neoliberal se materializasse na forma de políticas de governo.

A culminância da influência política do neoliberalismo nos Estados Unidos aconteceu com Ronald Reagan. Segundo Bresser-Pereira, a vitória de Reagan nas eleições representou "a subida ao poder de uma coalizão política de rentistas e financistas" (2010, p. 54). O projeto de Reagan enxergava o "Estado grande" como prejudicial ao progresso por interferir na "livre competição" e por "enfraquecer a fibra moral do indivíduo ao inibir a conquista pessoal." Para Turner, a história pessoal de Reagan contribuía para reforçar a ideia do *"self--made man"*. Afinal, de um começo relativamente humilde, Reagan alcançou o estrelato em Hollywood e a presidência. Reagan podia assim exemplificar "o que indivíduos podiam conseguir por meio do livre mercado", sem depender da orientação ou suporte estatais (TURNER, 2008, p. 106).

Ao invés do modelo de *welfare state*, Reagan defendia uma concepção de *"trickle down economics"*[58] segundo a qual a prosperidade gerada sobretudo pela redução da carga tributária das parcelas mais ricas da sociedade beneficiaria indiretamente – por "respingos" – as parcelas mais pobres. Este deveria ser o mecanismo privilegiado para geração de bem-estar que, no fundo, era atribuído exclusivamente ao dinamismo dos mercados e à atuação privada. O ponto está ligado a sua orientação econômica focada na oferta, ou *supply-side economics*, segundo a qual a facilitação da oferta (produção, comércio etc.), sobretudo por meio de reduções tributárias, seria o modo correto de incentivar a economia (e não a redistribuição de renda ou a participação estatal ativa no domínio econômico). Além disso, Reagan adotou a perspectiva monetarista e sua ênfase no combate à inflação pelo controle da massa monetária (TURNER, 2008, p. 107). O discurso econômico empregado para justificar a adoção de medidas como as apontadas acima ficou conhecido como *Reaganomics*.

Apesar de Reagan ter sido um dos mais influentes defensores políticos do modelo neoliberal, Helleiner registra certos contornos práticos de seu governo que não se enquadram a rigor nesta cartilha. Se por um lado Reagan efetuou cortes tributários (1994b, p. 147) e apresentou entusiasmo por programas ortodoxos de estabilização econômica no exterior (1994b, p. 181) – em linha com o pensamento neoliberal –, por outro seu governo promoveu aumento dos gastos militares (1994b, p. 147) e conviveu com *deficit*s maiores, por sua vez financiados por "enormes influxos de capital estrangeiro" (HELLEINER, 1994b, p. 148).

Este aspecto encontra-se vinculado às motivações para o estímulo governamental norte-americano à liberalização dos mercados financeiros internacionais e à erosão dos controles de capital, que comprometeram a ordem de Bretton Woods, e serão retomados adiante (capítulo 8). Antes, porém, é importante abordar a fuga da política econômica de orientação keynesiana na Suécia – país que, segundo Galbraith (1989, p. 202), mereceria a

---

58 Algo como *economia de respingos*, ou ainda *economia de efeitos indiretos*.

substituição da expressão "revolução keynesiana" por "revolução sueca"–, com o declínio da influência da Escola de Estocolmo e ascensão do ideário neoliberal. Na estrutura deste capítulo, essa narrativa é uma contrapartida à exposição (feita no capítulo 5) das origens suecas do estilo de políticas econômicas *protokeynesianas* da década de 1930, que originaram o chamado "modelo sueco".

7.3.3 Fim do "modelo sueco" nos anos 1980

Mark Blyth analisa as transformações no chamado "modelo sueco" como instância em que ideias estiveram na base de processos de transformação institucional. Sua perspectiva atribui grande importância aos chamados "fatores ideacionais". Para o autor, as ideias econômicas desempenham três papéis fundamentais em relação aos rumos da política e a suas instituições. Elas podem operar como (i) *projetos* ou *plantas arquitetônicas* (*blueprints*) de instituições, hipótese em que o arcabouço teórico é empregado para suprir incertezas, dar expressão a interesses e possibilitar a construção institucional. Também podem operar como (ii) *armas*, ou base para criticar o *status quo*: "ideias econômicas permitem aos agentes desafiar os arranjos institucionais existentes e os padrões de distribuição que eles implicam" (BLYTH, 2001, p. 4). Por fim, operam como (iii) *travas cognitivas*: os formuladores de políticas públicas podem tornar-se "prisioneiros intelectuais" (2001, p. 24) de um paradigma existente, de modo a induzir *path dependencies*, ou seja, dependências da trajetória.[59]

Diante dessas considerações, Blyth sugere que o "modelo sueco" formou-se no período do entreguerras segundo quatro proposições-chave, que lhe serviram de *planta*:

> Primeiro, a expansão de toda a economia era vista como solução tanto para o desemprego quanto para a deflação. Segundo, a estabilidade do nível de preços era encarada como objetivo político vital para todos os grupos. Terceiro, o Estado resolveu garantir a confiança dos

---

[59] Para Paul Pierson (2004), o que caracteriza um processo de dependência da trajetória institucional ou *path dependency* é a existência de retroalimentação ou autorreforço (*positive feedbacks*). Uma vez que uma escolha seja feita num ponto crucial, de inflexão, a existência de *positive feedbacks* reforça o rumo inicialmente adotado. Essa caracterização favorece a ideia de tendência à "inflexibilidade" dos processos de *path dependence* dado que os "custos da mudança" tenderiam a aumentar com o passar do tempo. A visão de Pierson privilegia a explicação de processos de *continuidade institucional*, com mudanças significativas ocorrendo apenas em conjunturas críticas. Outros autores, em contraste, enfatizam a possibilidade de *mudança institucional* ao longo de *path dependencies*. Assim, por exemplo, Streeck e Thelen (2005) e Mahoney e Thelen (2010) dão atenção a processos de mudança institucional gradual ou incremental, sugerindo que nem toda mudança significativa envolve quebra brusca com o formato institucional anterior (Streeck; Thelen, 2005, p. 4), podendo acontecer por processos mais delongados de deslocamento, sobreposição, desvio, conversão e exaustão institucional (STREECK; THELEN, 2005, p. 20-9; MAHONEY; THELEN, 2010, p. 16-7).

negócios argumentando que iria equilibrar o orçamento ao longo do ciclo econômico e não do ano fiscal. Quarto, esperava-se que o Estado desempenhasse papel ativo no gerenciamento econômico, mas principalmente como mediador entre empresariado e trabalhadores e como provedor das instituições que tornavam os três primeiros objetivos possíveis (BLYTH, 2001, p. 5-6).

As instituições do "modelo sueco" haviam se sedimentado nos anos 1950 como resultado de uma coalizão entre a classe empresarial e trabalhadora, cujos representantes compartilhavam ideias que podem ser rotuladas como keynesianas, por procurar promover o *welfare state*, o pleno emprego e medidas de redistribuição de renda destinadas a preservar o poder de consumo e o nível de atividade econômica (2001, p. 7).

Nos anos 1970, porém, houve rompimento nesta coalizão. De acordo com Blyth, representantes laborais apresentaram ao parlamento sueco propostas legislativas de democratização da produção, segundo o ideal de que a "democracia não pode parar nos portões da fábrica" (2001, p. 8). O sentido fundamental era o de que os trabalhadores haviam se empoderado junto ao governo, mas continuavam subordinados no interior das fábricas. Entre as soluções intencionadas para lidar com o *deficit* democrático percebido nessa situação, havia a pretensão de estabelecer tributação de 20% sobre o lucro das empresas. A renda seria destinada a fundos, geridos por sindicatos, e "usados para facilitar a democracia econômica real" por meio da compra de empresas suecas.

A proposta foi recebida como "ataque frontal à santidade da propriedade privada", e marcou o fim da coalizão entre empresários e trabalhadores. A resposta empresarial – além de *lockouts* realizados em protesto – foi o início de uma campanha política e intelectual orientada para minar as bases do "modelo sueco" em busca de um ambiente institucional mais favorável aos negócios (BLYTH, 2001, p. 9-11).

O sentido geral do processo é o de abandono do compromisso empresarial sueco com o estilo keynesiano ou da Escola de Estocolmo de política econômica, e a busca por alternativas, que foram encontradas no neoliberalismo e especificamente no monetarismo. A ofensiva contra o keynesianismo deu-se sobretudo na forma de levantamento de fundos em montantes expressivos que permitiram ao empresariado financiar um "ataque sustentado" ao modelo sueco e à representação laboral (2001, p. 11). Receberam tais fundos *think tanks* como o *Center for Business and Policy Studies* e *Timbro* (criado em 1978), que passaram a "promover as mesmas ideias neoliberais vistas em países como o Reino Unido e os Estados Unidos (embora com alguns elementos distintamente suecos)" (BLYTH, 2001, p. 16).

As movimentações surtiram impactos no ambiente intelectual dos economistas suecos. Segundo Blyth, na década de 1970, a maior parte deles era de keynesianos. Porém, nos anos 1980, a maioria passou a ser de monetaristas, que formavam uma "nova ortodoxia" na economia sueca (2001, p. 16). O debate sobre a política econômica foi reconfigurado. Medidas destinadas a promover redistribuição de renda ou equidade econômica passaram a ressignificadas como "perda de eficiência ao invés de expressão política de solidariedade" (BLYTH, 2001, p. 17). O próprio modelo do *welfare state* passou a ser encarado a partir de abordagem que enfatizava aspectos de perda da eficiência econômica. Os economistas suecos desenvolveram modelos para medir o tamanho dessa perda. Em seguida, o debate rumou para a elaboração de propostas concretas para "revisão radical" das instituições do *welfare state* que haviam integrado o modelo sueco (BLYTH, 2001, p. 17).

O caso sueco integra um padrão transnacional nas economias capitalistas avançadas, nos anos 1970 e 1980, de conversão política ao neoliberalismo. "Desnacionalização, desregulamentação e liberalização de mercados, bem como medidas para beneficiar empresas e enfraquecer sindicatos, tornaram-se quase rotineiras" (POLLARD, 1997, p. 81).

O processo não se restringiu, porém, a essas economias. Um fator impulsionador de sua difusão global foram "condicionalidades" e programas de "ajuste estrutural" promovidos por instituições da cooperação econômica internacional neste momento. Outro, igualmente relevante, foi a *dinâmica de desregulamentação competitiva*. "Quando um Estado começava a desregulamentar e a liberalizar seus mercados financeiros, outros Estados eram forçados a seguir sua liderança caso esperassem permanecer competitivos na atração de fundos erráticos e negócios financeiros" (HELLEINER, 1994b, p. 167). Apesar de esta dinâmica referir-se à liberalização das finanças, no fundo, há muito mais em jogo (*arbitragem*[60] tributária, arbitragem de padrões trabalhistas etc.), dado que o discurso sobre instituições propícias à expansão dos mercados financeiros envolve reformas institucionais abrangentes. O capítulo seguinte aborda transformações nas finanças internacionais, bem como certos impactos sobre instituições domésticas, que se deram no cenário de ascensão e predominância da sensibilidade econômica do neoliberalismo.

---

60 Arbitragem, aqui, não é abordada como espécie do gênero "solução de controvérsias", mas como analogia à atividade de busca de ganho pela negociação de ativos que possam, em mercados distintos, receber preços diferentes num mesmo momento, como ocorre nos mercados internacionais de câmbio.

CAPÍTULO 8
3ª ORDEM ECONÔMICA INTERNACIONAL: capitalismo financeirizado

A ordem econômica internacional de Bretton Woods havia sido fundada sobre o pressuposto de que o dólar norte-americano poderia ser convertido em ouro a uma proporção fixa. Nos anos 1960, embora os Estados Unidos permanecessem como principal economia no mundo, passou a haver acúmulo de *deficit*s em sua balança de pagamentos com o exterior.[61] Em parte, esse fenômeno se deveu ao crescimento acelerado na Europa e na Ásia. Outra parte, porém, corresponde ao crescimento das despesas militares, sobretudo com a Guerra do Vietnã.

Em qualquer caso, a continuidade dos *deficit*s lançava dúvidas a respeito da capacidade do governo norte-americano de honrar o pagamento em ouro para todos os dólares emitidos (RODRIK, 2011, p. 100). Em meio a essas dúvidas, aumentaram os fluxos de capital especulativo – num cenário em que os controles de capital já começavam a se erodir –, que contribuíram para acentuar a dificuldade de sustentação do *padrão dólar-ouro* (HELLEINER, 1994b, p. 102). Assim, em agosto de 1971:

> confrontados com demandas crescentes de países estrangeiros para conversão de seus estoques de dólares em ouro, o presidente Richard Nixon e seu secretário do Tesouro John Connolly precisavam fazer uma escolha: fazer o aperto das políticas econômicas domésticas ou suspender a conversibilidade de dólares em ouro a uma taxa fixa. Eles naturalmente escolheram a segunda opção (RODRIK, 2011, p. 100).

O aumento da mobilidade do capital esteve na base do rompimento da base monetária de Bretton Woods, que implicou o próprio fim dessa ordem econômica internacional.[62] É comum atribuir este aumento a (i) adventos tecnológicos que afetaram a área das finanças e (ii) à proporção crescente de recursos canalizados por meio de corporações multinacionais.

---

61   Segundo Kenwood e Lougheed, o primeiro *deficit* na balança de pagamentos dos Estados Unidos foi registrado em 1958 (1999, p. 270).
62   O início do regime de flutuação cambial foi oficialmente incorporado à regulamentação do FMI em 1973 (EICHENGREEN, 2008, p. 137).

No primeiro aspecto, a "era dos satélites" representou o desenvolvimento de meios mais rápidos e baratos para as telecomunicações, inclusive a partir da "revolução dos transistores" na fabricação de dispositivos eletrônicos menores e mais baratos. Na área de finanças, tais inovações tecnológicas representaram maior acesso a oportunidades variadas e mais amplas de investimentos, bem como maior velocidade na condução de transações.

Quanto ao segundo aspecto, o crescimento das corporações multinacionais implicava que fluxos monetários relativos a transações comerciais e financeiras passavam a ligar diferentes pontos do globo dentro de uma mesma estrutura empresarial (cadeias produtivas globais). Nesse sentido, o aumento da mobilidade do capital é associado ao crescimento da importância do comércio intrafirma na parcela de todas as transações comerciais internacionais.

No discurso padrão a respeito da erosão da ordem de Bretton Woods, estes fatores contribuíram para tornar as finanças internacionais mais fugidias aos controles de capital pretendidos pelos Estados. Embora tais fatores tenham de fato desempenhado importante papel, esse relato passa a impressão de que o desfazimento da ordem de Bretton Woods aconteceu por eventos alheios à vontade estatal. Eric Helleiner (1994b) aponta, no entanto, que comportamentos estatais foram relevantes para o renascimento da mobilidade do capital.

Entre eles estão inclinações favoráveis dos Estados Unidos e da Grã-Bretanha em relação ao mercado de eurodólares na década de 1960, quando os controles de capital eram comuns ao longo do mundo. Estes países adotaram medidas de liberalização unilateral das finanças internacionais, diante de vantagens estratégicas percebidas com a existência de referido mercado (HELLEINER, 1994b, p. 99). Antes de abordar tais medidas, é necessário compreender, ainda que elementarmente, o significado dos "eurodólares".

Eurodólares são depósitos feitos a prazo, denominados em dólares norte-americanos, mas em bancos situados no exterior, não nos Estados Unidos. Como os depósitos não eram à vista, eles não poderiam ser sacados de imediato. Por isso, o banco que recebia os eurodólares poderia emprestá-los a terceiros. O estímulo para a existência do mercado de eurodólares residia no fato de que os juros pagos aos *depositantes* de dólares norte-americanos no exterior eram maiores do que aqueles que poderiam ser encontrados em bancos nos Estados Unidos, ao mesmo tempo em que os juros cobrados para obtenção de *empréstimos* em eurodólares eram menores. Na década de 1970, o mercado de eurodólares seria importante fonte de recursos para as nações endividadas diante dos choques do petróleo[63] (KENWOOD; LOUGHEED,

---

63 A relação com os choques do petróleo é dupla. Por um lado, o mercado de eurodólares era um destino para os depósitos dos excedentes obtidos por países exportadores de petróleo. Tais excedentes ficaram conhecidos como "petrodólares".

1999, p. 274). A origem desse mercado remonta ao final da década de 1950, tendo Londres por principal centro financeiro. Era um espaço em que transações poderiam ser conduzidas sem os impedimentos das regulações estatais (HELLEINER, 1994b, p. 82).

O apoio britânico à existência desse mercado remetia à pretensão de restaurar a posição histórica de Londres como centro mundial de finanças. A existência de um mercado financeiro desregulamentado, à parte das finanças britânicas nacionais, era vista como meio de conciliar o *welfare state* – que dependia de controle estatal das finanças – com referida pretensão. Era a chance de manter os mercados em geral sob controle, mas ter um mercado dinâmico *à parte*. Diante disso, as transações financeiras realizadas por operadores privados nesse mercado eram "ativamente encorajadas pelas autoridades financeiras britânicas" (HELLEINER, 1994b, p. 84).

Por sua vez, os Estados Unidos foram tolerantes com a evasão de fundos de bancos nacionais para depósitos no mercado de eurodólares em Londres, apesar da existência de um programa de controle de capitais começado nos anos 1960 em resposta às dificuldades no balanço de pagamentos (HELLEINER, 1994b, p. 84). Ao manter fundos nesse mercado, bancos norte-americanos poderiam evitar a incidência de regulações bancárias domésticas que determinavam taxas de reserva compulsória e fixavam tetos para a taxa de juros (1994b, p. 88).

De certa forma, configurava-se um arranjo entre governo e setor bancário no sentido de possibilitar a coexistência da regulação financeira doméstica com a liberdade financeira externa. Ao passo que a regulação financeira doméstica era essencial à preservação da autonomia da política econômica, a liberdade financeira internacional dialogava com os interesses de financistas e do próprio governo. Afinal, a existência do mercado de eurodólares representava um meio para estimular estrangeiros a manter suas reservas denominadas em dólares, de modo que estes acabavam por financiar os *deficit*s no balanço de pagamentos norte-americano (HELLEINER, 1994b, p. 112; RODRIK, 2011, p. 102), evitando que este tivesse que recorrer a *medidas de austeridade*. Além disso, um "sistema não negociado e orientado pelos mercados preservaria a posição dominante dos Estados Unidos nas finanças internacionais", numa espécie de exercício do poder fundado nos mercados (HELLEINER, 1994b, p. 113-4).

Por outro, o mercado de eurodólares operava, como já indicado, como fonte para o financiamento do consumo de países em dificuldades financeiras a partir dos choques do petróleo da década de 1970.

"Ao apoiar a criação e crescimento do mercado de eurodólares, no entanto, os Estados Unidos incentivaram o primeiro desvio decisivo em relação à ordem financeira restritiva de Bretton Woods" (HELLEINER, 1994b, p. 99). As finanças internacionais tornavam-se mais expressivas, mais voláteis, e mais desprendidas das transações comerciais. Como aponta Eichengreen, o aumento da mobilidade do capital gerou instabilidade nas relações de câmbio entre diferentes moedas nacionais (2008, p. 134, 183), encontrando-se relacionado à quebra do padrão dólar-ouro de Bretton Woods.

Paralelamente, ocorreram mudanças nas percepções a respeito da liberdade financeira internacional, em linha com a ascensão do pensamento neoliberal: "o sistema de crenças que apoiou o controle de capitais começou a diluir-se nos anos 1970 e foi substituído nas décadas subsequentes por uma narrativa alternativa que enfatizava a inevitabilidade da liberalização e os benefícios da mobilidade do capital" (RODRIK, 2011, p. 101).

Além do aspecto da influência das ideias econômicas, não se pode deixar de lado a existência de pressões pela liberalização em razão da *dinâmica de desregulamentação competitiva* ou *arbitragem regulatória* (HELLEINER, 1994b, p. 161, 167; EICHENGREEN, 2008, p. 135). Afinal, num cenário em que "países que impusessem controles onerosos arriscavam perder seus negócios financeiros para mercados estrangeiros" (EICHENGREEN, 2008, p. 135).

8.1 Novos contornos dos regimes monetário e financeiro

O resultado das transformações narradas acima foi a emergência de *nova ordem financeira e monetária internacional* baseada na liberdade dos fluxos internacionais de capital – com a remoção dos controles estatais de capital – e na livre flutuação das moedas nacionais. Para Bresser-Pereira, esta nova era representou a *financeirização* do capitalismo, "ou capitalismo encabeçado pelo setor financeiro" (BRESSER-PEREIRA, 2010, p. 55). Não mais, como na era keynesiana, por uma aliança entre empresariado, trabalhadores e oficiais governamentais. A expressão é sugestiva de que a economia *financeira* não só se autonomizou, como ganhou ascendência sobre a economia *real* e os setores sociais a ela vinculados.[64]

Na nova ordem financeira e monetária internacional, as relações de câmbio deveriam ser determinadas pela livre atuação dos agentes privados nos mercados. Ou seja, livre flutuação. Endossando a proeminência da determinação espontânea das taxas de câmbio, a receita para o comportamento

---

64 Além do aspecto de preponderância dos mercados financeiros e da autonomia das finanças em relação à economia real, Robert Guttmann atribui à *financeirização do capitalismo* as características de movimento em sentido à ausência de regulamentação das finanças e, no plano corporativo, de "maximização do valor do acionista" (GUTTMANN, 2008).

governamental passou a ser de *disciplina orçamentária* no lugar dos controles de capital.⁶⁵ Assim, por exemplo, já no início de 1972, representantes dos Estados Unidos:

> esperavam desencorajar que outros países controlassem movimentos de capital em geral. De acordo com os representantes dos Estados Unidos, uma ordem financeira internacional mais completamente liberal permitiria que os movimentos internacionais de capital encorajassem "o crescimento do comércio internacional" e o aumento "do bem-estar econômico de países desenvolvidos e em desenvolvimento". Eles também questionavam a visão de que movimentos desequilibrantes de capital fossem necessariamente indesejáveis, afirmando que tais movimentos demandavam que os países tomassem medidas apropriadas de ajuste (HELLEINER, 1994b, p. 106).

As mudanças no caráter da ordem financeira internacional foram acompanhadas de sobreposições institucionais, no sentido de que as estruturas organizacionais de Bretton Woods – como o FMI e o Banco Mundial –, embora não tenham deixado de existir, foram deslocadas do "núcleo" formulador das políticas de cooperação monetária e financeira internacional, passando a assumir outros papéis. As duas instituições passaram a centrar-se na promoção global da "boa governança", que pode ser lida como reformas por instituições mais favoráveis à liberdade dos agentes privados nos mercados, por meio da concessão de empréstimos e "pacotes de resgate" condicionados à realização de tais reformas.

Consequentemente, conforme destacado por Sato, "[o] FMI foi aos poucos passando a não mais desempenhar um papel central no sistema monetário internacional" (SATO, 2012, p. 172). Assumiram importância central na definição de assuntos monetários e financeiros espaços menos formais como o G-7⁶⁶, e instituições internacionais como o Banco de Compensações Internacionais (*Bank of International Settlements* – BIS), e reuniões entre atores públicos e privados, como o Fórum Econômico Mundial.

---

65 Eiiti Sato sintetiza o significado da mudança para a orientação do comportamento dos Estados: "[n]a esteira da crise da ordem de Bretton Woods, privatização, redução do tamanho do Estado, equilíbrio dos gastos públicos e desregulamentação são expressões que se tornaram cada vez mais frequentes nos pronunciamentos oficiais dos governos a respeito de políticas e mesmo de objetivos governamentais" (SATO, 2012, p. 181).

66 O G-7, ou "Group of 7", foi o espaço informal de cooperação internacional, estabelecido na década de 1970, que teve por membros as sete maiores economias industriais da época: Estados Unidos, Japão, Alemanha Ocidental, Canadá, Itália, França e Reino Unido. Atualmente, as reuniões incluem a Rússia, dando origem ao termo "G-8". Além disso, a composição do grupo permanece "uma questão de acidente histórico", já que parte de seus membros já não se encontra no topo do *ranking* das economias mundiais (STIGLITZ, 2002, p. 14-5). Outro relato da transformação do G7 em G8, que abrange ainda a formação do G20 no final da década de 1990, pode ser encontrado em Gordon Smith (2011).

Como Eiiti Sato aponta, "questões que tradicionalmente seriam tratadas no âmbito do Fundo Monetário Internacional, do GATT ou em reuniões do Banco Mundial, passaram a ser discutidas e negociadas nas reuniões do G-7" (2012, p. 170). Com início em meados da década de 1970, ministros das finanças e diretores de bancos centrais das sete principais economias do mundo passaram a se reunir, compartilhando a noção de que o consenso entre as economias centrais (2012, p. 173) era o ponto de partida para a orientação da cooperação econômica internacional (cf. SMITH, 2011).

Outro desses espaços era o Banco de Compensações Internacionais. Apesar de fundado em 1930 como mecanismo para administrar fluxos relacionados ao pagamento de reparações pela Alemanha a distribuição dos pagamentos entre os Estados aliados, desempenhou papel secundário na cooperação monetária internacional até o reavivamento de sua importância como espaço de tomada de decisões por ministros de finanças e diretores de bancos centrais. Em reuniões informais, com "atmosfera de clube" (HELLEINER, 1994b, p. 97), *swaps* cambiais entre as principais economias passaram a ser acordados como meio para enfrentar dificuldades transitórias, diminuindo a importância que a assistência cambial emergencial do FMI havia representado sob a ordem de Bretton Woods. Além disso, em contraste com o estilo "antimercado" das regulações de Bretton Woods, o Banco de Compensações Internacionais promoveu a harmonização internacional das regulações bancárias com estilo *"pro-market"* (HELLEINER, 1994b, p. 191).

Em meio às reuniões entre ministros de finanças e diretores de bancos centrais, espaços como o G-7 e o Banco de Compensações Internacionais abrigaram "uma comunidade epistêmica transnacional nascente" (HELLEINER, 1994b, p. 198), que partilhava visões neoliberais a respeito da gestão das finanças internacionais. Outro espaço que abrigou esta comunidade, a partir de 1971, foi o Fórum Econômico Mundial, realizado anualmente em Davos, na Suíça (MILLER, 2010, p. 36). Mais amplo em escopo, ele inclui não apenas agentes das finanças governamentais, mas grandes empresários, acadêmicos de áreas variadas e membros da imprensa "que se reúnem para moldar a agenda global" (MILLER, 2010, p. 36).

Tanto no plano doméstico quanto no das estruturas de cooperação econômica internacional, a perspectiva econômica do neoliberalismo alcançou a proeminência política. O regime monetário e financeiro da ordem econômica internacional neoliberal foi marcado pela mobilidade e volatilidade dos fluxos de capital, além do abandono dos mecanismos multilaterais para preservação da estabilidade cambial. Além disso, correspondeu a reorientações acerca do papel apropriado do Estado no domínio econômico. A ordem do dia passou a ser liberalizar finanças e comércio, privatizar empresas públicas, flexibilizar legislações trabalhistas e remover os obstáculos institucionais à livre realização dos negócios. Os constrangimentos para que tais mudanças fossem realizadas decorriam não apenas do novo discurso das instâncias de cooperação econômica internacional, mas das próprias características dos mercados financeiros internacionais, a incentivar a dinâmica de competição pela desregulamentação financeira e a disciplina nas contas públicas como imperativo para evitar a "fuga de capital".

O resultado mais expressivo da nova conformação da cooperação monetária e financeira internacional parece ter sido a "emergência no mundo de um novo poder financeiro, mesmo que difuso e sem controle unificado, a rivalizar e eventualmente prevalecer sobre as políticas econômicas elaboradas por governos democráticos" (POLLARD, 1997, p. 42). Como mencionado anteriormente, Bresser-Pereira refere-se a essa configuração como *capitalismo financeirizado* (2010, p. 54). O cenário guarda certa semelhança com a ascendência da *haute finance* sobre a política econômica de Estados variados sob o regime do POI.

Tal como no POI, reemergiu a "tendência de as taxas de juros, devidamente modificadas pelos graus de risco, alinharem-se umas com as outras pelo mundo" (POLLARD, 1997, p. 42). Por sua vez, o fenômeno representou a perda do poder de cada país para definir a taxa de juros de acordo com suas prioridades políticas, visto que "desalinhamentos" serão explorados (a exemplo do chamado *carry trade*[67]) por fluxos especulativos com tendências desestabilizantes. Em outros termos, foi resgatado o elemento de "veto privado" a políticas governamentais que pudessem ser vistas como atentatórias à segurança e rentabilidade dos investimentos, como acontecia sob a ordem do POI. Afinal, a autonomia política doméstica propiciada sob o esquema de Bretton Woods foi comprometida pelo desmantelamento dos controles de capital.

Diferentemente do que ocorria sob o POI, porém, os fluxos financeiros passaram a ocorrer de modo relativamente desprendido de transações comerciais.[68] Segundo Rodrik, em 2007, a média diária de transações financeiras no mundo havia chegado a 3.2 trilhões de dólares norte-americanos, ao passo que o volume diário de comércio correspondia a uma fração disso: 38 bilhões de dólares (RODRIK, 2011, p. 107), ou seja, as finanças eram mais que 84 vezes maiores do que o comércio. Outro dado ilustrativo do

---

67   Pela estratégia do *carry trade*, investidores tomam dinheiro emprestado em mercados com juros baixos, e por sua vez emprestam adiante em outros mercados a juros mais altos. Dessa forma, exploram diferenciais nas taxas de juros para obter o *spread* como ganho. O *carry trade* não deixa de ser uma forma de exercer *arbitragem* no campo das *taxas de juros*.

68   "Os fluxos financeiros [...] tornaram-se praticamente independentes do comércio, isto é, os impulsos que levam à movimentação de fundos no plano internacional apenas marginalmente passaram a referir-se ao comércio" (SATO, 2012, p. 176).

crescimento das finanças na era de desregulamentação diz respeito a seu tamanho em relação ao produto anual mundial no mesmo ano: 11 vezes maior[69] (BIRCH; MYKHNENKO, 2010, p. 132).

Crises passaram a ser comuns no cenário de agigantamento dos mercados financeiros internacionais. Rodrik cita a ocorrência de "124 crises bancárias, 208 crises cambiais e 3 crises da dívida soberana entre 1970 e 2008" (2011, p. 108-9).[70] O período foi marcado por "ondas de crises financeiras à mercê dos mercados internacionais de capital":

> Primeiro foi a crise da dívida na América Latina nos anos 1970, que, agravada pelo gerenciamento econômico ruim, engoliu os países da região e produziu uma "década perdida" de estagnação econômica. Nos anos 1990, foi a vez da Europa, quando negociantes de câmbio especularam com sucesso contra os bancos centrais de diversos países europeus (como Inglaterra, Itália e Suécia). Esses países haviam tentado limitar a flutuação cambial ao vincular suas moedas de modo próximo ao marco alemão, mas os mercados financeiros forçaram suas desvalorizações. Em meados dos anos 1990, ocorreu outra rodada de crises financeiras, a mais severa das quais foi a "crise da tequila" no México (1994) ocasionada pela reversão súbita dos fluxos de capital. A crise asiática seguiu-se em 1997-8, e em seguida gerou efeitos em cascata sobre Rússia (1998), Brasil (1999), Argentina (2000), e ao final a Turquia. Esses são apenas os casos mais conhecidos (RODRIK, 2011, p. 108).

Além da instabilidade financeira, outras repercussões da era do neoliberalismo se deram sobre as taxas de crescimento e a distribuição de renda[71], como se pode perceber na comparação feita por Bresser-Pereira:

---

69   Essa proporção leva em consideração as transações financeiras em mercados "over-the-counter" ou "de balcão" (vide capítulo 9), que ocorrem sem publicidade e alheios às práticas contábeis, que corresponderam, em 2007, à maior fatia das operações financeiras no mundo (BIRCH; MYKHNENKO, 2010, p. 13). Em cálculo diferente, feito por Bresser-Pereira, "entre 1980 e 2007 os ativos financeiros cresceram cerca de quatro vezes mais que a riqueza real – o crescimento do PIB" (2010, p. 57). Parece inequívoco que a economia *financeira* ganhou autonomia em relação à economia *real*, embora o contrário não possa ser afirmado.

70   Bresser-Pereira trabalha com números menores, mas considera período menor: "enquanto no período de 1945 a 1971 [Bretton Woods] o mundo passou por apenas 38 crises financeiras, entre 1973 e 1997 [neoliberalismo] passou por 139 delas, ou seja, no segundo período houve entre três e quatro vezes mais crises que no primeiro" (BRESSER-PEREIRA, 2010, p. 58).

71   Para Robert Guttmann, um dos impactos do *capitalismo financeirizado* (ou "capitalismo dirigido pelas finanças") foi a "distribuição da renda favorável aos mais ricos, nas mãos dos quais a maior parte dos ativos financeiros está concentrada" (2008, p. 14). A afirmação de Guttmann encontra-se alinhada ao trabalho de Thomas Piketty. Com base na análise estatística de séries históricas sobre distribuição de renda, distribuição de riqueza e relações entre riqueza e renda, Piketty apresenta a tese de que a desigualdade econômica tende ao agravamento dada certa progressão histórica de distanciamento (a maior) da renda obtida a partir do capital em relação à renda oriunda do trabalho. Em especial, afirma que "há um conjunto de forças de divergência associadas ao processo de acumulação e concentração de renda quando o crescimento é baixo e o retorno do capital é alto." (PIKETTY, 2014, p. 23) A tese de Piketty é sumarizada pela fórmula "r>g", onde "r" significa a "taxa anual média de retorno do capital" e "g" é "a taxa de crescimento na economia" (2014, p. 25). As constatações de Piketty levam-no a sugerir "instituições e políticas públicas que contrabalançariam os efeitos

> Enquanto a era dourada [Bretton Woods] foi marcada por mercados financeiros regulados, estabilidade financeira, elevadas taxas de crescimento econômico e uma redução da desigualdade, o oposto ocorreu nos anos do neoliberalismo: as taxas de crescimento diminuíram, a instabilidade financeira aumentou rapidamente e a desigualdade cresceu, privilegiando principalmente os dois por cento mais ricos de cada sociedade nacional (BRESSER-PEREIRA, 2010, p. 54).

Mesmo depois de crises como a do Sudeste Asiático e o estouro da bolha *dotcom* nos Estados Unidos, a defesa da liberdade de capital permaneceu viva. Nem todos os autores concordam com a afirmação de que a moldura neoliberal tenha sido responsável por maior instabilidade financeira, acirramento da desigualdade social ou por menores índices de crescimento.

Um exemplo pode ser encontrado na obra *In defense of global capitalism*, de Johan Norberg (2003), publicada pelo *Cato Institute*, um *think tank* libertário fundado em 1974 e voltado à promoção de políticas públicas segundo os ideais de "liberdade individual, governo limitado, livre mercado e paz" (Cato Institute, 2015). O livro deu origem ao documentário *"Globalisation is good"*, que foi ao ar na Grã-Bretanha.[72]

Norberg realiza a defesa da liberdade financeira internacional de modo duplo. Primeiramente, trabalha o acesso aos mercados financeiros internacionais como uma questão de liberdade individual. Em seguida, deriva da eficiência de alocação de recursos pelos mercados a necessidade de sua liberalização.

No primeiro aspecto, a liberdade do capital associada à globalização é defendida como decorrência do direito individual de liberdade. Para Norberg, pessoas e negócios devem poder decidir livremente o que fazer com seus recursos, estando livres para aplicá-los onde quer que acreditem ser melhor fazê-lo e para obter empréstimos onde encontrarem os melhores termos (2003, p. 242-3).

O segundo aspecto envolve a defesa da liberdade financeira com base na eficiência dos mercados. A essência do argumento é que os mercados financeiros devem ser livres porque produzem os melhores resultados econômicos.

> Mercados de capital [...] permitem que pessoas e negócios com muitos recursos ganhem ao disponibilizar capital aos que não o têm, mas parecem capazes de usá-lo de forma mais eficiente. Desse modo,

---

dessa lógica implacável: por exemplo, uma tributação progressiva global sobre o capital" (2014, p. 27). Dani Rodrik (2011) é outro autor favorável à tributação global do capital (vide capítulo 10).

[72] No documentário, Norberg estabelece uma comparação entre Quênia e Taiwan. Em sua análise, os dois países tinham níveis semelhantes de pobreza nos anos 1950, mas ao início do século XXI, encontram-se em posições econômicas díspares. A razão apontada para o desenvolvimento acelerado de Taiwan em contraste com o Quênia é a orientação *pró-mercado* assumida por aquele (GLOBALISATION..., 2003).

capacitam pequenas empresas a competir com as já estabelecidas. Quanto mais flexíveis os mercados e menores os impedimentos, mais facilmente o capital fluirá para aqueles que podem fazer melhor uso dele (NORBERG, 2003, p. 244).

Para Norberg, a pretensão de regular os mercados financeiros é um "meio para evitar reformas dolorosas", mas necessárias, como aquelas voltadas ao controle da inflação e à disciplina fiscal (2003, p. 252). "E se os controles de capital induzem políticos a pensar que estão livres para conduzir qualquer política que desejem, as chances são de que eles agravarão a crise" (2003, p. 251). A introdução de controles de capital sinaliza para os investidores a impossibilidade de retirar seus investimentos do país no momento em que desejarem. Em vista disso, demandarão maiores taxas de retorno para compensar o risco do investimento, tornando o acesso ao capital mais caro. E, em todo caso, o país passa a correr o risco de sofrer escassez financeira (NORBERG, 2003, p. 249).

Apesar de relatar essencialmente as mesmas crises listadas por Rodrik, Norberg não considera incrementos regulatórios como componentes de possíveis soluções. A causa das crises financeiras é atribuída à existência de "políticas ruins" (NORBERG, 2003, p. 251). "Há vários métodos para evitar crises financeiras e cambiais, mas o mais essencial deles para um país é simplesmente ter uma política econômica saudável" (2003, p. 264). A chave consiste em manter o controle sobre o orçamento governamental e a inflação, de modo a preservar a confiança dos mercados. A confiança dos mercados internacionais é conquistada com "compromissos de longo prazo", expressos por reformas nas instituições jurídicas e financeiras (*getting institutions right*). Nesse sentido, as reformas devem produzir maior abertura às finanças e ao comércio internacional, além de abolir pretensões de controle sobre o câmbio, que deve ser flutuante (2003, p. 266).

Por fim, a respeito da crítica de que este sentido de reformas aliena a condução da política doméstica dos desejos expressos nas urnas, Norberg rebate: "[o] que os críticos realmente percebem como ameaçadas pelo mercado não é a democracia, mas as políticas que eles gostariam que as democracias adotassem – políticas que envolvem maior poder governamental sobre as decisões econômicas das pessoas" (2003, p. 273). Nesse sentido, o autor enxerga com bons olhos o caráter disciplinar exercido pelos mercados financeiros internacionais sobre a política doméstica, um elemento que não é negado em sua narrativa da globalização. "Os governos ainda detêm a liberdade de gerenciar mal suas economias; encontram-se apenas privados da capacidade de forçar que outros financiem seu mau gerenciamento" (2003, p. 271), caso em que são penalizados por investidores por meio da fuga de capital.

Embora a defesa extremada da liberdade do capital financeiro internacional, como a feita por Norberg, ainda possa ser encontrada contemporaneamente, a crise do *subprime* nos Estados Unidos, que chegou ao auge em 2008, contribuiu para lançar dúvidas sobre a defesa neoliberal de desregulamentação das finanças internacionais. Esse assunto será retomado adiante, no capítulo 9. Até o momento, foram abordados aspectos da estruturação da ordem econômica internacional do neoliberalismo que disseram respeito à emergência e predominância de uma perspectiva econômica e seus impactos sobre a conformação dos regimes internacionais de *moeda e finanças*. A seção 8.2, a seguir, aborda aspectos do regime de *comércio* internacional relacionados ao período do neoliberalismo.

8.2 Regime de comércio: neoprotecionismo e novos temas da liberalização comercial

A orientação econômica neoliberal concebe a iniciativa privada como motor da economia. A receita para o crescimento econômico e a geração de bem-estar encontra-se atrelada ao comportamento livre dos agentes no mercado, não ao comportamento governamental ativo. Tal como nas finanças, a sustentação da liberdade para transações internacionais estende-se ao comércio. De certa forma, a promoção da liberdade comercial não configura rompimento em relação à ordem de Bretton Woods, que também procurava incentivar maior integração comercial mundial sob a moldura do GATT 1947. Mas mesmo nesse aspecto há diferença fundamental entre os dois períodos: Bretton Woods promovia liberdade comercial e restrição financeira, ou uma *abertura manejada*. A ordem neoliberal pretende liberdade nas duas áreas, ou *abertura irrestrita*. Outras características singulares dessa ordem econômica internacional são o relativo desprendimento do mundo das finanças em relação à produção e ao comércio (elemento abordado no tópico anterior) e a maior ocorrência de fluxos comerciais atinentes às corporações transnacionais.

O agigantamento e volatilização dos mercados financeiros internacionais foram correspondidos pelo surgimento de novas práticas protecionistas no início dos anos 1970. Algumas dessas práticas eram abrigadas por "interpretações extensivas" do que o GATT 1947 permitia, podendo ser lidas como "abusos". Outras eram inovações que não haviam sido previstas na regulamentação do sistema multilateral de comércio. As dificuldades no manejo do câmbio e no balanço de pagamentos experimentadas nesses anos converteram-se no *neoprotecionismo comercial*.

Na década de 1990, a liberalização comercial recebeu novos impulsos por meio da formação da OMC. *Novos temas* foram abrangidos pelo regime internacional do comércio, como serviços, investimentos e propriedade intelectual. A reconfiguração do regime contou ainda com expressivo *adensamento institucional*, sobretudo por meio da reforma do mecanismo de solução de controvérsias. Estes aspectos são abordados nos tópicos a seguir.

8.2.1 Neoprotecionismo e a Rodada Tóquio do GATT

No campo do comércio, a década de 1970 foi marcada pelo ressurgimento do protecionismo, expresso sobretudo pela imposição de barreiras não tarifárias (BHAGWATI, 1995, p. 43). Entre as práticas restritivas encontravam-se a proliferação de medidas compensatórias, salvaguardas e medidas antidumping. Embora estivessem previstas no GATT 1947, seu uso com ânimo renovado, nessa época, pode ser lido como "abuso" das válvulas de escape na regulamentação do sistema multilateral de comércio. Outras medidas eram, porém, inovadoras. Entre elas, a imposição de barreiras técnicas[73] e a celebração de acordos de "restrição voluntária às exportações". Ao longo dessa década, os Estados Unidos, por exemplo, celebraram diversos destes acordos com o Japão, com a finalidade de restringir as importações americanas de carros, aço e de outros produtos japoneses (RODRIK, 2011, p. 73). Jagdish Bhagwati faz referência, inclusive, à formação de uma "rede" desses acordos por parte dos Estados Unidos como meio de obter proteção comercial ao largo do GATT 1947 (BHAGWATI, 1995, p. 53).

No âmbito do regime do comércio internacional, a resposta veio na forma da Rodada Tóquio, que ocorreu entre os anos de 1973 e 1979. Ao passo que as rodadas anteriores do GATT tiveram por objeto principal as reduções tarifárias, a Rodada Tóquio distinguiu-se por dar prioridade às barreiras não tarifárias (KENWOOD; LOUGHEED, 1999, p. 293), embora reduções tarifárias também tenham sido negociadas (JACKSON, 2002, p. 52). As negociações, no entanto, resultaram em acordos "pluri" e não "multilaterais", significando que sua adesão não era obrigatória a todos os membros do GATT, no que ficou conhecido como "*GATT à la carte*" (JACKSON, 2002, p. 401; 2000, p. 47). Dessa forma, ainda que acordos tenham sido

---

[73] Barreiras técnicas "se efetivam por mecanismos que vão desde a proibição direta até exigências administrativas que inviabilizam ou encarecem a importação de produtos" (BARRAL, 2007a, p. 80). Alguns exemplos incluem a exigência de certificações sanitárias, de origem ou padronização segundo a legislação nacional.

alcançados no campo dos subsídios e medidas compensatórias, salvaguardas, antidumping e compras governamentais, entre outros, a intenção de contenção jurídica do neoprotecionismo foi comprometida logo no início pelo baixo número de membros signatários (JACKSON, 2000, p. 290). Apesar de seu foco nas barreiras *não* tarifárias, Bo Södersten e Geoffrey Reed afirmam, ao fazer o balanço das negociações, que "a principal conquista da Rodada Tóquio [foi] a continuação da liberalização no comércio por reduções tarifárias" (SÖDERSTEN; REED, 1994, p. 364).

8.2.2 OMC: adensamento institucional e novos temas da liberalização comercial

A criação da Organização Mundial do Comércio (OMC) foi resultado da Rodada Uruguai. Porém, quando as negociações da rodada começaram em 1986, não havia qualquer previsão explícita a respeito da criação de organização internacional formal dedicada ao comércio internacional. Somente após a queda da União Soviética e a percepção generalizada do fim da alternativa socialista ao capitalismo é que a proposta de formação da organização entrou nas negociações, em 1991. O nome "OMC" só entrou na pauta da Rodada Uruguai em 1993 (JACKSON, 2002, p. 400). Em 1994, a Ata Final de Marraquexe foi assinada (JACKSON, 2000, p. 46), e a OMC começou a funcionar em janeiro de 1995, em Genebra.

A OMC representou alterações institucionais relevantes para o regime internacional do comércio. Institucionalmente, para além do *status* de organização internacional formal – que o GATT 1947 não detinha –, introduziu-se a possibilidade de adotar decisões por maioria, e não apenas por consenso (JACKSON, 2002, p. 401). O novo formato decisório permitiu que as decisões fossem vinculantes a todos, pondo fim à prática do *GATT à la carte*. Outra reforma que fortaleceu a capacidade de decisão multilateral, baseada na instituição, foi a do mecanismo de solução de controvérsias. Sob o regime do GATT, os relatórios dos painéis que decidissem uma disputa comercial estavam sujeitos à rejeição caso não fossem unanimemente adotados pelos membros.[74] Em outros termos, a parte perdedora da disputa poderia bloquear a decisão contrária a seus interesses. Com a OMC, inverteu-se a lógica da unanimidade, passando a ser necessário obter os votos de todos os membros para impedir que o relatório do painel seja adotado. Além disso, as inovações compreenderam a criação do Órgão de Apelação como instância

---

[74] O GATT 1947, em sua redação original, não chegou a estabelecer o mecanismo para solução de controvérsias, que apenas foi adicionado à regulamentação multilateral do comércio ao fim da rodada Tóquio (BARRAL, 2007b, p. 18).

recursal, o estabelecimento de prazos para os procedimentos – que não mais poderiam desenrolar-se indefinidamente – e para o cumprimento das decisões (JACKSON, 2002, p. 408; BARRAL, 2007b, p. 49). Estas mudanças representaram *adensamento institucional* e marcadamente *jurídico* do regime internacional de comércio.

Outra mudança que resultou da Rodada Uruguai foi a drástica *expansão do volume de comércio abrangido pela regulamentação* da OMC. O GATT 1947 era essencialmente voltado à regulamentação do comércio de bens. Na OMC, a expansão se deu não somente no sentido de passar a abranger o comércio de *serviços* (por meio do *General Agreement on Trade in Services*, ou GATS), mas também certos temas que apenas indiretamente encontravam-se relacionados ao comércio, tais como *propriedade intelectual* (*Agreement on Trade-Related Aspects of Intellectual Property Rights*, ou TRIPS) e *investimentos* (*Agreement on Trade-Related Investment Measures*).[75] Por isso, Welber Barral considera que "a OMC tornou-se o grande foro para as relações econômicas internacionais, e não apenas para as relações comerciais" (BARRAL, 2007a, p. 105).

Vários são os fatores relacionados à migração de temas como propriedade intelectual e investimentos para a moldura da OMC. Primeiramente, o maior poder de sanção da organização, em comparação com outras organizações cujas normas dependem do cumprimento voluntário das partes. Em segundo lugar, o fato de que a acessão de novos membros à OMC é condicionada à aceitação completa de seus acordos multilaterais. Por isso, temas que são de "adesão voluntária" em outras organizações e tratados encontram-se, na OMC, vinculados à liberalização do comércio. Nesse sentido, a condicionalidade utiliza o interesse pelo acesso a mercados como alavanca para obter o consentimento de novos membros a regulamentações de uma gama mais ampla de temas que compõem um só pacote (BARRAL, 2007a, p. 104).

Por fim, não se podem deixar de lado os constrangimentos mais diretos que compõem negociações internacionais, como ocorreu no caso da inclusão da propriedade intelectual por meio da vinculação de temas distintos como parte do processo de barganha política (*issue-linkage*). "Na Rodada Uruguai, os EUA deixaram claro que não negociariam qualquer outro tema, a não ser

---

75   Cabe esclarecer que o TRIMS pretende a regulamentação dos investimentos estrangeiros diretos e não dos chamados "investimentos de portfólio", de curto prazo e feições especulativas. Por exemplo, a regulamentação pretende incidir sobre o caso do investidor que instale indústria em outro país, e não sobre aquele que compre títulos da dívida soberana. O TRIMS aplica aos investimentos princípios fundamentais do GATT como "tratamento nacional", de modo a coibir a discriminação do investidor estrangeiro, e restrição a medidas nacionais de caráter protecionista, tais quais "restrições quantitativas quanto aos investimentos, a exigência de compra de produtos locais, a restrição de acesso a moedas estrangeiras", entre outros (BARRAL, 2007b, p. 86).

que a proteção à propriedade intelectual fosse incluída como um dos acordos multilaterais obrigatórios para todos os Membros da OMC" (BARRAL, 2007a, p. 112).

8.3 Uma defesa contemporânea da liberdade comercial internacional

Em 1999, protestos contra a globalização econômica ocorreram durante a conferência ministerial da OMC em Seattle. Os protestos conseguiram frustrar as negociações[76], e foram representativos do impulso que movimentos transnacionais contrários ao neoliberalismo haviam adquirido. Eram respostas não só à percepção de que a liberalização do comércio ameaçava empregos locais, explorava condições de trabalho deterioradas no exterior ou ameaçava o ambiente, mas também à sucessão de crises econômicas ocorridas na década de 1990, e associadas à liberalização do capital (STIGLITZ, 2002). Além disso, insatisfações eram dirigidas à atuação de corporações internacionais.[77]

Os protestos representaram o ganho de visibilidade de perspectivas alternativas à liberalização radical do comércio e das finanças internacionais. No entanto, não implicaram o fim da defesa do livre comércio. Um dos principais expoentes dessa linha é Jagdish Bhagwati, um autor que, curiosamente, faz a defesa da liberalização *unilateral* do comércio como desejável, mas propõe que a liberalização das finanças seja abordada com cautela.

Bhagwati é contrário a estratégias de liberalização financeira aceleradas, ao estilo da "terapia de choque" aplicada à Rússia na década de 1994, sob a orientação do economista Jeffrey Sachs (BHAGWATI, 2004, p. 235; cf. SACHS, 2005, p. 164-81). Nesse sentido, defende o "direcionamento cuidadoso e velocidade ótima de mudanças em políticas públicas, não uma velocidade máxima" de reformas pela liberalização financeira (BHAGWATI, 2004, p. 32). Para ele, a "liberalização apressada e imprudente dos fluxos de capital [...] certamente ajudou a precipitar a crise econômica e financeira asiática iniciada em 1997" (2004, p. 35). O caso do comércio é encarado

---

76 O colapso das negociações da OMC em Seattle é interpretado por Rajagopal como indicativo de que "as instituições internacionais são hoje abertamente confrontadas pela resistência de massas" (RAJAGOPAL, 2003, p. 44).
77 O documentário canadense "A corporação" – *The corporation*, no original – (2003) sugere que práticas das corporações transnacionais poderiam levar à sua caracterização como expressões de "psicopatia", caso utilizadas as categorias para diagnósticos de pessoas naturais. Entre os casos abordados pelo documentário encontra-se a privatização do serviço de distribuição de água na cidade de Cochabamba, na Bolívia, para o grupo corporativo estadunidense Bechtel. Após a privatização, cobranças passaram a incidir inclusive sobre o uso que os munícipes faziam de água acumulada da chuva. Este último aspecto, em particular, contou com representação cinematográfica – neste caso, uma dramatização motivada em contexto fático verídico, e não um documentário – por meio do filme espanhol "Conflito das águas" (2010), cujo título no original é "*También la lluvia*".

diferentemente. "Aqui as consequências da liberalização apressadas dificilmente serão tão desastrosas quanto às da liberalização dos fluxos de capital" (2004, p. 254).

O autor estabelece encadeamentos entre quatro categorias: globalização, comércio, crescimento e pobreza. A globalização econômica é encarada como estímulo à liberdade do comércio. Esse último é visto como promotor do crescimento econômico, que Bhagwati apresenta como principal força na redução da pobreza (2004, p. 53, 64-5). Embutida nessa caracterização está a noção de efeitos de respingos do crescimento econômico, ou *spillover effects*, no sentido de que o enriquecimento de certos setores da sociedade acaba beneficiando os mais pobres. Essa visão permite apresentar a concentração de renda como algo compatível com o bem do todo social, tal como a concepção de *trickle down economics* de Ronald Reagan. Tais encadeamentos conduzem à conclusão de que a globalização "ajuda, e não ameaça, as causas de redução da pobreza nos países pobres" (2004, p. 66). Por isso, ela é caracterizada como portadora de uma "face humana" e "socialmente benéfica"[78] (2004, p. 221).

A defesa que Bhagwati faz da globalização e da abertura comercial endereça não apenas a crítica relativa ao aumento da pobreza, mas também aquelas dirigidas a tópicos como trabalho, democracia e atuação de corporações transnacionais.

A crítica relacionada a efeitos nocivos da globalização sobre o trabalho levanta aspectos como tendência à deterioração de padrões trabalhistas a partir de flexibilização competitiva, reduções salariais e aumento do desemprego, bem como incentivo ao trabalho infantil. Certas correntes defendem a entrada de padrões trabalhistas na regulamentação da OMC. Bhagwati é contrário a tais movimentações, defendendo uma "abordagem sem sanções" comerciais, que reserve a competência para questões trabalhistas à Organização Internacional do Trabalho (2004, p. 34).

Para o autor, a globalização tem por tendência central ajudar trabalhadores menos qualificados a conseguir empregos que teriam sido perdidos em razão do aumento da mecanização e de mudanças tecnológicas (2004, p. 123), justamente por permitir que a produção se desloque para os locais em que a mão de obra é mais barata. O argumento deságua, por sua vez, na questão salarial. O autor afirma que a demanda por mão de obra por parte de corporações

---

[78] Bhagwati caracteriza os resultados socialmente benéficos da globalização como uma "tendência central", não chegando a afirmar que seja efeito necessário em todos os casos. Os "efeitos adversos" da liberalização comercial, "se e quando surgirem", devem ser endereçados por meio de mecanismos institucionais (2004, p. 32). O sentido da argumentação é o de que a globalização gera efeitos benéficos mediante a presença de instituições domésticas *corretas*.

transnacionais que se instalam em um país conduz a elevações salariais[79] (2004, p. 124). Além disso, na visão do autor, não procede a crítica de que tais corporações procurariam lugares com menores níveis de proteção trabalhista para se instalar, estimulando que governos diminuam direitos trabalhistas de forma a competir pela atração dessas empresas (flexibilização competitiva dos direitos trabalhistas). Em sua perspectiva, as grandes empresas levam em conta "efeitos reputacionais", que são "suficientemente sérios hoje para prevalecer, para muitas multinacionais, sobre os lucros adicionais que poderiam ser obtidos pela estratégia de aproveitamento" (2004, p. 131).

Por sua vez, ao reconhecer que empresas subcontratadas por multinacionais violam direitos trabalhistas "de vez em vez", o autor afirma, em socorro destas últimas, que "uma vez que o problema reside na falta de aplicação efetiva da lei do país anfitrião, tornaremos as multinacionais responsáveis por qualquer coisa que comprarem nestes países, mesmo se não produzidas diretamente por elas?" (2004, p. 173-4). A presença das corporações multinacionais não poderia ser vista como causa de prejuízos à economia e sociedade locais, porque o fator de peso para a geração de tais efeitos seriam, ao invés, "políticas domésticas ruins", que poderiam ser mudadas pelos países anfitriões (2004, p. 178). É, essencialmente, um problema de boa governança (*good governance*).

Por sua vez, a relação entre liberalização comercial e desemprego é encarada nos seguintes termos:

> Mesmo que trabalhadores demitidos venham a encontrar-se no grupo dos desempregados, outros que se encontravam sem emprego conseguiriam trabalho nos setores exportadores. Dessa forma o índice geral de desemprego poderia permanecer inalterado, com alguns trabalhadores perdendo e outros ganhando empregos. Então não haveria perda na renda nacional causada por aumento líquido no desemprego geral, e há ganhos de produtividade – uma expressão técnica usada por economistas para dizer que recursos se deslocaram de setores menos eficientes para os mais eficientes. Os ativistas de direitos humanos precisam encarar o fato de que ao passo que os direitos humanos daqueles que perdem seus empregos são violados, os direitos humanos daqueles que ganham empregos são aumentados. Mas mesmo se o desemprego viesse a aumentar, ele somente produziria uma perda de

---

[79] "Ao incrementar a demanda por trabalho no país anfitrião, é fortemente provável que as multinacionais aumentem os níveis salariais de modo geral, melhorando com isso a renda dos trabalhadores nesses países" (BHAGWATI, 2004, p. 173).

renda que deve ser contrabalançada pelos ganhos dos consumidores, então os efeitos líquidos da liberalização comercial podem ainda assim ser favoráveis[80] (BHAGWATI, 2004, p. 255).

Ainda no que diz respeito a questões de trabalho, o autor endereça a crítica segundo a qual a globalização estimula a exploração do trabalho infantil. Para ele, tal problema é historicamente persistente e precede à globalização, não estando diretamente associado à liberdade de comércio, mas à existência da pobreza. "A verdade é que a globalização – onde quer que ela se traduza em maior prosperidade geral e pobreza reduzida – só faz acelerar a redução do trabalho infantil e aumentar as matrículas no ensino fundamental, e consequentemente a alfabetização" (BHAGWATI, 2004, p. 68).

O último ponto aqui destacado refere-se à crítica que relaciona globalização a *deficits democráticos*, bastante salientados por autores como Dani Rodrik[81] (2011). Bhagwati defende existir relação de mão dupla, no sentido de que "a globalização promove a democracia ao mesmo tempo em que a limita" (2004, p. 93). Por um lado, a prosperidade econômica e a redução da pobreza associadas à globalização produzem o aumento da classe média, que por sua vez cria "demanda efetiva pela democratização da política" (2004, p. 94). Por outro lado, a globalização limita a democracia ao restringir a "habilidade de mudar políticas públicas radicalmente à esquerda", bem como de "conduzir gastos sociais, e mesmo de manter os níveis de gastos gerais, numa economia globalizada" (2004, p. 96). Isso porque o equilíbrio das contas públicas é fundamental para a confiança internacional na solvência do Estado, que caso contrário arrisca sofrer fuga de capital.

A descrição elaborada a respeito do efeito constritor que a globalização tem sobre a política democrática contemporânea guarda forte semelhança com a influência que Polanyi (2001) atribuiu à *haute finance* sobre os governos durante o POI (ver capítulo 3):

> Se uma só nação, mesmo com governo popularmente eleito, muda para políticas radicais, o capital financeiro pode evadir-se; mesmo a burguesia ("capital humano") pode emigrar, votando com seus pés. Ao mesmo tempo, novas fontes estrangeiras de financiamento podem secar, exacerbando a crise. Governos, contemplando tal resultado, podem rejeitar guinadas políticas à esquerda, ou mesmo ao tentá-las, podem ser forçados a retraçar seus rumos em meio ao caos (BHAGWATI, 2004, p. 97).

---

80   Note-se como Bhagwati ensaia uma lógica de ponderação de direitos a partir de resultados econômicos.
81   Vide capítulo 10.

Embora o poder dos mercados internacionais de induzir comportamentos estatais "em linha" com o motivo da liberalização econômica e com a desregulamentação da iniciativa privada seja endossado pela perspectiva neoliberal, existem hoje perspectivas alternativas que levantam críticas à promoção da *harmonização institucional* ou *convergência institucional global*. Tais críticas apontam não apenas para o aspecto da perda de *espaço democrático* implicada na condução de políticas públicas segundo as expectativas dos mercados, como também a inexistência de receita única para o desenvolvimento e geração de bem-estar econômico. Nesse sentido, enfatizam experiências de crescimento econômico que não foram pautadas pelo absenteísmo estatal na economia, nem pela adoção dos formatos institucionais preferidos pelo discurso neoliberal, bem como outros objetivos que podem ser compreendidos pelo rótulo de "desenvolvimento" segundo as aspirações de cada sociedade, que não só o aumento do PNB per capita.

Este é a temática dos dois próximos capítulos. O capítulo 9 aborda uma conjuntura crítica em que o neoliberalismo encontra-se balançado. O capítulo 10, por sua vez, apresenta contribuições heterodoxas da economia do desenvolvimento que ganharam projeção em meio à crise do neoliberalismo.

CAPÍTULO 9

CRISE DO NEOLIBERALISMO

A transição do século XX para o século XXI marcou o momento em que a preponderância da perspectiva econômica neoliberal foi posta em xeque. Este também é o momento em que emergiram novas contribuições da economia do desenvolvimento. Em comum, os autores pertencentes a esta vertente divergem de pressupostos da perspectiva econômica neoliberal.

O presente capítulo inicia com a contextualização do momento de crise do neoliberalismo (seção 9.1). Em particular, busca-se relacionar crises financeiras (com especial atenção para a crise do *subprime*), protestos antiglobalização e a perda da proeminência do pensamento econômico ortodoxo (seção 9.2).

9.1 Crises econômicas e protestos como esgotamento do neoliberalismo

No período de prestígio do neoliberalismo ocorreram mais crises bancárias e financeiras do que durante o período em que operou a ordem econômica internacional de Bretton Woods. A seguir, a subseção 9.1.1 focaliza crises econômicas e o fortalecimento de movimentos antiglobalização na porção final do século XX e inicial do século XXI, ou seja, abordando aspectos do período compreendido entre a crise financeira do Sudeste Asiático ao estouro da bolha *dotcom*, nos Estados Unidos. A subseção 9.1.2 focaliza a crise do *subprime*, também conhecida como crise do mercado imobiliário norte-americano ou simplesmente "crise de 2008". A crise chacoalhou as estruturas das finanças internacionais e alterou comportamentos governamentais tanto domesticamente quanto no âmbito da cooperação econômica internacional. Por sua vez, certos legados intelectuais da crise do *subprime* (no campo econômico) são destacados na subseção 9.1.3.

9.1.1 Da crise do Sudeste Asiático ao estouro da bolha "dotcom"

A crise do Sudeste Asiático eclodiu em países cujas políticas econômicas em meados da década de 1990 encontravam-se em linha com as recomendações do chamado Consenso de Washington. Tendo anteriormente abolido controles de capital, liberalizado mercados financeiros e incorporado instituições *pró-mercado*, países como Tailândia, Indonésia e Coreia do Sul viram-se subitamente atingidos por evasões de capital ligadas a mudanças igualmente súbitas e de motivação incerta, entre investidores internacionais dispersos ao longo do globo, acerca da rentabilidade e da segurança dos investimentos nesses países. O desinvestimento repentino provocou crises cambiais em cadeia a partir de 1997. A onda atingiu a Rússia, o Brasil e a Argentina nos anos seguintes, revelando-se uma crise de proporções globais (RODRIK, 2011).

Ainda na virada do século, o prestígio da promoção da liberdade dos mercados financeiros foi balançado após o estouro da bolha especulativa envolvendo empresas participantes do índice *Nasdaq*, nos Estados Unidos. Impulsionada por generalizações feitas a partir de casos pontuais de sucesso de empresas no ramo de internet (empresas *dotcom*), a procura por ações de companhias do setor aumentou. A valorização dos papéis era promovida pela própria procura. Quem os havia adquirido viu seu patrimônio multiplicar-se entre os anos de 1998 e 2000. Porém, a bolha estourou em março de 2000 e ao longo dos dois anos seguintes estas ações perderam em média 40% de seu valor (KRUGMAN, 2009, p. 147; GUTTMANN, 2008, p. 25). A crise sinalizou a posição precária em que se colocaram pessoas (em muitos casos arriscando as economias para aposentadoria), empresas e fundos de investimento ao vincular seu patrimônio a mercados financeiros que, ao contrário dos modelos empregados por economistas de orientação ortodoxa, não eram perfeitos ou estáveis, mas sujeitos ao pânico e ao colapso.

Paralelamente às crises financeiras, insatisfações com a organização dos mercados segundo a perspectiva neoliberal passaram a ganhar expressão em protestos antiglobalização (STIGLITZ, 2002, p. 20, 248). Estes compreendiam não apenas contestações à ordem financeira internacional, mas também ao regime de comércio. Enfatizavam impactos negativos da globalização econômica sobre a vida dos setores mais pobres da população e levantavam questionamentos quanto a seus impactos ambientais e sobre a diversidade cultural, entre outros temas (STIGLITZ, 2002, 6-7; 247-8).

O grande marco dos protestos ocorreu em Seattle, em 1999 (STIGLITZ, 2002, p. 3). O acontecimento viria a ser parte de onda mais ampla de contestações ao neoliberalismo, que incluíram protestos em Praga, em 2000, por ocasião de conferência do FMI e do Banco Mundial e em Davos, em 2001, quando da realização do Fórum Econômico Mundial. Outra expressão dessas movimentações consistiu na formação, em Porto Alegre, do Fórum Social Mundial, também no ano de 2001, em contraposição direta ao Fórum de Davos, e cuja atividade prosseguiu nos anos seguintes.

Apesar de a ocorrência de movimentos antiglobalização e de crises financeiras nas imediações da virada de século terem contribuído para impulsionar visões contrárias ao projeto neoliberal, ainda assim, no interior da disciplina econômica, este projeto mantinha-se bem sedimentado na posição de *ortodoxia*.

Krugman (2009) relata que a economia voltada aos tempos de depressão (*depression economics*), ou seja, a economia ao estilo keynesiano, permanecia como heterodoxia rejeitada pelo *mainstream* econômico, mesmo após a crise do Sudeste Asiático e o estouro da bolha *dotcom*. Como evidência, narra que, em discurso no encontro de 2003 *American Economic Association*, Robert Lucas, vencedor do Nobel em economia em 1995 e presidente da associação, declarou que o problema central da prevenção das depressões havia sido resolvido (KRUGMAN, 2009, p. 9), e que os economistas deveriam voltar sua atenção a questões como progresso tecnológico e crescimento de longo prazo (KRUGMAN, 2009, p. 183). Ou seja, passado o estouro da bolha *dotcom*, o problema das crises econômicas havia sido relegado a posições periféricas, mesmo diante da história recente.

Os anos de 2007-8 trariam as crises de volta ao centro da discussão econômica. No percurso histórico do neoliberalismo, a crise do *subprime* parece ter funcionado como ponto de inflexão ou início de uma conjuntura crítica. Seu prestígio intelectual foi severamente abalado (cf. CASTRO, 2012, p. 215). Com origem na maior economia do mundo e proporções muito maiores do que o estouro da bolha *dotcom*, a crise disseminou-se e alcançou proporções globais, sendo comparada à Grande Depressão dos anos 1930. Em sua esteira, revigoraram-se protestos contra as estruturas de organização econômica predominantes no mundo, sobretudo em 2011, com o movimento *Occupy* que, a partir de Nova Iorque (*Occupy Wall Street*), difundiu-se a outros pontos do globo (*Occupy London* etc.), com ocorrência de manifestações em cidades de todos os continentes.

Para compreender como o prestígio do neoliberalismo foi fragilizado pela crise de 2008, a subseção seguinte busca ressaltar aspectos da estruturação das finanças associados à formação da bolha no mercado imobiliário americano e ao subsequente colapso financeiro internacional, apontando suas ligações com os formatos institucionais instruídos pelo neoliberalismo.

9.1.2 Aspectos da crise do *subprime* de 2008

A desregulamentação das práticas financeiras e o alcance global dos mercados financeiros internacionais são temas de destaque na ocorrência da crise do *subprime*, que teve como pano de fundo investimentos no mercado imobiliário norte-americano. Inovações financeiras desempenharam papel fundamental na disseminação dos riscos deste mercado para a economia global. Antes de avançar nesta caracterização, é importante estabelecer, como ressalva, que os aspectos levantados a seguir não pretendem exaurir todas as causas que economistas apontam para a ocorrência da crise (cf. KRUGMAN, 2009; WOLF, 2009; 2010). A pretensão, mais singela, é a de fornecer as bases para compreensão do papel que a promoção da *desregulamentação financeira* – um elemento jurídico – teve no desenrolar de uma crise tão importante.

A formação da bolha especulativa no mercado imobiliário norte-americano foi o momento preparatório para crise. Baixas taxas de juros e alta disponibilidade de capital (inclusive com participação de poupança originada em outros países e investida nos Estados Unidos) criaram o cenário de incentivo ao aumento do endividamento por famílias norte-americanas (WOLF, 2009, p. 106; KRUGMAN, 2009, p. 148). Basicamente, elas passaram a dispor de dinheiro barato. Segundo Martin Wolf, os Estados Unidos absorveram nesse período cerca de 70% dos excedentes de poupança do restante do mundo, e canalizaram esse capital principalmente para o consumo (2009, p. 77). Uma forma importante de endividamento consistia nas hipotecas imobiliárias: quer para a aquisição de imóveis novos, quer para levantar dinheiro por meio do refinanciamento de propriedades já existentes. O mercado imobiliário tinha incentivos para crescer, e a demanda em alta também impulsionava o aumento de preços. Havia, aliás, uma crença generalizada de que os preços de imóveis não poderiam cair, sendo investimentos "seguros" (WOLF, 2010, p. 202; KRUGMAN, 2009, p. 149).

A *estrutura do sistema financeiro* norte-americano (e suas conexões globais), bem como suas *práticas peculiares* de concessão de empréstimos e de "terceirização" de riscos, tiveram papéis relevantes para o crescimento da bolha e para o caráter devastador que a crise viria a assumir.

No aspecto da *estrutura*, são relevantes (i) a concentração em torno de poucas instituições financeiras (aumentando os riscos sistêmicos em caso de quebra de uma delas) e (ii) a emergência do sistema bancário "paralelo", ou *shadow banking system* (CINTRA; FARHI, 2008; WOLF, 2010, p. 200; KRUGMAN, 2009, p. 161-4).

Essa estrutura bancária e financeira "formal" – que Cintra e Farhi (2008) apelidam de "bancos universais" – estava interconectada pela transação de ativos das chamadas "finanças estruturadas" (abordados adiante). Além disso, interagia com outras instituições financeiras e investidores nos "opacos mercados de balcão". Os agentes que operavam nesses mercados "formavam o chamado *global shadow banking system*".

Nesse sistema, instituições que não eram formalmente constituídas como bancos realizavam operações análogas às destes, "captando recursos no curto prazo, operando altamente alavancadas e investindo em ativos de longo prazo e ilíquidos." No entanto, eram instituições alheias à incidência da regulação e ao "acesso aos seguros de depósitos, às operações de redesconto e às linhas de empréstimos de última instância dos bancos centrais"[82] (CINTRA; FARHI, 2008, p. 36). Ainda assim, durante a bolha imobiliária nos Estados Unidos, houve "crescimento dramático na proporção de ativos mantidos fora do sistema bancário tradicional" (KRUGMAN, 2009, p. 161): os fluxos de capital eram atraídos para as estruturas menos regulamentadas, que prometiam (e por certo tempo conseguiram prover) maior rentabilidade.

Os chamados "mercados de balcão" constituíam uma "teia opaca de inter-relacionamento financeiro internacional" em que o *global shadow banking system* operava em conjunto com instituições financeiras tradicionais ou formais. Nestes espaços, estavam ausentes "normas e especificações das operações", cotações oficiais e mesmo a transparência, uma vez que as transações livremente negociadas entre as partes não eram tornadas públicas (CINTRA; FARHI, 2008, p. 48). Além disso, estavam ausentes instituições para compensação de ganhos e perdas entre credores e devedores:

> Nos mercados organizados, a transferência dos ganhos e perdas é organizada e garantida pelas câmaras de compensação. Nos mercados de balcão, a inexistência dessas câmaras de compensação coloca em evidência um elevado risco de inadimplência da contraparte perdedora. Dessa forma, aumentam os riscos potenciais dos derivativos de balcão em relação aos negociados em mercados organizados (CINTRA; FARHI, 2008, p. 50).

Os mercados de balcão eram a ponte entre dois sistemas. Por essa ponte, os riscos mais acentuados de um cenário menos regulamentado e não sujeito a garantias (*shadow banking system*) migravam para o sistema bancário tradicional, porque os bancos formais também negociavam ativos nesses mercados, como *derivativos financeiros* (abordados a seguir). O resultado é descrito por Cintra e Farhi (2008, p. 53): "prejuízos das instituições participantes do *global shadow banking system* acabaram, em parte, achando seu caminho para os balanços dos bancos."

---

[82] Segundo Cintra e Farhi, "uma grande variedade de instituições financeiras optou por participar do *global shadow banking system*. As principais foram os grandes bancos de investimentos (*brokers-dealers*), seguidos pelos *hedge funds* e outros investidores institucionais, sobretudo as seguradoras, os fundos de pensão e as *Government Sponsored Enterprises* (GSE)" (2008, p. 39).

O sistema de *shadow banking* desempenhou importante papel na crise do *subprime* por ter sido grande fonte de financiamento para o mercado imobiliário. Paul Krugman argumenta que, conforme este sistema se expandiu a ponto de rivalizar com – e mesmo ultrapassar a – importância do sistema bancário convencional, os "políticos e oficiais de governo [...] deveriam ter respondido pela extensão da regulação e da rede de segurança financeira para cobrir essas novas instituições" (KRUGMAN, 2009, p. 163). Porém, a "ideologia do governo de George W. Bush [...] era profundamente antirregulação", e mesmo as tentativas estaduais de impor limites às transações destes mercados foram bloqueadas no âmbito federal norte-americano (KRUGMAN, 2009, p. 164). Mais do que evitar tentativas de regular este mercado, "as pessoas que deveriam ter se preocupado com a fragilidade do sistema estavam, pelo contrário, entoando loas à 'inovação financeira'" (KRUGMAN, 2009, p. 164). Tampouco se pode desprezar o papel desempenhado por *lobbies* da indústria financeira norte-americana para prevenir que iniciativas regulatórias se tornassem legislação ou encontrassem expressão na atuação prática (prudencial) dos órgãos de supervisão financeira nos Estados Unidos.[83]

Os riscos no mercado financeiro foram favorecidos não somente por sua estrutura concentrada e conectada ao *shadow banking system*, mas também por *práticas peculiarmente arriscadas* de empréstimos amparadas em inovações financeiras. Tais inovações criaram incentivos para a concessão de empréstimos cada vez mais "predatórios", ao mesmo tempo em que estimulavam a "terceirização" dos riscos por instrumentos financeiros variados e complexos. Criava-se a ilusão de dissipação do risco.

Entre as inovações estavam CDOs (*collateralized debt obligations* ou obrigações de dívida colateralizada, ou garantida), CDSs (*credit default swaps* ou *swaps* de inadimplência em crédito) e instrumentos financeiros "sintéticos" (abordados adiante). Tais inovações parecem técnicas, mas é importante compreender seus contornos principais. O olhar jurídico tende a descartar elementos da economia quando esses se apresentam complexos, mas justamente essa atitude pode estar nas raízes da perda de espaço que o direito experimentou ao longo do século XX no direcionamento das políticas públicas (como oposto à sua mera *instrumentalidade*[84]) – uma perda

---

83 A influência dos *lobbies* e as ligações entre oficiais de governo e personalidades da comunidade financeira são abordados nos documentários *Money, Power and Wall Street* (2012) e *Trabalho interno* (2010).
84 No sentido do papel jurídico de validar ou invalidar políticas públicas com base em critérios como legalidade, constitucionalidade ou mesmo convencionalidade. O direito permaneceu investido no papel de legitimar ou contestar, a partir de suas *formas*, o comportamento governamental, ainda que a principal influência intelectual sobre este comportamento não tenha sido de caráter jurídico, mas sobretudo econômico. O uso aqui feito da expressão é convergente com aquele de Pahuja, que emprega a ideia de "instrumentalização" (do direito) para fazer referência ao "esforço feito para abordar o direito como estando essencialmente a serviço de algum valor superior ao qual está subordinado" (PAHUJA, 2009, p. 350).

em grande medida suplantada pelo ganho de espaço de economistas (cf. CASTRO, 2012) em posições de orientação dos governos e da cooperação econômica internacional.

CDOs, CDSs e instrumentos financeiros "sintéticos" desempenharam o papel de fazer a conexão entre hipotecas do mercado imobiliário norte--americano, bancos de investimento, conglomerados financeiros, companhias de seguros, agências de classificação de riscos e investidores. Mais do que isso, esses ativos eram *fluxos* que conectavam os sistemas financeiros convencional e paralelo (*shadow*) por meio das *estruturas* providas pelos "mercados de balcão", numa só "cadeia alimentar de securitização"[85]. Era "um novo sistema que conectava trilhões de dólares em hipotecas e outros empréstimos a investidores em todo o mundo" (Trabalho interno, 2010).

Cabe esclarecer o significado da *securitização* pelo contraste com o modelo antecedente de transações financeiras, mais simples, e por vezes apelidado de *plain vanilla*. No sistema anterior de financiamento imobiliário, devedores de hipotecas faziam pagamentos mensais às instituições financeiras que lhes haviam concedido empréstimos. Como as hipotecas são empréstimos de longo prazo, estas instituições financeiras tinham incentivos para emprestar cautelosamente, buscando assegurar-se de que os devedores teriam condições de saldar as dívidas. No modelo de *securitização* dos empréstimos imobiliários, as instituições financeiras que emprestavam capital mediante hipotecas passaram a vendê-las a bancos de investimento. "Os bancos de investimento combinaram milhares de hipotecas e outros empréstimos – incluindo empréstimos para aquisição de automóveis, financiamentos estudantis e de cartão de crédito – para criar derivativos complexos, chamados de *collateralized debt obligations*, ou CDOs" (Trabalho interno, 2010).

"CDO" pode ser livremente traduzido como "obrigação de dívida colateralizada". A ideia de "colateralização" remete ao caráter de *garantia colateral* que a hipoteca exerce nos financiamentos imobiliários: caso o pagamento do empréstimo não seja feito, o imóvel vai a leilão e o valor apurado é destinado aos credores. CDOs são *derivativos* porquanto originados de outros ativos financeiros[86]: ou seja, ao passo que a hipoteca é o ativo financeiro primário (e o imóvel o ativo da economia *real*), o CDO é o ativo financeiro secundário porque cria a possibilidade de transacionar papéis ligados a hipotecas, de modo indireto. Tendo compreendido esse

---

85 Securitização é o processo de "conversão de empréstimos bancários e outros ativos em títulos (*securities*) para a venda a investidores que passam a ser os novos credores dessa dívida." (SANDRONI, 1999, p. 548) A expressão *securitization food chain* é empregada no documentário *Trabalho interno* (2010).
86 Paulo Sandroni define derivativos como operações financeiras "cujo valor deriva (daí o nome derivativos) de outros ativos [...] com a finalidade de assumir, limitar ou transferir riscos" (1999, p. 165).

ponto, é possível prosseguir na "cadeia alimentar financeira". Os bancos de investimento, uma vez que tenham agrupado direitos sobre hipotecas (ou seja, formado *mortgage pools*) em CDOs, pagavam às agências de classificação de risco para que os derivativos assim originados recebessem suas notas.[87] Muitos dos CDOs foram enquadrados na classificação máxima, ou seja, "AAA".[88] Em seguida, os CDOs eram oferecidos a investidores.[89]

É importante notar que, nesta configuração de *finanças securitizadas*, as instituições financeiras passaram a poder conceder empréstimos sem (aparentemente) ter que permanecer com o risco a eles associado. Ao vender os direitos sobre hipotecas a bancos de investimentos, e tendo estes últimos agrupado e fatiado tais direitos em *derivativos* oferecidos a uma pluralidade de investidores ao longo do globo, o risco da inadimplência já não estava mais com as instituições financeiras, mas com os investidores que haviam adquirido esses papéis. Se os devedores de hipotecas não pagassem suas prestações, seriam os investidores acima mencionados aqueles que perderiam o capital aplicado na compra dos direitos sobre as hipotecas. O resultado das finanças *securitizadas* foi a percepção, por parte das instituições financeiras, de que estas tinham encontrado meios para *livrar-se do risco* (KRUGMAN,

---

[87] Agências de classificação de riscos, como Moody's, Standard & Poor's e Fitch Ratings, são frequentemente apontadas como impulsionadoras do *shadow banking system* e da crise do *subprime*, dado que chancelaram inovações financeiras como investimentos *seguros*, mas que se revelaram altamente arriscados. O ponto é explicado por Cintra e Farhi (2008): "Essas agências tiveram um crescimento acelerado e registraram forte elevação de lucros com a expansão da securitização dos ativos de crédito (*asset backed securities*). Ao auxiliar as instituições financeiras na montagem dos 'pacotes de crédito' que lastreavam os títulos securitizados de forma a garantir a melhor classificação possível, as agências tiveram participação na criação do mito de que ativos de crédito bancário podiam ser precificados e negociados como sendo de 'baixo risco' em mercados secundários. Ademais, elas incorreram em sério conflito de interesses na medida em que parte substancial de seus rendimentos advinha dessas atividades" (CINTRA; FARHI, 2008, p. 40). Guttmann aponta ainda que as agências também "serviam como consultores para a montagem de pacotes de securitização de empréstimos que concordavam em avaliar como de grau máximo" (2008, p. 28).

[88] Houve uma febre de classificação de ativos em notas altas, inclusive concedidas a ativos *subprime*. Martin Wolf critica a classificação do risco como "pseudo-AAA". Para ele, as inovações financeiras acumulavam "grandes proporções de risco", mas eram "perfeitamente desenhadas para ocultar o risco – do ponto de vista de quase todos os participantes da crise" (WOLF, 2010, p. 199). Como Wolf aponta, em janeiro de 2008, ao passo que apenas 12 empresas no mundo inteiro eram classificadas como "AAA", havia 64 mil ativos financeiros estruturados com esta mesma classificação (WOLF, 2010, p. 204). Como resultado, "[m]ais de um trilhão de dólares foram canalizados ao mercado de hipotecas *subprime*, que abrangia os devedores mais pobres e menos solventes nos Estados Unidos" (WOLF, 2010, p. 203).

[89] Classificações "AAA" abriram as portas para que investidores institucionais de toda a parte do mundo ingressassem na bolha imobiliária norte-americana (KRUGMAN, 2009, p. 113; WOLF, 2010, p. 200). Investidores institucionais – como fundos de pensão e bancos de investimento – frequentemente encontravam-se restritos por políticas de investimento a determinar que seu capital fosse posicionado em investimentos considerados "seguros" por agências de classificação de risco como a Standard & Poor's, a Moody's e a Fitch Ratings. Apenas ativos classificados no extrato superior, "AAA", por agências desse tipo, poderiam compor carteiras desses investidores, dado que eram associados a menores riscos. A demanda que estes investidores institucionais tinham pela participação no rentável mercado imobiliário norte-americano foi satisfeita por inovações financeiras destinadas a elevar a classificação dos ativos deste mercado. "Do lado da demanda, muitos investidores precisavam de retornos reais maiores que os fornecidos por títulos governamentais [...]. Havia, portanto, um mercado mais amplo para ativos de maior rentabilidade classificados como AAA. Esse foi o papel desempenhado pela inovação: ela deu aos compradores, em todo o mundo, aquilo que eles procuravam, em uma escala gigantesca, pelas finanças estruturadas" (WOLF, 2010, p. 203).

2009, p. 149; WOLF, 2010, p. 200).[90] Por conta disso, houve incentivos para a concessão de empréstimos cada vez mais arriscados, inclusive a devedores com alta chance de insolvência, que ficaram conhecidos como *subprime*[91].

O *credit default swap* (CDS) – "*swaps* de inadimplência em crédito" (BRESSER-PEREIRA, 2010, p. 56) – também esteve entre os instrumentos financeiros mais utilizados para transacionar riscos. Basicamente, ele cumpria a função de uma apólice de seguro contra o inadimplemento do devedor. Mas não estava sendo negociado no mercado de seguros –regulado, supervisionado por governos e garantido por resseguros –, mas sim nos "mercados de balcão". O funcionamento dos CDSs é explicado por Cintra e Farhi:

> Por esse mecanismo, o detentor de uma carteira de crédito compra proteção (paga um prêmio) do vendedor de proteção. Em troca, esse assume, por um prazo predeterminado, o compromisso de efetuar o pagamento das somas combinadas nos casos especificados em contrato, que vão de inadimplência ou falência à redução da classificação de crédito ou outros eventos que possam causar queda no valor da carteira (CINTRA; FARHI, 2008, p. 51).

A explosão no mercado de *credit default swaps* "fez com que as pessoas acreditassem que estavam adequadamente asseguradas contra o risco, quando não estavam" (WOLF, 2010, p. 200). O risco apenas mudava de mão, mas não desaparecia dos mercados financeiros.[92]

A negociação de derivativos, como CDO e CDS, foi apenas o "primeiro momento" de inovação financeira relacionado à bolha imobiliária. Um "segundo momento", ainda mais preocupante em razão de seus riscos sistêmicos, se deu quando instituições financeiras "passaram a emitir versões 'sintéticas' desses instrumentos com lastro em derivativos de crédito e não em créditos concedidos" (CINTRA; FARHI, 2008, p. 39). Os ativos financeiros *sintéticos* são ativos "virtuais", e "possuem tal propriedade porque

---

90   "Mas, o fato desses riscos terem sido transferidos não os anulou, eles permaneceram presentes no mesmo montante consolidado. Essa transferência de riscos significou apenas que eles deixaram de incidir no balanço da instituição que originou o crédito e passaram a ser de responsabilidade da outra instituição que constituiu a contraparte da operação" (CINTRA; FARHI, 2008, p. 52).

91   "No início dos anos 2000, houve imenso aumento nos empréstimos mais arriscados, chamados de *subprime*. Quando milhares de empréstimos *subprime* foram cominados em CDOs, muitos deles ainda assim receberam a classificação de risco 'AAA'" (TRABALHO INTERNO, 2012).

92   Uma explicação deste ponto é feita por Robert Guttmann: "O novo modelo 'gerar e distribuir' de fazer empréstimos, reembalá-los em valores mobiliários e se desfazer deles vendendo-os é um convite para que os banqueiros pensem de forma equivocada que tal mecanismo de transferência de risco para outros equivale a se livrar dos riscos de uma vez por todas. O que a securitização faz, se é que faz algo, é transformar um risco de crédito em uma combinação de riscos de mercado e de terceiros. Os delírios que os bancos têm quanto aos riscos foram piorados pela natureza mal compreendida dos seus instrumentos complexos e também pela opacidade intencional dos seus negócios" (2008, p. 29). O argumento também é feito pelo documentário *Money, Power and Wall Street* (2012), com foco na crise do mercado imobiliário norte-americano, nos protestos e no comportamento governamental subsequente.

negociam compromissos futuros de compra e venda de ativos, mediante o pagamento de um 'sinal', o que abre a possibilidade de *vender o que não se possui e/ou comprar o que não se deseja possuir.*" (2008, p. 53 – acrescentou-se ênfase) Em outros termos, os derivativos sintéticos permitem que os investidores *apostem* no valor futuro de ativos que não necessariamente são de propriedade dos envolvidos na negociação.

Nada impedia que, valendo-se de derivativos *sintéticos*, diversos investidores fizessem "apostas" no destino de um mesmo papel. Não é de se admirar que a introdução das finanças *sintéticas* tenha elevado exponencialmente o risco de quebra do sistema financeiro: "[n]a construção dessa pirâmide, os riscos originais foram multiplicados por um fator *n* e sua distribuição passou a constituir uma incógnita" (2008, p. 53). É espantoso que essa qualidade de ativos possa ter se multiplicado e adquirido tanto peso no sistema financeiro sem guardar correspondência com ativos da economia *real*: eram castelos financeiros feitos de ar. Mas ainda assim eram altamente atraentes aos investidores, e proporcionaram interessante rentabilidade enquanto a bolha permaneceu a inflar.

O que esses dois momentos de inovação representaram para o sistema financeiro e bancário? Desponta, como elemento para a resposta, a transmissão e multiplicação de riscos em cadeia, perpassando os participantes desse sistema[93]. Como Bresser-Pereira destaca, a "mistura de inovações financeiras ocultava e ampliava o risco envolvido em cada inovação" (BRESSER-PEREIRA, 2010, p. 56). Enquanto os riscos permaneciam como tais – isto é, como *eventos possíveis*, porém não materializados –, a estrutura do sistema financeiro manteve-se intacta e os fluxos de derivativos inovadores conservaram sua rentabilidade. Entretanto, problemas começaram quando o mercado imobiliário norte-americano mostrou sinais de saturação e os preços dos imóveis começaram a cair.

A queda dos preços começou em 2007 e ganhou impulso em 2008 (WOLF, 2010, p. 206). O valor descendente dos imóveis transmitiu pelos mercados financeiros a mensagem de que as hipotecas haviam se tornado investimentos de retorno duvidoso. Os juros aumentaram e as hipotecas, que eram contratadas a juros variáveis, passaram a contar com maiores índices de inadimplência. Com a queda no preço dos imóveis, muitas hipotecas passaram a ter valor de face maior que o valor de mercado dos próprios imóveis

---

[93] "Este sistema era uma bomba-relógio. Emprestadores já não se importavam se os devedores poderiam pagar as dívidas. Então começaram a conceder empréstimos cada vez mais arriscados. Os bancos de investimento tampouco se importavam. Quanto mais CDOs vendessem, maiores seus lucros. E as agências de classificação de risco, que eram pagas por bancos de investimentos, não tinham responsabilidade jurídica no caso de suas avaliações de CDOs mostrarem-se equivocadas" (Trabalho interno, 2010).

financiados, significando que nem a realização de leilões para liquidar tais ativos poderia resolver a situação problemática em que os credores agora se encontravam. A metáfora para a situação é a *dança das cadeiras*: enquanto a música estava tocando e as pessoas mantinham-se em circulação (fase de crescimento da bolha, ou *boom*), não houve problemas. Mas quando a música parou (queda dos preços dos imóveis, ou *bust*), descobriu-se não haver cadeiras para todos. A espiral descendente, ou o círculo vicioso da crise, foi posto em funcionamento.

Investidores que haviam adquirido papéis relativos ao mercado imobiliário (CDOs, CDS, derivativos sintéticos, entre outros) amargaram perdas com o aumento da inadimplência. As perdas espalharam-se por todo o sistema financeiro, *shadow* e convencional. Investimentos feitos em derivativos sintéticos desabaram em sua virtualidade. Bancos comerciais tradicionais também estavam envolvidos em investimentos no setor imobiliário norte-americano.[94] O mesmo ocorria com conglomerados financeiros e seguradoras (como a AIG, socorrida pelo governo norte-americano em 2008) que haviam assumido posições relevantes no *shadow banking system* (CINTRA; FARHI, 2008, p. 46). O contágio não se restringiu aos Estados Unidos, dadas as interligações globais criadas em torno dos investimentos no mercado imobiliário norte-americano (KRUGMAN, 2009, p. 167-77).

Quando a bolha estourou, ativos mantidos por instituições financeiras tornaram-se objeto de insegurança generalizada. Dúvidas sobre a solvência das instituições que negociavam derivativos precipitaram o análogo das *corridas bancárias* no *global shadow banking system* (CINTRA; FARHI, 2008, p. 41). Porém, logo estas corridas atingiram bancos tradicionais ou formais. A primeira delas aconteceu em 2007 com o banco alemão IKB, que havia feito dos derivativos *subprime* expressiva fatia de seu *portfolio*. Mas os problemas revelaram-se um *dominó* global: em 2008, bancos faliram ou foram "resgatados" por pacotes governamentais nos Estados Unidos, Grã-Bretanha, Islândia, Irlanda, Espanha e assim por diante. Apesar de seu alcance global, o colapso do sistema financeiro originou-se, como se viu, nos Estados Unidos – o que pode estar associado à percepção de que ela desferiu golpe mais profundo à predominância do neoliberalismo. Normalmente,

---

94 A lei Gramm-Biley-Leach ou *Financial Services Modernization Act*, de 1999, revogou as restrições às atividades bancárias introduziadas pela lei Glass-Steagall, após a Grande Depressão dos anos 1930 nos Estados Unidos (Guttmann, 2008, p. 17). Para uma explicação da lei Glass-Steagall, vide Krugman, 2009, p. 157. Como consequência da retirada da barreira que separava bancos comerciais de bancos de investimento, os primeiros "assumiram o controle da criação de mercados de balcão, informais e descentralizados, nos quais muitos dos novos instrumentos de derivativos e securitização passaram a ser negociados" (GUTTMANN, 2008, p. 21).

economistas ortodoxos explicavam crises financeiras da *periferia global* por referências a *políticas ruins* ou *formatos institucionais inadequados*. Desta vez, porém,

> a crise não emanou de países emergentes. Nem veio de um pequeno grupo de países avançados. Dessa vez, a fonte da crise foram os próprios Estados Unidos. Esta é, portanto, uma crise no núcleo da economia global. Ela gerou pânico financeiro extraordinário, aversão global ao risco, queda acentuada na produção global, colapso agudo no comércio mundial, desintegração parcial do sistema financeiro global, e ondas de crises em economias vulneráveis em amplas áreas do globo (WOLF, 2010, p. 193).

A "socialização dos riscos" do sistema financeiro (WOLF, 2010, p. 208) foi uma das marcas das medidas de políticas públicas e de política econômica adotadas para o resgate de instituições à beira da falência, pela injeção de recursos governamentais. Protestos ao longo do globo questionaram as medidas de resgate de bancos e outras instituições financeiras. Paralelamente aos resgates, emergiu novo clima favorável à regulação dos mercados financeiros e à maior participação interventiva do Estado nestes mercados, sobretudo por mecanismos de política monetária e fiscal.

No campo da cooperação econômica internacional, já ao final de 2007 (início da crise), o G-7 reuniu-se para discutir meios de evitar a quebra sistemática de instituições financeiras importantes. Uma das decisões tomadas foi a condução de estímulos fiscais e relaxamento monetário (WOLF, 2010, p. 208), ou seja, de adotar, de modo coordenado, políticas econômicas de caráter expansivo para aliviar a crise[95]. Bresser-Pereira salienta que as respostas governamentais não foram de caráter uniforme ou de intensidades equivalentes:

> É preciso observar que a resposta dos europeus foi por demais conservadora em termos monetários e fiscais[96] se comparada à resposta dos Estados Unidos e da China [...]. Por outro lado, os europeus parecem mais dedicados a regular mais vezes seus sistemas financeiros do que os Estados Unidos ou o Reino Unido (BRESSER-PEREIRA, 2010, p. 67).

---

95   Bresser-Pereira sintetiza as decisões mais comumente adotadas pelos governos em resposta à crise em quatro grupos: (i) redução da taxa de juros como meio de aliviar o "aperto de crédito" gerado pela crise; (ii) resgate e recapitalização dos principais bancos; (iii) adoção de políticas fiscais expansionistas; e (iv) "regular novamente o sistema financeiro, tanto doméstica quanto internacionalmente" (BRESSER-PEREIRA, 2010, p. 67).

96   É notável que a ênfase na *austeridade* e na *confiança dos mercados* exercem influência crucial sobre a política econômica alemã, que tem peso considerável sobre os espaços de decisão econômica da União Europeia. Nesse sentido, os "pacotes" montados para endereçar crises no interior do bloco ainda guardam semelhança com o estilo de reformas conhecido como "Consenso de Washington".

No ano seguinte, em 2008, o G-20[97] passou por alterações em seu formato que representaram o ganho de importância dessa instituição informal. O G-20 havia sido criado como espaço de coordenação econômica entre ministros de finanças e diretores de bancos centrais após a crise financeira que afetou países na Ásia e América Latina, ao final da década de 1990. Sua criação resultou da percepção de que "economias emergentes importantes estavam insuficientemente incluídas nos esforços globais de coordenação econômica" (SMITH, 2011, p. 5). Após a crise de 2008, o caráter do G-20 mudou, no sentido de que passou a ser mais do que um espaço para reuniões ministeriais, assumindo também feições de reuniões de *cúpula*, isto é, com a participação direta de chefes de Estado e de governo. A medida foi vista como necessária para "mitigar os danos da crise financeira de 2008" (SMITH, 2011, p. 6) e "evitar uma futura repetição." (CNN, 2009) Certas interpretações chegaram a sugerir que o G-20 passaria a ser o núcleo da cooperação econômica internacional, ao passo que o G-8 atuaria de modo mais focado em questões de segurança internacional e com menor influência sobre assuntos econômicos (CNN, 2009).

Entre as decisões adotadas no G-20 estão a coordenação de pacotes de estímulo econômico, a triplicação do capital do FMI – de modo a fortalecer essa instituição com maior participação das economias em desenvolvimento – e o propósito de adotar "regras mais estritas para bancos, *hedge funds* e outros atores financeiros" (SMITH, 2011, p. 6). Esse último propósito encontra, porém, grande resistência (BRESSER-PEREIRA, 2010, p. 70).

> Em relação à necessidade de regulação financeira internacional ou global, parece que o aprendizado a respeito disso foi insuficiente, ou que, apesar dos avanços representados pelas ações econômicas do G-20, a capacidade internacional de coordenação econômica permanece fraca (BRESSER-PEREIRA, 2010, p. 67).

Embora o reconhecimento formal da necessidade de coordenação mais ampla da cooperação internacional, com maior espaço a países em desenvolvimento, possa ser vista como consequência política positiva da crise em termos de ganhos de legitimidade ou democratização no núcleo da cooperação econômica, permanece incerto se o novo modelo surtirá eficácia, e se de fato suplantará o G-8 como espaço privilegiado para as decisões econômicas mais fundamentais.

---

97 Grupo formado pelos países do G8, pela União Europeia, e pelos seguintes países: "Argentina, Austrália, Brasil, China, Índia, Indonésia, México, Arábia Saudita, África do Sul, Coreia do Sul e Turquia" (SMITH, 2011, p. 5). Juntas, estas economias respondem por cerca de 90% da produção mundial.

9.2 Reflexos intelectuais da crise de 2008

Entre os legados da crise de 2008 estão aqueles de natureza palpável, como perdas econômicas, consequências sociais adversas e difusão global de protestos. Outros se caracterizam como promissores, embora cercados por muitas dúvidas, como a transformação institucional por que passou o G-20. E houve legados expressivos de natureza intelectual, em termos de ideias econômicas e de sua influência sobre a política. Estas últimas são o foco da presente seção.

No meio econômico, uma consequência imediata da crise foi a perplexidade. Acadêmicos, autoridades, jornalistas e indivíduos em diversas partes do mundo perguntavam-se como os conhecimentos econômicos haviam falhado em originar previsões acerca da crise. Além disso, emergia a percepção de que o *mainstream* econômico havia falhado não só por omissão (deixando de prever), mas por comissão. Seus postulados estariam nas bases da formação do cenário propício à ocorrência da bolha especulativa. Entre eles, estão a promoção intelectual da desregulamentação, da extensão global dos mercados financeiros, das inovações e a caracterização teórica dos mercados como inerentemente estáveis. Nesse contexto de perplexidade intelectual e de cenários econômica e socialmente conturbados, certos eventos peculiares simbolizaram a perda de prestígio do neoliberalismo na economia (cf. CASTRO, 2012).

Um desses acontecimentos se deu durante a visita da Rainha Elizabeth II, da Grã-Bretanha, à *London School of Economics*, em novembro de 2008. Na ocasião, a Rainha questionou como os economistas poderiam ter deixado de perceber eventos que desembocaram numa crise de tão grandes proporções (BESLEY *et al..*, 2009). Em 2009 um grupo de economistas, repórteres econômicos, políticos e servidores públicos assinou uma carta endereçada à Rainha, que assumiu o sentido de pedido de desculpas. Este grupo afirmou que a ausência de previsão da crise, "embora tenha tido múltiplas causas, deu-se principalmente por falha da imaginação coletiva de muitas pessoas inteligentes, tanto neste país quanto internacionalmente, de compreender os riscos do sistema como um todo" (BESLEY *et al.*, 2009). Outro acontecimento, que já simboliza pressões para reformas no ensino da economia, foi o *walkout* ocorrido em Harvard em 2011, no curso de economia ministrado por Gregory Mankiw, autor de um dos mais difundidos manuais didáticos no mundo (MANKIW, 2008).

Esses eventos são manifestações pontuais da conjuntura crítica mais ampla por que passa a perspectiva econômica neoliberal. Nesse momento, ganham espaço propostas heterodoxas variadas que questionam as bases teóricas da desregulamentação financeira e da promoção da mobilidade internacional do capital, conformando agendas de superação do neoliberalismo.

Segundo Eiiti Sato, na esteira da crise, "há grande preocupação com a volatilidade do sistema financeiro, havendo consenso no sentido de que os mercados de ativos financeiros precisam ser alvos de regulamentação e controle" (2012, p. 201). Por isso, um de seus produtos "será um movimento no sentido de buscar na autoridade uma solução para as falhas de mercado no mundo globalizado" (2012, p. 202). Remetendo à noção de que crises sistêmicas, tais como a de 2008, "abalam todas as instituições e práticas no sistema de relações econômicas tanto no âmbito internacional como na esfera das economias nacionais" (2012, p. 193), Sato identifica a necessidade de reformas em estruturas da cooperação econômica internacional, dentre as quais a seguinte:

> o regime financeiro internacional, caracterizado pelo princípio do livre mercado, deve ser substituído por outro regime no qual esse princípio, mesmo que não seja totalmente abandonado, dê lugar a regras e a mecanismos de controle que limitem as ações dos agentes financeiros, reduzindo, assim, a volatilidade dos fluxos de capitais. Esse controle incidiria sobre os mercados de títulos e sobre as instituições financeiras, incluindo-se também os chamados "paraísos fiscais" (SATO, 2012, p. 202).

A noção de *buscar na autoridade* soluções para as consequências geradas por mercados desregulados também pode ser percebida nas indicações de Bresser-Pereira a respeito do que deve ser feito no pós-crise:

> A principal tarefa agora é restaurar o poder regulador do Estado de maneira a permitir que os mercados cumpram sua função de coordenação econômica. Há diversas inovações ou práticas financeiras que poderiam ser simplesmente proibidas. Todas as transações deveriam ser muito mais transparentes. O risco financeiro deveria ser sistematicamente limitado (BRESSER-PEREIRA, 2010, p. 70).

A postura ativa do Estado na coordenação econômica e a proposta de manter finanças sob controle, mencionadas por Bresser-Pereira, estão em linha com outras contribuições econômicas heterodoxas contemporâneas. Algumas delas ganharam forma mesmo no período em que o neoliberalismo encontrava-se plenamente em voga, como na década de 1980, a exemplo das formulações de Alice Amsden e Peter Evans. Outras ascenderam no embalo de crises e protestos de virada do século, como as crises do Sudeste Asiático e os protestos de 1999 em Seattle, conformando-se entre meados da década de 1990 e meados da década de 2000. Apesar dos momentos variados de conformação, o certo é que o interesse por essas literaturas contrapostas ao ideário neoliberal ganhou impulso com a crise do *subprime*. Embora tais literaturas pareçam em geral tomar o ideário keynesiano em alta conta, promovendo mesmo o "resgate" de certas contribuições dessa corrente de pensamento, é certo que não são mera "reedição" do keynesianismo. Nesse sentido, embora o diálogo com elementos da economia keynesiana exista, as propostas heterodoxas abordadas a seguir conformam um *novo momento* do pensamento econômico.

No fundo, estas perspectivas intelectuais travam um embate com os resquícios neoliberais a respeito dos caminhos que a cooperação econômica internacional deve assumir. Aplicando-se a categorização sugerida por Mark Blyth (2001), é possível considerar que, no presente contexto, as ideias heterodoxas têm cumprido o papel de *armas* para a contestação das instituições formatadas ao estilo neoliberal (*ideas as weapons*); bem como o de prover *projetos* ou *plantas arquitetônicas* para reformas e elaboração de formatos diferentes para a cooperação econômica internacional (*ideas as blueprints*).

Em contrapartida, o neoliberalismo, apesar de abalado, permanece como *ortodoxia*. Nesse sentido, suas ideias ainda operam a função de *travas cognitivas* (*ideas as cognitive locks*) e continuam a ter influência sobre formuladores de políticas econômicas de países variados, que, afinal, formaram-se em sua tradição. Tal influência se materializa pela continuidade da adoção de medidas como *ajustes fiscais* e *estruturais*, foco no *tripé macroeconômico*, valorização das notas de agência de classificação de risco, recurso a *medidas de austeridade* etc. – que podem ser encaradas como "impulsos residuais neoliberais" (PECK; THEODORE; BRENNER, 2012, p. 78).

CAPÍTULO 10

CONTRIBUIÇÕES HETERODOXAS DA NOVA ECONOMIA DO DESENVOLVIMENTO

Atualmente, novas formulações na economia contestam a proposta de convergência ou harmonização institucional em torno de mercados desregulados favorecida pela perspectiva econômica ortodoxa ou neoliberal. Contribuições do chamado "pensamento econômico heterodoxo" têm enfatizado a importância da diversidade institucional e de mecanismos de coordenação de interesses e da atividade econômica que não são exclusivamente regidos pelas sinalizações de preços, mas que contam com a participação do Estado.

Ataques às propostas de convergência ou harmonização institucional global são aspectos comuns às contribuições de Alice Amsden, Peter Evans e Erik Reinert, bem como da literatura de *variedades de capitalismo* (HALL; SOSKICE, 2001). A perspectiva heterodoxa tende a valer-se de exemplos históricos dos percursos de desenvolvimento de países variados – com ênfase peculiar, embora não exclusiva, em experiências asiáticas posteriores à Segunda Guerra Mundial – para criticar as receitas formuladas pela economia ortodoxa. Em particular, a crença que menores níveis de presença do Estado nos mercados são conducentes a graus mais elevados de desenvolvimento é severamente atacada a partir de exemplos históricos.

Do corpo mais amplo desta literatura, serão aqui destacadas as perspectivas de Ha-Joon Chang e de Dani Rodrik, respectivamente abordadas nas seções 10.1 e 10.2, a seguir. A delimitação se justifica tanto pelo fato de que estes autores são os principais expoentes contemporâneos do debate heterodoxo sobre instituições e desenvolvimento, quanto por suas sugestões (em graus variados de detalhamento) para reforma das estruturas de cooperação econômica internacional, que trazem repercussões para instituições jurídicas.

10.1 Ha-Joon Chang e a abordagem histórica de instituições e desenvolvimento

Ha-Joon Chang escreve em contraposição direta à perspectiva econômica "ortodoxa" ou "neoliberal". Em contraste com recomendações feitas a partir de modelos com sofisticação matemática e pressuposições hipotéticas variadas[98], o autor propõe que a análise do papel das instituições no desenvolvimento seja feita pela abordagem *histórica* da economia (2002, p. 5).

Esta abordagem é a base para a crítica das recomendações de reforma institucional feitas pelo *mainstream* econômico e articuladas por meio de programas de ajuste estrutural e empréstimos condicionais a países em desenvolvimento.

A percepção mais difundida é a de que estas propostas de reformas refletem as "melhores práticas" dos países desenvolvidos. Mas em *Kicking away the ladder* (Chutando a escada), Chang aponta que as instituições e políticas (industriais, comerciais, tecnológicas e macroeconômicas) de que se valeram os países avançados atuais para seu próprio desenvolvimento não foram as mesmas que estão nas recomendações de reforma. Por isso, estariam "chutando a escada" de acesso ao desenvolvimento. Instituições como as da lista a seguir teriam sido *posteriores* à industrialização e ao crescimento econômico, não podendo ter sido *causas* destes processos:

> democracia, "boa" burocracia; judiciário independente, direitos de propriedade privada fortemente assegurados (incluindo direitos de propriedade intelectual); e instituições financeiras e de governança corporativa transparentes e orientadas aos mercados (incluindo um banco central independente) (CHANG, 2002, p. 1).

Ao lado destas instituições, Chang aponta que a orientação ortodoxa recomenda formatos de políticas que ocorreram nos países desenvolvidos *após o desenvolvimento*. Assim, no campo do comércio, o *mainstream econômico* prega a liberdade de comércio com base nas vantagens comparativas, descartando o intervencionismo estatal como indutor de ineficiências econômicas. Chang, porém, aponta que políticas de liberalização comercial apenas foram perseguidas *depois* que países como a Grã-Bretanha e os Estados Unidos – cada qual a seu tempo – alcançaram a primazia econômica[99]. No caso bri-

---

[98] Chang ressalta que nas duas décadas finais do século XX a abordagem neoclássica da economia projetou-se sobre ramos como a economia do desenvolvimento e mesmo a história econômica, produzindo o "resultado infortuno" de que "a discussão contemporânea sobre formulação de políticas para o desenvolvimento econômico tem sido peculiarmente a-histórico" (2002, p. 7).

[99] Os dados de Chang sugerem que o uso da proteção tarifária mostrou-se mais agressivo nas políticas da Grã-Bretanha e dos Estados Unidos, sendo importantes para o restante dos países agora desenvolvidos. Exceções foram a Suíça, os Países Baixos e, em menor medida, a Bélgica (2002, p. 59).

tânico, depois da Revolução Industrial; no caso dos Estados Unidos, após a Segunda Guerra Mundial, "com sua supremacia industrial incontestada" (2002, p. 29).

Entre os componentes das políticas comerciais, industriais e tecnológicas destes e de outros países estiveram itens que compõem extensa lista: barreiras tarifárias; espionagem industrial (2002, p. 41, 55); exploração colonial e celebração de tratados desiguais para a obtenção de termos preferenciais de comércio com países mais fracos ou "semi-independentes" (2002, p. 53); proibições à exportação de maquinário industrial e emigração de trabalhadores qualificados (2002, p. 55); "importações" de trabalhadores qualificados (mesmo em violação a leis locais que restringiam sua saída), com o objetivo de acesso a novas tecnologias (2002, p. 64); concessões de subsídios à exportação (2002, p. 61); atribuições de direitos de monopólio e incentivo a formação de cartéis; abertura de linhas de crédito governamental voltadas à produção; e medidas de apoio à pesquisa e desenvolvimento técnico-científico (2002, p. 65).

Essa coleção de comportamentos estatais destoa marcadamente da noção de *laissez-faire* que instrui as reformas recomendadas a países em desenvolvimento. A partir da caracterização feita por Chang, o desenvolvimento deixa de ser visto como decorrência da atuação natural ou desimpedida das "forças de mercado", diante da importância histórica do Estado nos processos de mudança estrutural das economias hoje avançadas (2002, p. 126). As instituições recomendadas aos países em desenvolvimento como componentes dos pacotes de "boa governança" foram "resultados, ao invés de causas, do desenvolvimento econômico" dos países avançados (2002, p. 129). Tais países buscaram ativamente moldar seus perfis econômicos na direção de "atividades de maior valor agregado" e diversificação, processo este que, para Chang, está na base do desenvolvimento econômico (2002, p. 126). Nesse sentido, afirma que

> o pacote de "boas políticas" atualmente recomendado, que enfatiza os benefícios do livre comércio e outras políticas ICT [industriais, comerciais e tecnológicas] ao estilo *laissez-faire*, parece destoar da experiência histórica. Com uma ou duas exceções (como os Países Baixos e a Suíça), os países hoje desenvolvidos não se tornaram bem-sucedidos com base nesse pacote de políticas. As políticas que empregaram para chegar onde atualmente estão – isto é, políticas ICT ativistas – são precisamente aquelas que os países hoje desenvolvidos dizem que os países em desenvolvimento não deveriam usar, em razão de seus efeitos negativos sobre o desenvolvimento econômico (2002, p. 127).

Em linha com esta caracterização, Chang e Illene Grabel (2004, p. 70), ao apontar que muitas das práticas de política comercial, industrial e tecnológica são hoje contrárias às regras da OMC, sugerem que os países em desenvolvimento devem buscar a reforma da regulamentação do sistema multilateral de comércio, com vistas a torná-lo mais receptivo às políticas interventivas ou ativistas de que precisam.

A história é semelhante no campo das instituições, para além de políticas de comércio, indústria e tecnologia. No ponto de vista ortodoxo, a democracia é pré-requisito para o desenvolvimento. Sem se posicionar de forma contrária à importância da deliberação política democrática, Chang aponta que o sufrágio foi fortemente censitário durante os períodos em que os países agora desenvolvidos se industrializaram (2002, p. 76). Outra afirmação é a de que, considerando-se o mesmo nível de desenvolvimento relativo, os países em desenvolvimento de hoje têm instituições mais amplamente democráticas do que os países atualmente desenvolvidos tinham em suas respectivas épocas de industrialização. Nos moldes da crítica à vinculação entre democracia e desenvolvimento, o autor endereça diversas outras das instituições cuja adoção universal é recomendada pelo neoliberalismo. Dentre elas, são exemplos a propriedade privada e a propriedade intelectual, destacados a seguir.

Segundo o discurso ortodoxo, a proteção forte dos direitos de propriedade privada é imperativa por seus efeitos sobre os incentivos dos agentes nos mercados, a criação de riqueza e o desenvolvimento econômico. Porém, Chang aponta que a segurança da propriedade privada não pode ser tomada cegamente como um imperativo, porque há "exemplos históricos nos quais a preservação de certos direitos de propriedade mostrou-se danosa ao desenvolvimento econômico" (2002, p. 82).

Entre os exemplos está o reconhecimento dos direitos de espoliadores de terras – usucapientes – no Oeste americano, que foi crucial ao desenvolvimento daquela região, embora tenha consistido "em violação aos direitos dos proprietários anteriores." Outros exemplos fazem referência aos processos de reforma agrária conduzidos no Japão, Coreia do Sul e Taiwan após a Segunda Guerra Mundial, que "violaram os direitos de donos de terra mas contribuíram para o desenvolvimento subsequente desses países." Com base nestas e noutras indicações históricas, Chang conclui que "o que importa para o desenvolvimento econômico não é simplesmente a proteção de todos os direitos de propriedade existentes, qualquer que seja sua natureza, mas a definição de quais direitos de propriedade são protegidos e sob que condições"[100] (2002, p. 83).

A perspectiva ortodoxa também encara a proteção da propriedade intelectual como crucial ao desenvolvimento, porque a concebe na base para os incentivos à inovação tecnológica. Sem ter segurança de desfrutar os retornos de seus inventos, os agentes nos mercados perderiam os incentivos para buscar inovações. Com base nesse raciocínio, as reformas sugeridas a países em desenvolvimento apontam para instituições segundo os moldes do TRIPS, no âmbito da OMC, que constitui um regime "forte" de proteção da propriedade intelectual. Chang observa, porém, que o processo de industrialização dos países hoje avançados se deu em meio a recusas de reconhecer direitos de propriedade intelectual a inventos estrangeiros (2002, p. 85). Estes países se valeram da possibilidade de "copiar" avanços tecnológicos enquanto não alcançaram a dianteira em pesquisa e desenvolvimento industrial em setores econômicos importantes para cada contexto. Em outra obra, Chang e Illene Grabel apontam que a adesão a regimes "fortes" de proteção da propriedade intelectual não é favorável a países em desenvolvimento. Esta proteção deve se dar de forma estratégica, segundo uma visão de desenvolvimento adequada ao contexto, ou seja, como parte de uma política industrial. Os autores sugerem que os países em desenvolvimento desafiem o regime do TRIPS e busquem sua reforma (CHANG; GRABEL, 2004, p. 101, 104).

Uma importante lição retirada do percurso histórico traçado por Chang é a de que o desenvolvimento dos países hoje avançados não foi alcançado por adesão a modelos institucionais ideais e padronizados. Pelo contrário, "os países bem-sucedidos foram aqueles capazes de habilmente adaptar seu foco às mudanças nas condições", com "formas e ênfases" de políticas industriais, comerciais e de tecnologia que variaram segundo os diferentes contextos (2002, p. 127). Neste rol de países bem-sucedidos incluem-se aqueles que souberam encontrar seu próprio caminho, como as políticas de

---

100   A crítica ao foco na proteção "forte" de direitos de propriedade privada, em Chang, adquire feições adicionais. Para ele, o modelo de proteção mais adequado a contextos específicos pode não ser necessariamente "privado": como "direitos genuinamente comunais de propriedade privada que não permitem apropriação privada mas que são baseados em regras claras sobre acesso e uso (por exemplo, regras comunais para coleta de lenha em florestas de propriedade comunal, regras que impedem a comercialização lucrativa de um software construído a partir de um 'shareware' livre)" (CHANG, 2007b, p. 22). Além da propriedade comunal, há formas híbridas, como o caso das *Township Village Entreprises* (TVE) na China, que são "propriedade *de jure* dos governos locais, mas que em alguns casos operam sob direitos de propriedade privada *de facto* (embora não claramente) detidos por poderosas figuras políticas locais" (CHANG, 2007b, p. 23). A crítica, aqui, é de ordem empírica: nesse contexto específico, como dizer que a ausência de regras claras sobre propriedade privada na China operaram como empecilho ao seu desenvolvimento econômico, diante do forte ritmo de crescimento verificado em décadas recentes? A linha de argumentação de Chang endereça aquilo que Dani Rodrik intitulou *private property reductionism*. Abordagens mais detalhadas dessa crítica podem ser encontradas ainda em *Some caution about property rights as a recipe for economic development* (KENNEDY, 2011).

industrialização ao estilo do Sudeste e Leste Asiáticos, ou o caso da China, descrita como país que soube aproveitar a globalização a seus próprios termos, ou seja, sem aderir às reformas sugeridas pela perspectiva econômica ortodoxa, mas criando suas próprias instituições.

10.1.1 Das reformas uniformizantes à diversidade institucional

As recomendações de reforma para adoção de instituições pró-mercado por países em desenvolvimento integram o fenômeno mais amplo de "reversão do papel do Estado" (*rolling back of the state*) ocorrido nas décadas de 1980 e 1990. Outras faces desse processo consistiram no descrédito do modelo de *welfare state* e no desmantelamento das economias socialistas e sua transição para o capitalismo (CHANG, 2003, p. 19), num contexto de difusão global do ideário neoliberal.

A investida que Chang faz ao neoliberalismo e ao *rolling back of the State* não implica, segundo o autor, "simplesmente o retorno a alguma era dourada anterior". Sua proposta é "formar uma nova síntese em que os *insights* válidos do neoliberalismo sejam despidos de sua bagagem ideológica e integrados a uma moldura intelectual mais ampla e objetiva" (2003, p. 39). Em sua caracterização, entre o capitalismo *laissez-faire* e a planificação econômica do socialismo "há uma terceira via, ou melhor, há muitas terceiras vias" (2003, p. 28).

Um dos componentes mais gerais destas "terceiras vias" consiste na valorização do ativismo estatal sem descarte do papel das "forças de mercado". O Estado não é chamado a suprimi-las ou ocupar plenamente o seu lugar, mas a ele são conferidas tarefas de orientação, coordenação, impulso e disciplina destas forças, por meio de políticas ativas e seletivas de comércio, indústria, tecnologia e crédito, além de políticas macroeconômicas (cf. CHANG; GRABEL, 2004). Outro componente é a ênfase na busca de soluções contextualmente específicas, adequadas às necessidades e características de cada país em desenvolvimento. Ao falar em "terceiras vias" ao invés de uma só "terceira via" possível, Chang espelha sua rejeição à proposta de convergência institucional global (adoção de *global standard institutions*) ou de reformas que buscam implementar instituições de "tamanho único" (*one-size-fits-all*) (CHANG, 2007a, p. 11).

10.1.2 Novas proposições sobre instituições, atuação estatal e desenvolvimento

A abordagem histórica dos percursos de desenvolvimento permite a Chang rejeitar as instituições embutidas nas recomendações a países em desenvolvimento como inadequadas a suas necessidades. Partindo deste "desmonte", Chang introduz suas próprias recomendações sobre instituições e atuação estatal na economia.[101]

Entre as recomendações heterodoxas de Chang sobre instituições estão alertas contra práticas comuns de reforma institucional em países em desenvolvimento. Um primeiro alerta se refere às *global standard institutions* que, pelas razões apontadas em *Kicking away the ladder* (2002), recomendam aos países em desenvolvimento instituições e políticas que não estiveram na base dos processos de mudança econômica dos países avançados. Além disso, não há "receitas-padrão" ou "fórmulas mágicas" que funcionem independentemente do contexto. Por isso, as reformas institucionais não podem ser de caráter universal. Posicionando-se contrariamente à tentativa de introduzir reformas que emulam instituições de "alto-padrão" (essencialmente aquelas do mundo anglo-americano), Chang afirma que "os países não têm que começar com instituições de alta qualidade para que iniciem o desenvolvimento econômico, [...] o desenvolvimento institucional é consequência, ao invés da causa, do desenvolvimento econômico" (CHANG, 2007a, p. 13).

Outro ponto é o acautelamento quanto ao "mimetismo institucional".[102] A crítica à importância de receitas-padrão não implica que nada possa ser feito "para melhorar a qualidade das instituições nos países em desenvolvimento de hoje". Chang não descarta a possibilidade de que estes "se beneficiem da

---

101 Além de recomendações sobre instituições e papéis do Estado na economia, Chang também faz contribuições específicas sobre formatos de políticas comerciais, industriais, tecnológicas e macroeconômicas, incluindo políticas creditícias, adequados às pretensões de países em desenvolvimento (CHANG; GRABEL, 2004). Devido ao seu nível de detalhe, estas não serão relatadas aqui.

102 Quanto ao mimetismo institucional, Chang enxerga um aspecto positivo em que países em desenvolvimento possam importar instituições sem arcar com os mesmos custos de desbravamento e experimentação. Um exemplo disso se refere aos bancos centrais: "por terem introduzido bancos centrais em níveis de desenvolvimento econômico relativamente mais baixos, os países em desenvolvimento de hoje mostraram-se capazes de lidar melhor com crises financeiras do que o foram os países hoje em desenvolvimento em níveis comparáveis de desenvolvimento econômico." Todavia, Chang não apregoa o mimetismo como estratégia suficiente para garantir desenvolvimento institucional bem sucedido: "uma instituição formal que parece funcionar bem num país avançado pode estar funcionando bem apenas porque é sustentada por certo conjunto de instituições informais que não são de fácil observação." (2007b, p. 29) Além do problema da limitação da importação formal de instituições, permanece a necessidade de base política adequada para que a instituição importada ou adaptada possa operar com sucesso: "[a] menos que a nova instituição desfrute de certo grau de legitimidade política entre os membros da sociedade em questão, ela não funcionará. E para ganhar legitimidade, a nova instituição tem que guardar ressonância com as instituições e a cultura existentes, o que limita a abrangência possível da inovação institucional." (2007b, p. 30) A receita de Chang não é, portanto, nem o mimetismo alheio ao contexto local, nem o fechamento local às experiências institucionais de outros países, mas o meio-termo entre os dois extremos, a sugerir o aprendizado institucional contextualmente específico.

capacidade de imitar as instituições que sejam adequadas às suas circunstâncias", como em oposição a imitações derivadas de um pacote de reformas apregoado independentemente da situação de cada um (CHANG, 2007a, p. 13).

Um problema frequentemente associado ao mimetismo consiste em negligenciar o modo como instituições funcionam no mundo real. Segundo Chang, a literatura ortodoxa sobre instituições enfatiza soluções formais, sem maior atenção a outros aspectos relevantes, como sua interação com instituições informais já existentes no contexto local. Estas podem ser cruciais para determinar se as "criarão raízes" ou se permanecerão apenas no papel:

> Instituições não funcionam no vácuo, mas interagem com outras instituições. Se um país tenta mudar suas instituições pela importação de novas formas (ou mesmo pela importação de tipos de instituição atualmente ausentes), elas podem não funcionar bem se forem incompatíveis com instituições locais; talvez porque fundadas em valores morais incompatíveis com os valores morais locais, talvez porque pressuponham a existência de certas outras instituições que faltam no contexto local (CHANG, 2007a, p. 6)

Outros argumentos se referem a possibilidades de *overdose* e *perversão* institucionais. A overdose se refere à ênfase excessiva na aplicação de uma instituição, independentemente de resultados benéficos de acordo com o contexto. Assim, por exemplo, as patentes criadas como estímulos à inovação podem, ao invés, atuar como obstáculos se aplicadas em áreas como a genética, travando pesquisas baseadas no genoma humano (CHANG, 2007a, p. 10-11). Já a *perversão* é o desvirtuamento da intenção ou função originalmente desempenhada por uma instituição. O lado negativo ocorre quando "uma instituição benéfica é tornada maléfica pelas ações deliberadas de certos indivíduos ou grupos". Mas há um lado positivo que sugere que "uma instituição não precisa de um pedigree 'nobre' para ser utilizada em bons propósitos." Como exemplo disso, Chang relata que a prática de *administrative guidance* – ascendência estatal forte sobre negócios privados – na Coreia do Sul e no Japão, embora possam ser considerados "desvios" do ideal de *"rule of law"* (em virtude de seu foco na preservação da esfera de autonomia privada), operaram bem nestes dois contextos (CHANG, 2007a, p. 11).

Apesar de não haver soluções do tipo *"one-size-fits-all"*, Chang propõe três princípios para a "tecnologia de construção institucional", essencialmente diferentes da abordagem ortodoxa.

O primeiro é reflexo direto da noção de perversão institucional: "instituições que em certo momento foram benéficas podem, com a passagem do tempo, tornar-se empecilhos ao desenvolvimento" (2007a, p. 12). Logo, os países não devem aderir a qualquer modelo institucional formal, mas verificar o que funciona de acordo com seu contexto.

O segundo princípio reflete a lição de que "boas" instituições são mais a consequência do que a causa do desenvolvimento econômico: "é frequentemente mais eficaz começar o processo de reforma institucional pela introdução das atividades econômicas desejadas do que pela introdução das instituições desejadas" (CHANG, 2007a, p. 12). Nesse sentido, o foco primário dos países deve estar na migração para atividades econômicas de maior valor agregado e na diversificação econômica. Este ponto é importante porque está diretamente relacionado à ênfase no ativismo estatal em geral, e em políticas industriais em particular.

Por fim, de acordo com o terceiro princípio, "mesmo quando concordamos que uma instituição possa ser "boa" para quase todos os países ao menos quanto a algum propósito, sempre há o risco de [...] 'overdose institucional'". Assim, embora se possa apontar no aspecto geral que alguma forma de proteção da propriedade (não necessariamente privada) é desejável, "é errado inferir disso que quanto mais forte esta proteção, melhor será, como sugere a sabedoria convencional" (CHANG, 2007a, p. 12).

Estes são contornos gerais das contribuições de Chang sobre instituições e desenvolvimento. Vale destacar que Chang enxerga as "instituições sancionadas pelo Estado na vida econômica moderna" como sendo de fundamental importância para o desenvolvimento (2007a, p. 4). Nesta esteira, é apropriado delinear os dois papéis gerais que o autor atribui ao Estado, e que constituem parte importante de sua perspectiva por embasarem um novo ativismo estatal.

10.1.3 Papéis do Estado diante das mudanças estruturais intrínsecas ao desenvolvimento

A perspectiva econômica ortodoxa (neoliberal) enxerga a intervenção estatal na economia como indutora de ineficiências. Como Chang aponta, esta visão pressupõe que os investimentos e as pessoas possam migrar espontaneamente das áreas menos para as mais rentáveis. Quando esta concepção é acoplada ao argumento das vantagens comparativas no comércio internacional (vide capítulo 2), ela resulta na sustentação da liberalização comercial.

A perspectiva ortodoxa não nega que "deslocamentos" econômicos e sociais ocorrerão com a liberalização. Tanto empresários quanto trabalhadores prejudicados pela falência de seus setores econômicos (ineficientes) migrarão para atividades "mais eficientes". A perspectiva tem tonalidades de seleção natural darwiniana: alguns indivíduos ficam para trás, mas o resultado final é visto como evolução em termos do bem-estar econômico e da competitividade que se tinha antes. Nestas linhas, a intervenção do Estado atrapalha a tendência de os mercados desimpedidos alcançarem o equilíbrio do modo mais eficiente, seguindo seu curso próprio de evolução rumo a patamares cada vez mais altos de bem-estar agregado.

Ha-Joon Chang discorda desta caracterização. Para ele, a visão ortodoxa não leva em conta a presença de "ativos específicos" na economia (1994, p. 304). Estes são os ativos que não podem ser facilmente transpostos de um setor econômico a outro. Ao menos, esta transposição não pode ser feita sem perda, depreciação ou prejuízo, em face de sua "mobilidade limitada" (CHANG, 1994, p. 301; cf. FIANI, 2011). Em outros termos, são ativos cuja aplicação em setores diversos daqueles em que foram originalmente investidos resulta em prejuízo econômico. Para ilustrar o aspecto humano, Chang faz referência ao metalúrgico de meia-idade que, perdendo seu emprego, passa a "fritar hambúrgueres no McDonald's" (1994, p. 302). No aspecto físico, o investimento feito, por exemplo, em um laboratório de pesquisa que venha a ser fechado dificilmente poderá ser recuperado por sua transposição a outro setor econômico, dada a alta especificidade dos instrumentos envolvidos. Em ambos os casos, o abandono da aplicação inicial representa prejuízo (FIANI, 2011, p. 215-6).

A noção de que a economia do mundo real conta com ativos específicos serve como base para que Chang teorize a importância da atuação do Estado na busca do desenvolvimento. Este implica mudança estrutural, significando "mudanças econômicas de larga escala que envolvem alterações tecnológicas e institucionais substanciais" (Chang, 1994, p. 294). Por um lado, estas mudanças geram conflitos sociais que podem acabar por impedir a continuidade das próprias mudanças. Por outro, não há que se esperar que as mudanças se iniciem espontaneamente, ou segundo "forças de mercado". Estas duas afirmações estão relacionadas aos dois papéis gerais que Chang atribui ao Estado frente ao processo de *mudança estrutural*: o de *gestor de conflitos* e o de *empreendedor* (CHANG, 1994; cf. FIANI, 2011).

O Estado precisa atuar como *gestor de conflitos* porque o processo de desenvolvimento gera deslocamentos de fatores produtivos que o tornam socialmente conflituoso. Quando há mudanças tecnológicas, novos setores ganham o espaço de antigos setores. Alguns ganham emprego e aumentam lucros, ao passo que outros perdem, e "aqueles propensos a perder tentarão se mobilizar contra novos arranjos institucionais e por vezes conseguirão fazê-lo." Como as transformações no sistema econômico representam perdas para aqueles que investiram em ativos específicos, há a necessidade de administrar os conflitos decorrentes dos deslocamentos associados ao processo de desenvolvimento (CHANG, 1994, p. 301). O *ludismo* na Grã-Bretanha, no início do século XIX, é um bom exemplo da resistência à mudança estrutural: trabalhadores que percebiam o incremento da mecanização da produção têxtil como ameaça às suas condições de vida mobilizaram-se para a destruição do maquinário.

Contrariamente, portanto, à abordagem *laissez-faire* que prevê atuação mínima do Estado, Chang sugere que o papel estatal de gestão de conflitos é essencial para manter os incentivos para investimentos em ativos específicos nos setores econômicos mais complexos e sensíveis. O Estado pode fazê-lo criando mecanismos de proteção para os setores negativamente afetados, a exemplo das quotas de importação impostas a automóveis japoneses por países europeus, que buscavam proteger suas próprias indústrias automotivas das condições adversas da exposição à competição internacional (1994, p. 302). Nessa hipótese, a atuação do Estado se dá por meio de políticas comerciais e industriais.

Outra possibilidade reside em políticas monetárias e fiscais voltadas a compensar grupos afetados. A política monetária pode operar transferências de renda indiretas por meio do nível de inflação (1994, p. 303), ao passo que a política fiscal pode realizar redistribuições de renda de modo mais direto por meio de "benefícios de desemprego, apoio à renda e reduções tributárias correspondentes a quedas na renda" (1994, p. 303). "O Estado, em seu papel de gerenciador de conflitos, pode ser visto como provedor de seguro aos membros da sociedade, ao fornecer a estrutura de governança que garantirá algum nível justo de renda a todos mesmo diante das circunstâncias mais adversas" (CHANG, 1994, p. 304).

Como apontado anteriormente, o outro grande papel do Estado é o de *empreendedor*. Numa economia complexa, os fatores de produção distribuídos nos diversos setores de atividade são interdependentes, mas a propriedade desses fatores encontra-se dispersa entre agentes variados (1994, p. 298). Esta situação pode servir como obstáculo à mudança estrutural implicada no processo de desenvolvimento, dado que este processo "pode requerer mudanças coordenadas em muitos setores da economia" (1994, p. 298). Emerge, neste ponto, a descrença quanto à capacidade de mudança *espontânea* rumo ao desenvolvimento, capitaneada pelas livres forças de mercado, já que:

aqueles que controlam componentes individuais podem ser incapazes de iniciar ou conseguir a mudança, visto que podem sofrer de carência de visão "sistêmica" e/ou de incerteza estratégica a respeito dos comportamentos dos outros agentes relevantes. Portanto, há necessidade de coordenação por algum agente central (seja o Estado ou não) para que uma mudança econômica ampla possa acontecer (CHANG, 1994, p. 298).

Na perspectiva de Chang, cabe ao Estado assumir o papel de impulsionar a economia rumo a atividades de maior valor agregado, como a industrialização. Para tanto, seu papel de empreendedor envolve tanto projetar uma *visão de futuro* quanto construir as *instituições necessárias* à concretização desse projeto (1994, p. 297). A projeção de uma visão significa que "o Estado pode guiar agentes do setor privado a agir concertadamente, sem que estes tenham que gastar recursos na coleta e processamento de informações, em processos de barganha e assim por diante" (1994, p. 298).

Para tanto, o Estado precisa construir "novos veículos institucionais" que estimulem os empreendimentos privados na direção projetada. Como parte disso, é necessário decidir os tipos de "direitos e obrigações" que o Estado reconhecerá e apoiará. Afinal, "só o Estado tem o poder de legalizar os (ou ao menos dar apoio implícito aos) novos direitos de propriedade e às novas relações de poder (tanto no nível social quanto das empresas), que fornecem uma realidade institucional à nova estrutura de coordenação" (CHANG, 1994, p. 300). Outra parte envolve a atuação direta do Estado na atividade econômica. Chang e Grabel apontam, em linha com este papel, que o "setor de empresas estatais tem seu lugar em todas as economias" (2004, p. 88).

A noção de Estado como *empreendedor* abre as portas para justificar a condução ativa de políticas industriais, comerciais e tecnológicas, bem como de políticas macroeconômicas, na condução estatal do processo de desenvolvimento, em marcado contraste com a visão segundo a qual este processo decorreria naturalmente da livre operação das "forças de mercado".

A partir destes contornos, é possível observar que as recomendações de Chang entram em choque com a visão ortodoxa. Esta última encontra abrigo nas instituições da cooperação econômica internacional, refletindo-se em pacotes de ajuste estrutural e empréstimos condicionais do Banco Mundial e do FMI e na regulamentação multilateral do comércio, incluindo regras sobre propriedade intelectual (TRIPS) e investimentos (TRIMS). Os diferentes regimes que ainda compõem a ordem econômica internacional contemporânea representam obstáculos a muitas das sugestões heterodoxas de Ha-Joon Chang. No entanto, como o autor afirma em conjunto com Illene Grabel, "é imperativo que os defensores de políticas econômicas alternativas não encarem as regras atuais do ambiente global como fixas. Sempre é possível, e certamente é necessário, reescrever as regras globais" (2004, p. 203). Suas contribuições fornecem, portanto, insumos à formação de uma agenda de reforma das instituições da cooperação econômica internacional.

10.2 Dani Rodrik: globalização econômica com *policy space*

As visões de Ha-Joon Chang e Dani Rodrik compartilham diversos elementos. Entre eles, a concepção de que as instituições importam para o desenvolvimento, mas que não podem ser replicadas de modo simples a partir de um pacote comum de reformas (*one-size-fits-all*). Embora os autores defendam soluções contextualmente específicas, não deixam de apresentar certos princípios gerais para instituições e políticas voltadas ao desenvolvimento. Dentre estes, figura a presença do Estado na atividade econômica, não como substituto da iniciativa privada, mas como elemento de ativação ou impulso das "forças de mercado". Outro importante ponto compartilhado por Chang e Rodrik é a proposta de reforma das instituições da cooperação econômica internacional para desfazer obstáculos aos formatos de instituições e políticas pretendidos por países em desenvolvimento.

Quanto a este último aspecto, pode-se considerar que as contribuições de Chang são mais gerais do que as de Rodrik, que alcança maior nível de detalhe. Este será o foco da caracterização das ideias de Rodrik a seguir, ou seja, elementos que conduzem a propostas de reforma de padrões de cooperação econômica internacional.

Como já se observou, a perspectiva econômica ortodoxa desenvolveu agenda de reformas conducentes à liberalização ou desregulamentação máxima dos mercados. Rodrik se refere a esta agenda como *hiperglobalização*. Para ele, no entanto, os países que obtiveram crescimento econômico destacado nas últimas décadas não foram aqueles que aderiram à hiperglobalização, mas sim os que souberam aproveitar a globalização econômica a seus próprios termos. Embora outras experiências do Sudeste e do Leste Asiáticos sejam mencionadas com frequência em *The globalization paradox* (2011), maior atenção é atribuída à experiência chinesa, descrita como a "maior história de sucesso da globalização durante o último quarto de século" (2011, p. 273).

No caso chinês, o desenvolvimento recente é explicado não pela atuação desimpedida das "forças de mercado", mas pela participação deliberada do governo chinês no impulso e reestruturação da economia. Entre as políticas adotadas para tanto estiveram elementos rejeitados pela ortodoxia econômica. Não se adotou o regime "forte" de proteção da propriedade privada, mas uma variante híbrida. Teve lugar uma política de transferência de tecnologia que requeria de investidores estrangeiros a formação de *joint ventures* com firmas locais e o atendimento a metas de uso de conteúdo chinês na produção. Em paralelo, a aplicação deliberadamente fraca das normas de proteção à propriedade intelectual permitiu que "produtores domésticos fizessem engenharia reversa e imitassem tecnologias estrangeiras com pouco receio de serem processados" (2011, p. 153).

Políticas comerciais e industriais seletivas também estavam na base de um programa de crescimento que "combinava exportações com uma estratégia domesticamente elaborada de diversificação econômica e inovação institucional" (2011, p. 274). Rodrik destaca que a China esteve ao largo das restrições que a regulamentação da OMC significou para as políticas comerciais e industriais de muitos países, como pela proibição de subsídios à exportação e da adoção de práticas discriminatórias favoráveis a empresas locais. Quando a China acedeu à OMC, em 2001, o país já contava com uma "forte base industrial" (2011, p. 154). Ainda assim, a acessão não significou abandono da proteção à indústria local. "Políticas industriais explícitas deram lugar a uma política industrial implícita conduzida por meio da política cambial", via depreciação sustentada do *renmibi* (2011, p. 155). "Uma moeda local barata tem o mesmo efeito econômico de um subsídio à exportação *combinado com uma tarifa à importação*" (2011, p. 276). Todos estes elementos suportam a avaliação de que, se a China foi a maior história de sucesso da globalização dos últimos 25 anos, muito disso se deve ao fato de que " moldou as regras da globalização a suas próprias necessidades" (2011, p. 155).

Para Rodrik, o exemplo da China (e de outros países que souberam se valer da globalização segundo suas próprias regras) relaciona-se a duas ideias fundamentais a respeito de instituições e desenvolvimento. Essas ideias estão na base das reformas que o autor sugere para que a cooperação econômica internacional abrigue os projetos de desenvolvimento de países variados.

A primeira ideia sustenta que mercados e governos não são substitutos, mas *complementares*. A noção contraria o discurso econômico comum que descreve o desenvolvimento como favorecido pela livre atuação da iniciativa privada e "distorcido" pela interferência estatal, que tende a ser caracterizada como indevida. "Mercados necessariamente requerem instituições que não são de mercado para que possam funcionar" (2011, p. 10). Há uma correlação, no sentido de que os governos são maiores e mais fortes justamente nas economias mais avançadas (2011, p. 16). A expansão econômica precisa ser acompanhada da expansão governamental porque os mercados não são entidades "autocriadas, autorreguladas, autoestabilizantes ou autolegitimantes":

> Toda economia de mercado com bom funcionamento mistura Estado e mercado, *laissez-faire* e intervenção. A mistura precisa depende das preferências de cada nação, sua posição internacional e sua trajetória histórica. Mas nenhum país descobriu como se desenvolver sem atribuir responsabilidades substanciais ao setor público (RODRIK, 2011, p. 22).

De acordo com a segunda ideia fundamental apresentada por Rodrik, o capitalismo não está associado a nenhum *modelo único*. Afinal, as experiências econômicas bem-sucedidas em diversos pontos da Ásia "violam estereótipos" (2011, p. 146). O autor enxerga com bons olhos a "experimentação pragmática" em instituições e políticas de que se valeram estes países, conformando projetos próprios de desenvolvimento associados à globalização econômica. Afinal, das sete economias do Leste e Sudeste asiáticos que fizeram parte do chamado "milagre asiático", apenas Hong Kong "chegou perto de ser uma economia de livre mercado" (as demais foram Coreia do Sul, Taiwan, Cingapura, Malásia, Tailândia e Indonésia) (RODRIK, 2011, p. 144-5). Ao contrário, portanto, do que a ortodoxia econômica sugere, há múltiplos caminhos para o desenvolvimento econômico. Rodrik não descarta que a liberdade dos mercados possa ser um desses caminhos, mas rejeita que este possa ser sustentado como o mais adequado independentemente das características da realidade local.

As duas ideias fundamentais acima apresentadas têm pontos de contato. São, de fato, convergentes, no sentido de que a interação entre governos e mercados é contextualmente específica e resulta em projetos variados de desenvolvimento econômico:

> O crescimento econômico requer um governo pragmático disposto a fazer o necessário para energizar o setor privado. Requer empregar os mercados e a globalização estrategicamente para diversificar a economia doméstica para além dos recursos naturais. As ferramentas específicas e os instrumentos necessários para atingi-lo podem variar e dependerão pesadamente do contexto. Receitas específicas para o sucesso não viajam bem. É a visão geral por trás delas que precisa ser emulada (RODRIK, 2011, p. 148-9).

Valorização do Estado e do contexto. Estes dois elementos estão na base do ponto teórico principal da obra de Rodrik (2011), que se refere ao *trilema* que caracteriza o "paradoxo da globalização". O trilema (vide

Quadro 7, abaixo) consiste na afirmação de que não é possível ter ao mesmo tempo *política democrática, determinação nacional* e *(hiper)globalização econômica*:

> Temos três opções. Podemos *restringir a democracia* com o interesse de minimizar custos internacionais de transação, quaisquer que sejam as repercussões sociais e econômicas que a economia global eventualmente venha a produzir. Podemos *limitar a globalização*, na esperança de construir a legitimidade democrática domesticamente. Ou podemos *globalizar a democracia*, sacrificando a soberania nacional. [Mas...] não podemos ter hiperglobalização, democracia e autodeterminação nacional simultaneamente. Podemos ter no máximo duas das três. Se queremos hiperglobalização e democracia, temos que abrir mão do Estado-nação. Se precisamos preservar o Estado-nação e também a hiperglobalização, então precisamos esquecer a democracia. E se queremos combinar democracia e o Estado-nação, precisamos dizer adeus à globalização (RODRIK, 2011, p. 200).

São, portanto, três configurações possíveis para a estrutura da cooperação econômica internacional:

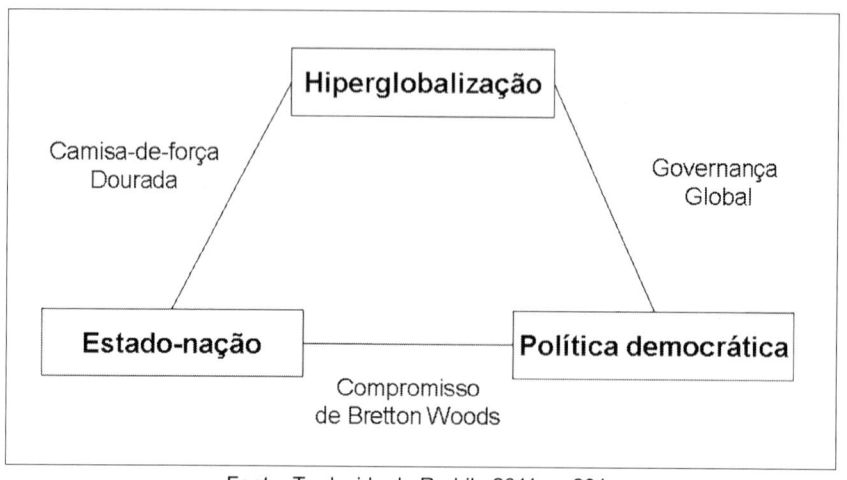

Quadro 7 – "O trilema político da economia mundial"

Triângulo com vértices:
- Hiperglobalização (topo)
- Estado-nação (base esquerda)
- Política democrática (base direita)

Lados:
- Camisa-de-força Dourada (lado esquerdo)
- Governança Global (lado direito)
- Compromisso de Bretton Woods (base)

Fonte: Traduzido de Rodrik, 2011, p. 201.

Ao optar por preservar Estado-nação e hiperglobalização, tem-se algo que se aproxima dos contornos das reformas propostas pela perspectiva econômica ortodoxa, e que Rodrik, fazendo alusão a uma expressão empregada por Thomas Friedman, chama de "camisa-de-força dourada" (*golden straitjacket*). Esta tem aproximações com a configuração política favorecida durante o POI (que se erodiu justamente com a emergência das democracias de massas), e é sintetizada da seguinte forma:

> Neste mundo, os governos perseguem as políticas que acreditam ser favoráveis a ganhar a confiança dos mercados e a atrair fluxos de comércio e capital: aperto monetário, governo reduzido, tributação baixa, mercados de trabalho flexíveis, desregulamentação, privatização e abertura generalizada (RODRIK, 2011, p. 201). .

Uma segunda opção consiste em conciliar hiperglobalização e política democrática, com menor importância do Estado-nação. O resultado, de caráter utópico, é uma "forma de federalismo global" (2011, p. 202), em que a fonte privilegiada de regulação migra das soberanias nacionais a entes supranacionais. Esta é a situação a que Rodrik se refere como "governança global":

> Um deslocamento expressivo em direção à governança global, em qualquer modalidade, necessariamente demandaria diminuição significativa da soberania *nacional*. Os governos nacionais não desapareceriam, mas seus poderes seriam severamente circunscritos por entidades supranacionais de criação e aplicação de regras, empoderados (e refreados) pela legitimidade democrática. A União Europeia é um exemplo regional disto (RODRIK, 2011, p. 203).

Rodrik, porém, descarta quaisquer das opções que proponham a hiperglobalização. Para ele, a opção de configuração para a cooperação econômica internacional mais favorável à coexistência de projetos variados de desenvolvimento (em linha com suas duas ideias fundamentais) é a que concilia *política democrática* e *Estado-nação*. Não se trata de descartar a globalização econômica, mas de tê-la de forma atenuada, uma versão "fina", tênue, ou pouco profunda, que permita aos Estados o espaço suficiente para que cada um adote políticas e instituições segundo as preferências localmente deliberadas. Esta configuração é referida por Rodrik como "compromisso de Bretton Woods" (2011, p. 205).

Não se trata, porém, de simplesmente realizar o transplante das abordagens dos anos 1950 e 1960, retornando à configuração institucional da época. "O que precisamos [...] é de uma atualização do compromisso de Bretton Woods para o século XXI" (2011, p. 236). A partir da caracterização feita por Rodrik, é possível interpretar que sua preferência por um arranjo inspirado em Bretton Woods decorre do fato de que, sob esta configuração, os diferentes países tinham seu *"policy space"* preservado. Nesse sentido, países em desenvolvimento puderam conciliar a abertura ao comércio exterior com as políticas de *welfare state* demandadas pelas populações locais, ao passo que os países em desenvolvimento tiveram espaço para perseguir estratégias próprias de crescimento econômico, variando da estratégia de substituição de importações a modelos baseados na promoção de exportações.

O que Rodrik emula na configuração de Bretton Woods é expresso pela metáfora da janela telada. A abertura ao exterior é favorável como o "ar fresco", mas pela janela podem entrar também os insetos indesejados. A instalação da tela não impede que o ar fresco entre, mas mantém fora os insetos (2011, p. 138). A metáfora ilustra um argumento favorável à configuração de uma globalização tênue, em que a interação econômica internacional conte com mecanismos para evitar repercussões sociais, políticas e econômicas danosas aos contextos locais. "A globalização é uma força tremendamente positiva, mas somente se você é capaz de domesticá-la para trabalhar a seu favor, e não contra você" (2011, p. 146).

10.2.1 Sete princípios para uma nova globalização

A solução de Rodrik ao trilema em termos de *Estado nação* com *política democrática* é aquela que se situa no nível mais geral de abstração. Rodrik expressa esta opção em nível intermediário por meio da apresentação de sete princípios para uma "nova globalização". Alcançando maior grau de especificidade, esses princípios são em seguida convertidos em propostas mais concretas para reforma de elementos da cooperação econômica internacional.

De acordo com o primeiro princípio apresentado por Rodrik, "os mercados devem ser profundamente incrustados nos sistemas de governança" (2011, p. 237). Esta é uma decorrência da afirmação de que mercados e governos são complementares, não substitutos um do outro. Neste sentido, os mercados não podem escapar às estruturas de governança capazes de disciplina-lo. E, para Rodrik, o âmbito adequado para tanto é o Estado. Portanto, a recomendação contida neste princípio é a de que o espaço mais apropriado para regulamentação dos mercados é a esfera *nacional* (2011, p. 250). A globalização não deve ser promovida para além do ponto em que suas forças deixem de poder ser disciplinadas. Valendo-se da metáfora proposta por Rodrik, trata-se de manter a possibilidade de filtrar a passagem de elementos indesejados através da janela, por meio de uma tela.

Pelo segundo princípio, "a governança democrática e as comunidades políticas são organizadas em Estados-nação e devem permanecer assim no futuro imediato" (2011, p. 237). A globalização não deve se tornar um objetivo autônomo, capaz de ganhar proeminência sobre os valores e preferências determinados localmente. "Podemos melhorar tanto a eficiência quanto a legitimidade da globalização se empoderarmos ao invés de prejudicarmos os procedimentos democráticos domésticos" (2011, p. 237). Este princípio é expressão direta da opção que Rodrik faz por *Estado-nação* e *política democrática* em detrimento de *hiperglobalização*.

O terceiro princípio afirma não haver "caminho único para a prosperidade" (2011, p. 239). Rodrik almeja uma "economia mundial que deixe espaço para que as democracias determinem seus próprios futuros" (2011, p. 280). Em linha com essa proposta, é necessário reconhecer o valor e garantir o espaço da diversidade e da experimentação institucionais (2011, p. 240). A afirmação seguinte ressalta estes elementos, concatenados com os princípios anteriores:

> Ao reconhecermos que o núcleo da infraestrutura institucional da economia global deve ser construído no âmbito nacional, liberamos espaço para que os países desenvolvam as instituições que melhor lhes sirvam. Mesmo as supostas sociedades industriais de hoje contemplam uma ampla variedade de arranjos institucionais[103] (RODRIK, 2011, p. 239).

O quarto princípio confere aos países o "direito de proteger seus próprios arranjos sociais, regulações e instituições" (2011, p. 240). Trata-se de uma opção por *"policy space* ao invés de acesso a mercados" (2011, p. 253), que reflete a proposta de que a globalização e o comércio internacional sejam encarados como meios para outros fins, ao invés de fins em si mesmos. "A globalização deve ser um instrumento para atingir os objetivos que as sociedades buscam: prosperidade, estabilidade, liberdade e qualidade de vida" (2011, p. 240). Para tanto, é necessário deixar espaço para que padrões nacionais para as atividades econômicas sejam estabelecidos, "erguendo-se barreiras nas fronteiras se necessário, *quando o comércio demonstravelmente ameaçar práticas domésticas que contem com suporte popular amplo*" (2011, p. 241). Mais uma vez, a metáfora da tela é ilustrativa. O princípio, mais adiante, reflete-se na ênfase que Rodrik dá a que as estruturas da cooperação econômica internacional contenham "válvulas de escape" para preservar as preferências locais democraticamente deliberadas. Apesar das ressalvas de Rodrik aos resultados das deliberações democráticas, ele enfatiza preferir estas às soluções tecnocráticas, encaradas como supressoras do *policy space*:

---

103 Este ponto é enfatizado pela literatura de variedades de capitalismo, que identifica na diversidade institucional a fonte de *vantagens comparativas institucionais*, baseadas no favorecimento de diferentes tipos de investimento nas economias de mercado, segundo as características dos contextos variados (HALL; SOSKICE, 2001).

A política democrática é bagunçada e nem sempre faz o "certo". Mas quando temos que escolher entre diferentes valores e interesses, não há nada mais em que possamos nos apoiar. Remover estas questões do âmbito da deliberação democrática e passá-las a tecnocratas ou órgãos internacionais é a pior solução (RODRIK, 2011, p. 242).

Pelo quinto princípio, os "países não têm o direito de impor suas instituições aos demais" (2011, p. 242). Trata-se da outra face do quarto princípio, configurando cláusula que busca salvaguardar a proposta de adequação institucional segundo o contexto local, a deliberação democrática etc., inclusive com espaço para a experimentação. Assim como Chang, Rodrik é defensor da coexistência de países com opções institucionais diversas, caracterizável como pluralismo econômico institucional.

Consoante o sexto princípio, o "propósito dos arranjos econômicos internacionais deve ser estabelecer as regras de trânsito para gerenciar a interface entre as instituições nacionais" (2011, p. 243). Rodrik pretende que a substância das normas a reger as atividades econômicas seja nacionalmente definida, cabendo às estruturas de cooperação econômica internacional estabelecer como se dará o contato entre os diferentes modelos domésticos. A regulamentação multilateral da globalização econômica assumiu o sentido de propiciar as condições para que haja *mais globalização*, o que equivale a torná-la um fim em si mesma. Rodrik, porém, não objetiva regulamentação para globalização mais intensa. Afinal, sua proposta é conciliar política democrática e Estado-nação com uma globalização econômica de tipo tênue:

> Ao invés de perguntarmos, "que tipo de regime multilateral maximizaria o fluxo de bens e capital pelo mundo?", deveríamos perguntar, "que tipo de regime multilateral melhor capacitaria as nações em todo o mundo a buscar seus próprios valores e objetivos de desenvolvimento e a prosperar com seus próprios arranjos sociais?" (RODRIK, 2011, p. 244).

Para Rodrik, a chave para tornar regimes multilaterais compatíveis com as aspirações nacionais é a introdução de cláusulas de escape (*escape clauses*). "As cláusulas de escape seriam vistas não como 'derrogações' ou violações das regras, mas como componente inerente aos arranjos econômicos internacionais sustentáveis" (2011, p. 244).

Por fim, o sétimo princípio reflete a preferência explícita de Rodrik por arranjos democráticos. Nesse sentido, os países autoritários "não poderiam contar com os mesmos direitos e privilégios na ordem econômica internacional que as democracias" (2011, p. 244). Configura-se, assim, um princípio de "discriminação contra não-democracias" (2011, p. 246). Rodrik não chega a definir quais seriam os critérios para geração das listas de países democráticos e não democráticos. A eleição da democracia como valor ou formato institucional digno de convergência global parece destoar de sua postura geral contrária a harmonizações institucionais universais. Ainda assim, parece ser implicitamente justificada por sua opção manifesta pela política democrática como componente obrigatório para solução do "trilema", e pela caracterização da democracia como uma *metainstituição* desejável (RODRIK, 2007, p. 51, 94, 170), isto é, uma instituição percebida como adequada para que cada país defina as outras instituições e políticas apropriadas ao desenvolvimento, cada qual em seu contexto. Outra *metainstituição* na moldura intelectual elaborada por Rodrik parece ser o próprio Estado.

10.2.2 Aplicações na reforma de elementos da cooperação econômica internacional

Os sete princípios acima descritos são aplicados de maneira mais concreta por Rodrik para gerar propostas de reformas em regimes da cooperação econômica internacional. Três deles serão aqui destacados: comércio, finanças e trabalho.

Em sua concepção, o regime de comércio internacional precisa ser reformado para compatibilizar a abertura existente com "objetivos sociais mais amplos". As regras comerciais deveriam ser reformuladas para propiciar o "espaço doméstico necessário para proteger programas e normas sociais, renovar pactos sociais domésticos, e buscar políticas de desenvolvimento localmente elaboradas" (2011, p. 253). O foco do regime de comércio deveria deixar de ser a ampliação do acesso a mercados, e passar a ser a ampliação do *policy space* de países variados.

O principal alvo da reforma pretendida por Rodrik é o Acordo sobre Salvaguardas da OMC. Atualmente, as normas do Acordo constituem válvula de escape para que os países protejam firmas locais ameaçadas pelo aumento súbito de importações. O critério para aplicar salvaguardas – e com isso excepcionar a liberdade de comércio internacional em prol da sobrevivência de um setor econômico – é o teste de "dano grave" às empresas domésticas a partir do surto de importações. Rodrik propõe que este esquema básico seja expandido. A começar pelo nome, que passaria a ser "Acordo sobre Salvaguardas de Desenvolvimento e Sociais" (*Agreement on Developmental and Social Safeguards*):

Uma interpretação mais ampla das salvaguardas reconheceria que os países podem desejar restringir o comércio ou suspender suas obrigações com a OMC – exercer *"opt-outs"* – por razões outras que não as ameaças competitivas às suas indústrias. Preocupações distributivas, conflitos com normas e arranjos sociais domésticos, prevenção contra a erosão de regulações domésticas ou prioridades de desenvolvimento estariam entre os fundamentos legítimos (RODRIK, 2011, p. 253).

A aplicação das salvaguardas sociais e de desenvolvimento estaria sujeita a um teste procedimental, não mais substancial ou de mérito, como o teste de "dano grave" do atual regime. O país que invocasse salvaguardas precisaria demonstrar que seguiu procedimentos democráticos para determinar que estas refletem o interesse público, e que todas as partes relevantes foram ouvidas (2011, p. 254). O regime mais fácil para a aplicação de salvaguardas contaria com "válvulas de escape" para que os países buscassem atender objetivos domésticos ainda que em detrimento do motivo da liberalização comercial.

Outro item de reforma, de caráter mais geral, incide sobre as restrições da regulamentação da OMC a subsídios e a outros mecanismos de política industrial. Para Rodrik, tais restrições deveriam ser ou suspensas, ou incluídas em "exceção geral a países em desenvolvimento". O novo regime reconheceria a cada país o direito de seguir sua própria estratégia de crescimento, com a ressalva de que estes não poderiam valer-se de seus regimes excepcionais para "produzir efeitos negativos de grande monta para o restante do mundo na forma de superávits comerciais" (2011, p. 277).

Quanto ao regime internacional das finanças, Rodrik propõe a quebra do foco excessivo na harmonização internacional, percebida como desfavorável aos "interesses específicos de países em desenvolvimento" (2011, p. 265). Para ele, o regime internacional precisa reconhecer explicitamente o "direito dos governos de limitar as transações financeiras transfronteiriças" (2011, p. 254). Para evitar a chamada "arbitragem regulatória", que estimula a desregulamentação financeira competitiva, o novo regime também reconheceria o direito à aplicação de controles prudenciais de fluxos de capital (2011, p. 265). O objetivo de redução da volatilidade transfronteiriça do capital – que viabiliza a arbitragem regulatória – seria ainda auxiliado pela criação de uma "pequena taxa global sobre as transações financeiras", na ordem de 0,1% sobre o valor de cada transação (2011, p. 264).

A ordem financeira global seria construída com base em um "conjunto mínimo de diretivas internacionais e coordenação internacional limitada" (2011, p. 264), preservando o *policy space* de cada país para buscar as regulamentações de finanças mais adequadas a seus projetos específicos de desenvolvimento. Para Rodrik, as diferenças nas regulamentações deveriam passar a ser encaradas não como "aberrações da norma de harmonização internacional, mas como consequências naturais das circunstâncias nacionais variadas." (2011, p. 262)

> O princípio que devemos aplicar aqui é o mesmo que aplicamos no caso da segurança do consumidor. Se outro país quer exportar-nos brinquedos, deve assegurar-se de que tais brinquedos atendem nossos padrões [...] de segurança. Semelhantemente, quando uma instituição financeira faz negócios em nossa economia, ela deve atender às nossas regulamentações financeiras, qualquer que seja seu lugar de origem. Isso significa que ela tem de manter os mesmos níveis de reserva de capital que as firmas domésticas, atender aos mesmos requisitos de transparência, e pautar-se pelas mesmas regras para transações. É um princípio simples: se quer fazer parte de nosso jogo, tem que jogar pelas nossas regras (RODRIK, 2011, p. 262).

O resultado é a afirmação da liberdade de introduzir regulamentações financeiras pautadas por prioridades localmente definidas (2011, p. 263). A liberdade de movimentação transfronteiriça do capital é colocada em segundo plano diante dessas prioridades. Na concepção de Rodrik, estes projetos poderiam coexistir com os de outros países com afinidades econômicas mútuas e que desejassem harmonizar suas regulamentações (2011, p. 266), como no caso de blocos econômicos regionais. A reforma do regime financeiro internacional suprimiria, no entanto, os elementos que criam constrangimentos para a harmonização global em torno de mercados desregulados.

As reformas pretendidas por Rodrik na área do *trabalho* jogam com as contradições da globalização econômica. O sentido de reformas para os regimes de comércio e finanças reflete a percepção de que estas áreas estariam *sobreglobalizadas*. Já o trabalho seria um fator de produção que a globalização não liberou, no sentido de que esta impulsionou a mobilidade de bens e de capital, mas não de fluxos internacionais de trabalhadores. Rodrik chama a atenção para o fato de que esta característica da globalização contemporânea não repetiu o ocorrido durante a primeira globalização de finais do século XIX e início do século XX. Afinal, naquele momento, havia grau relativamente elevado de liberdade para fluxos laborais transfronteiriços. Para o autor, os mercados de trabalho contemporâneos não se encontram suficientemente globalizados, e sua abertura poderia trazer "enormes benefícios" para países mais pobres (2011, p. 266).

Em termos mais concretos, a proposta para a mobilidade internacional do trabalho consistiria na criação, por países desenvolvidos, de programas de pequena escala para receber mistos de trabalhadores migrantes qualificados e não qualificados de países pobres. Os países avançados concederiam vistos de trabalho temporário, por até cinco anos, numa quantidade que chegaria a 3% da força de trabalho local. Segundo este esquema, cada país pobre teria quotas de trabalhadores emigrantes em determinado país avançado, e os trabalhadores seriam substituídos dentro das quotas conforme regressassem aos países de origem (2011, p. 268).

> Trabalhadores que acumularam know-how, habilidades, redes de relações (*networks*) e poupança em países ricos poderiam ser verdadeiros agentes de transformação de suas sociedades ao regressar. Sua experiência e investimentos poderiam dar início a dinâmicas econômicas e sociais positivas (RODRIK, 2011, p. 269).

Rodrik destaca que sua proposta não é de "liberalização total", "completa" ou mesmo "significativa" dos fluxos internacionais de trabalhadores, mas a de criação de programas de "pequena escala". Ainda assim, cogita que estas reformas possam "gerar ganhos econômicos bastante amplos para os trabalhadores migrantes e as economias de seus países" (2011, p. 268). Em outra obra, Rodrik relata que a proposta de liberalização internacional do trabalho começou em tom jocoso (*tongue-in-cheek*) quando inicialmente formulada, mas, com o tempo, passou a ser tratada mais seriamente pelo próprio autor (RODRIK, 2007, p. 9).

Pode-se notar que as contribuições de Rodrik se singularizam do corpo das perspectivas econômicas heterodoxas por avançar nas propostas sobre como tornar a globalização econômica receptiva às necessidades e pretensões de países em desenvolvimento. Neste esquema, a globalização deixa de ser encarada como fim em si, e passa a ser o meio para realização de aspirações nacionais diversas.

Os princípios e propostas específicas de reforma que Rodrik endereça à estruturação da cooperação econômica internacional têm objetivos que convergem com outras propostas heterodoxas, como a de Ha-Joon Chang, no sentido de abrigar a diversidade institucional e, como parte desta, a possibilidade de projetos de desenvolvimento que atribuem ao Estado papel ampliado no impulso e disciplina das forças de mercado. Assim, correspondem a formulações contemporâneas que tentam fornecer alternativas ao neoliberalismo como fonte de vocabulários, conceitos e argumentos para a estruturação da ordem econômica.

REFERÊNCIAS

A CORPORAÇÃO. Direção de Mark Achbar; Jennifer Abbott. Roteiro: Joel Bakan; Harold Crooks; Mark Achbar. Toronto: Big Picture Media Corporation, 2003. (145 min.), son., color. Legendado. Documentário (1 DVD).

BARRAL, Welber de Oliveira. *O comércio internacional*. Belo Horizonte: Del Rey, 2007a.

BARRAL, Welber de Oliveira. *Solução de controvérsias na Organização Mundial do Comércio*. Brasília: Fundação Alexandre de Gusmão, 2007b.

BATEMAN, Bradley W. Keynes and keynesianism. In: BACKHOUSE, Roger E.; BATEMAN, Bradley W. (eds). *The Cambridge companion to Keynes*. Cambridge: Cambridge University Press, 2006, p. 271-90.

BESLEY, Tim *et al.* The global financial crisis: why didn't anybody notice? *British Academy Review*, v. 1, n. 14, 2009, p. 8-10.

BHAGWATI, Jagdish. *In defense of globalization*. New York: Oxford University Press, 2004.

BHAGWATI, Jagdish. *Protectionism*. Cambridge: MIT Press, 1995 [1988].

BIRCH, Kean; MYKHNENKO, Vlad. Introduction: a world turned right way up. In: BIRCH, Kean; MYKHNENKO, Vlad (eds.). *The rise and fall of neoliberalism*: the collapse of an economic order? London: Zed Books, 2010, p. 1-20.

BLYTH, Mark. The transformation of the Swedish model: economic ideas, distributional conflict, and institutional change. *World Politics*, v. 54, n. 1, 2001, p. 1-26.

BRESSER-PEREIRA, Luiz Carlos. A crise financeira global e depois: um novo capitalismo? *Novos Estudos* (CEBRAP), n. 86, 2010, p. 51-72.

BROWN, Andrew G. *Reluctant partners*: a history of multilateral trade co-operation, 1850-2000. Ann Arbor: The University of Michigan Press, 2003.

BROZ, Lawrence. The domestic politics of international monetary order: the gold standard. In: FRIEDEN, Jeffry A.; LAKE, David A (ed.). *International political economy*: perspectives on global power and wealth. 4. ed. London: Routledge, 2003, p. 199-219.

CASTRO, Marcus Faro de. Análise Jurídica da Política Econômica. *Revista da Procuradoria-Geral do Banco Central*, v. 3, 2009, p. 17-71.

CASTRO, Marcus Faro de. Direito, tributação e economia no Brasil: aportes da Análise Jurídica da Política Econômica. *Revista da Procuradoria-Geral da Fazenda Nacional*, v. 1, n. 2, (jul.-dez.), 2011, p. 23-51.

CASTRO, Marcus Faro de. *Formas jurídicas e mudança social*: interações entre o direito, a filosofia, a política e a economia. São Paulo: Saraiva, 2012.

CASTRO, Marcus Faro de. Globalização, democracia e direito constitucional: legados recebidos e possibilidades de mudança. In: CLÈVE, Clèmerson Merlin; FREIRE, Alexandre (Org.) *Direitos fundamentais e jurisdição constitucional:* análise, crítica e contribuições. São Paulo: Revista dos Tribunais, 2014b, p. 697-719.

CASTRO, Marcus Faro de. Instituições econômicas: evolução de seus elementos constitucionais na sociedade de mercado. *Revista de Direito Empresarial*. Curitiba, n. 6. jul./dez. 2006, p. 41-62.

CASTRO, Marcus Faro de. New legal approaches to policy reform in Brazil. *University of Brasília Law Journal*, v. 1, n. 1, 2014a, p. 32-64.

CASTRO, Marcus Faro de. *Política e relações internacionais*: fundamentos clássicos. Brasília: Editora UnB, 2005.

CATO INSTITUTE. *About Cato*. 2015. Disponível em: <http://www.cato.org/about>. Acesso em: 11 mar. 2015.

CHANG, Ha-Joon; GRABEL, Illene. *Reclaiming development*: an alternative economic policy manual. London: Zed Books, 2004.

CHANG, Ha-Joon. Institutional change and economic development: an introduction. In: CHANG, Ha-Joon (ed.) *Institutional change and development*. New York: United Nations University Press, 2007a, p. 1-16.

CHANG, Ha-Joon. *Kicking away the ladder*: development strategy in historical perspective. London: Anthem Press, 2002.

CHANG, Ha-Joon. State, institutions and structural change. *Structural Change and Economic Dynamics*, v. 5, n. 2, 1994, p. 293-313.

CHANG, Ha-Joon. Theories of state intervention in historical perspective. In: CHANG, Ha-Joon. *Globalisation, economic development and the role of the state*. London: Zed Books, 2003.

CHANG, Ha-Joon. Understanding the relationship between institutions and economic development: some key theoretical issues. In: CHANG, Ha-Joon (ed.) *Institutional change and development*. New York: United Nations University Press, 2007b, p. 17-33.

CINTRA, Marcos Antonio; FARHI, Maryse. *A crise financeira e o global shadow banking system*. Novos Estudos (CEBRAP), n. 82, 2008, p. 35-55.

CNN (Cable News Network). *G-20 to supplant G-8 as international economic council*. 25 set. 2009. Disponível em: <http://edition.cnn.com/2009/US/09/24/us.g.twenty.summit/ index.html>. Acesso em: 31 mar. 2015.

CONFLITO das águas. Direção de Icíar Bollaín. Roteiro: Paul Laverty. S. L.: Morena Films, 2010. (103 min.), son., color. Legendado. Drama (1 DVD).

DAVIDSON, Paul. Post keynesian economics: solving the crisis in economic theory. In: BELL, Daniel; KRISTOL; Irving (eds). *The crisis in economic theory*. New York: Basic Books, 1981, p. 151-73.

DELREAL, Jose A. Students Walk Out of Ec 10 in Solidarity with 'Occupy'. *The Harvard Crimson*. Cambridge, 3 nov. 2011. Disponível em: <http://www.thecrimson.com/article/2011 /11/2/mankiw-walkout-economics-10/>. Acesso em: 27 mar. 2015.

DUMONT, Louis. *Homo aequalis*: gênese e plenitude da ideologia econômica. Bauru: EDUSC, 2000.

EICHENGREEN, Barry. *Globalizing capital*: a history of the international monetary system. 2. ed. Princeton: Princeton University Press, 2008.

EICHENGREEN, Barry. Hegemonic stability theories of the international monetary system. FRIEDEN, Jeffry A.; LAKE, David A (ed.). *International political economy*: perspectives on global power and wealth. 4. ed. London: Routledge, 2003, p. 220-44.

FERGUSON, Niall. *The ascent of money*: a financial history of the world. New York: Penguin Press, 2008.

FIANI, Ronaldo. *Cooperação e conflito*: instituições e desenvolvimento econômico. Rio de Janeiro: Elsevier, 2011.

GALBRAITH, John Kenneth. *Moeda*: de onde veio, para onde foi. 2. ed. São Paulo: Pioneira, 1997.

GALBRAITH, John Kenneth. *O pensamento econômico em perspectiva*: uma história crítica. São Paulo: Pioneira, 1989.

GAZIER, Bernard. *A crise de 1929*. Porto Alegre: L&PM, 2009.

GAZIER, Bernard. *John Maynard Keynes*. Porto Alegre: L&PM, 2011.

GLOBALISATION is good. Direção de Charlotte Metcalf. Roteiro: Johan Norberg. Londres: Freeform Productions, 2003 (49 min.), Documentário. Disponível em: <https://youtu.be/ 12YDLZq8rT4>. Acesso em: 11 mar. 2015 (*Streaming* de vídeo on-line).

GUTTMANN, Robert. Uma introdução ao capitalismo dirigido pelas finanças. *Novos Estudos* (CEBRAP), n. 82, 2008, p. 11-33.

HALL, Peter; SOSKICE, David. An introduction to varieties of capitalism. In: HALL, Peter; SOSKICE, David (eds.). *Varieties of capitalism*: the institutional foundations of comparative advantage. Oxford: Oxford University Press, 2001, p. 1-68.

HALL, Peter. The movement from keynesianism to monetarism: institutional analysis and British economic policy in the 1970s. In: STEINMO, Sven; THELEN, Kathleen; LONGSTREETH, Frank (eds.) *Structuring politics*: historical institutionalism in comparative analysis. Cambridge: Cambridge University Press, 1992, p. 90-113.

HELLEINER, Eric. From Bretton Woods to global finance: a world turned upside down. In: STUBBS; Richard; UNDERHILL, Geoffrey R. D. (eds.). *Political economy and the changing global order*. London: Macmillan Press, 1994a, p. 163-75.

HELLEINER, Eric. *States and the reemergence of global finance*: from Bretton Woods to the 1990s. Ithaca: Cornell University Press, 1994b.

HIRSCHMAN, Albert O. *The passions and the interests*: political arguments for capitalism before its triumph. Princeton: Princeton University Press, 1997.

JACKSON, John H. *The jurisprudence of GATT and the WTO*. Cambridge: Cambridge University Press, 2002.

JACKSON, John H. *The world trading system*: law and policy of international economic relations. 2. ed. Cambridge: MIT Press, 2000.

KENNEDY, David. Law and the political economy of the world. *Leiden Journal of International Law*, v. 26, 2013, p. 7-48.

KENNEDY, David. Some caution about property rights as a recipe for economic development. *Accounting, Economics and Law*, v. 1, n. 1, 2011, p. 11-62.

KENNEDY, Duncan. Three globalizations of law and legal thought: 1850-2000. In: TRUBEK, David M; SANTOS, Alvaro (eds.). *The new law and economic development*: a critical appraisal. Cambridge: Cambridge University Press, 2006, p. 19-73.

KENWOOD, George; LOUGHEED, Alan. *The growth of the international economy 1820-2000*: an introductory text. 4. ed. London: Routledge, 1999.

KETTELL, Steven. *The political economy of exchange rate policy-making*: from the gold standard to the Euro. London: Palgrave Macmillan, 2004.

KEYNES, John Maynard. *A teoria geral do emprego, do juro e da moeda*. São Paulo: Nova Cultural, 1996 [1936].

KINDLEBERGER, Charles P. The rise of free trade in Western Europe. In: FRIEDEN, Jeffry A.; LAKE, David A (eds.). *International political economy*: perspectives on global power and wealth. 4. ed. London: Routledge, 2003, p. 73-89.

KRUGMAN, Paul. *The return of depression economics and the crisis of 2008*. New York: W.W. Norton & Company, 2009.

LAKE, David A. Rightful rules: authority, order, and the foundations of global governance. *International Studies Quarterly*, n. 54, 2010, p. 587-613.

MAGNUSSON, Lars G. Mercantilism. In: SAMUELS, Warren J.; BIDDLE, Jeff E.; DAVIS, John B. (eds.) *A companion to the history of economic thought*. Oxford: Blackwell Publishing, 2003, p. 46-60.

MAHONEY, James; THELEN, Kathleen. A theory of gradual institutional change. In: MAHONEY, James; THELEN, Kathleen (eds.). *Explaining institutional change*: ambiguity, agency and power. Cambridge, Cambridge University Press, 2010, p. 1-37.

MANDEVILLE, Bernard. *The fable of the bees or private vices, publick benefits*. v. 1. Indianapolis: Liberty Fund, 1988 [1714].

MANKIW, Nicholas Gregory. *Introdução à economia*. São Paulo: Cengage Learning, 2008.

MEDEMA, Steven G.; SAMUELS, Warren J. François Quesnay (1694-1774). In: MEDEMA, Steven G.; SAMUELS, Warren J. (ed) *The history of economic thought*: a reader. London: Routledge, 2003, p. 95-6.

MILLER, David. How neoliberalism got where it is: elite planning, corporate lobbying and the release of the free market. In: BIRCH, Kean; MYKHNENKO, Vlad (eds.). *The rise and fall of neoliberalism*: the collapse of an economic order? London: Zed Books, 2010, p. 23-41.

MONEY, Power & Wall Street. Roteiro: Marcela Gaviria; Doug Hamilton; Tom Jennings; Martin Smith. Arlington: PBS, 2012. (240 min.), son., color. Documentário, 4 episódios. Disponível em: <http://www.pbs.org/wgbh/pages/frontline/money-power-wall-street/>. Acesso em: 16 mar. 2015 (*Streaming* de vídeo on-line).

MUN, Thomas. England's treasure by forraign trade or the ballance of our forraign trade is the rule of our treasure [1664]. In: MEDEMA, Steven G.; SAMUELS, Warren J. (ed) *The history of economic thought*: a reader. London: Routledge, 2003, p. 32-44.

NORBERG, Johan. *In defense of global capitalism*. Washington D.C.: Cato Institute, 2003.

NORTH, Douglass C. *Institutions, institutional change and economic performance*. Cambridge: Cambridge University Press, 1991.

PAHUJA, Sundhya. Decolonizing international law: development, economic growth and the politics of universality. *Legal Studies Research Paper*, n. 520, Melbourne Law School, 2009. Disponível em: <http://papers.ssrn.com/sol3/papers.cfm?abstract_id=1743269>. Acesso em: 7 out. 2015.

PECK, Jamie; THEODORE, Nik; BRENNER, Neil. Mal-estar no pós-neoliberalismo. *Novos Estudos* (CEBRAP), n. 92, 2012, p. 59-78.

PIERSON, Paul. Positive feedback and path dependence. In: PIERSON, Paul. *Politics in time*: history, institutions and social analysis. Princeton: Princeton University Press, 2004, p. 15-53.

PIKETTY, Thomas. Introduction. In: PIKETTY, Thomas. *Capital in the twenty-first century*. Cambridge: Harvard University Press, 2014, p. 1-35.

POLANYI, Karl. *The great transformation*: the political and economic origins of our time. 2. ed. Boston: Beacon Press, 2001 [1944].

POLLARD, Sidney. *The international economy since 1945*. London: Routledge, 1997.

QUESNAY, François. Tableau économique. In: MEDEMA, Steven G.; SAMUELS, Warren J. (ed) *The history of economic thought*: a reader. London: Routledge, 2003, p. 97-102.

RAJAGOPAL, Balakrishnan. *International law from below*: development, social movements and third world resistance. Cambridge: Cambridge University Press, 2003.

RICARDO, David. *Princípios de Economia Política e de Tributação*. 4. ed. Lisboa: Fundação Calouste Gulbenkian, 2001 [1817].

RODRIK, Dani. *One economics, many recipes*: globalization, institutions and economic growth. Princeton: Princeton University Press, 2007.

RODRIK, Dani. *The globalization paradox*: democracy and the future of the world economy. New York: W. W. Norton & Company, 2011.

RUGGIE, John Gerard. International regimes, transactions, and change: embedded liberalism in the postwar economic order. *International Organization*, v. 36, n. 2, 1982, p. 379-415.

SACHS, Jeffrey. *O fim da pobreza*: como acabar com a miséria mundial nos próximos vinte anos. São Paulo: Companhia das Letras, 2005.

SALLY, Razeen. *Classical liberalism and international economic order*: studies in theory and intellectual history. London: Routledge, 1998.

SANDRONI, Paulo. *Novíssimo dicionário de economia*. São Paulo: Editora Best Seller, 1999.

SATO, Eiiti. *Economia e política das relações internacionais*. Belo Horizonte: Fino Traço, 2012.

SEMMEL, Bernard. Classical political economy, the empire of free trade, and imperialism. In: SEMMEL, Bernard. *The rise of free trade imperialism*: classical political economy, the empire of free trade and imperialism, 1750-1850. Cambridge: Cambridge University Press, 1970, p. 203-30.

SMITH, Adam. *A riqueza das nações*: investigação sobre sua natureza e suas causas. v. I. São Paulo: Nova Cultural, 1996a [1776].

SMITH, Adam. *A riqueza das nações*: investigação sobre sua natureza e suas causas. v. II. São Paulo: Nova Cultural, 1996b [1776].

SMITH, Gordon G. G7 to G8 to G20: evolution in global governance. *Centre for International Governance Innovation Papers* (CIGI papers), n. 6, 2011. Disponível em: <https://www.cigionline.org/sites/default/files/g20no6.pdf>. Acesso em: 30 mar. 2015.

SÖDERSTEN, Bo; REED, Geoffrey. *International economics*. 3. ed. London: Macmillan Press, 1994.

STEINER, Philippe. Physiocracy and French pre-classical political economy. In: SAMUELS, Warren J.; BIDDLE, Jeff E.; DAVIS, John B. (eds.) *A companion to the history of economic thought*. Oxford: Blackwell Publishing, 2003, p. 61-77.

STIGLITZ, Joseph E. *Globalization and its discontents*. New York: W.W. Norton & Company, 2002.

STREECK, Wolfgang; THELEN, Kathleen. Introduction: institutional change in advanced political economies. In: STREECK, Wolfgang; THELEN, Kathleen (eds.). *Beyond continuity*: institutional change in advanced political economies. Oxford: Oxford University Press, 2005, p. 1-40.

TEIXEIRA, Ernani. *Economia monetária*: a macroeconomia no contexto monetário. São Paulo: Saraiva, 2002.

TRABALHO interno. Direção de Charles Ferguson. S.l.: Sony Pictures Classics, 2010. (105 min.), son., color. Legendado. Documentário (1 DVD).

TURNER, Rachel S. *Neo-liberal ideology*: history, concepts and policies. Edinburgh: Edinburgh University Press, 2008.

WEBB, Michael C. Understanding patterns of macroeconomic policy co--ordination in the post-war period. In: STUBBS, Richard; UNDERHILL, Geoffrey R.D. (eds.) *Political economy and the changing global order*. London: Macmillan Press, 1994, p. 176-89.

WEIR, Margaret; SKOCPOL, Theda. State structures and the possibilities for "keynesian" responses to the great depression in Sweden, Britain and the United Sates. In: EVANS, Peter B.; RUESCHEMEYER, Dietrich; SKOCPOL, Theda (eds). *Bringing the state back in*. Cambridge: Cambridge University Press, 1985, p. 107-64.

WHITMAN, Jim. *The fundamentals of global governance*. London: Palgrave Macmillan, 2009.

WOLF, Martin. *A reconstrução do sistema financeiro global*. Rio de Janeiro: Elsevier, 2009.

WOLF, Martin. From imbalances to the subprime crisis. In: WOLF, Martin. *Fixing global finance*. 2. ed. Baltimore: Johns Hopkins University Press, 2010, p. 193-214.

SOBRE O AUTOR

Hugo Luís Pena Ferreira

Doutor em Direito pela Universidade de Brasília (UnB), na linha de pesquisa "Globalização, Transformações do Direito e Ordem Econômica". Mestre em Direito pela Universidade Federal de Santa Catarina, na área de "Relações Internacionais". Professor do curso de Direito da Universidade Federal de Goiás (UFG), Regional Jataí, onde leciona disciplinas como Economia Política e Direito do Comércio Internacional.

SOBRE O LIVRO
Tiragem: 1000
Formato: 16 x 23 cm
Mancha: 12 X 19 cm
Tipologia: Times New Roman 11,5/12/16/18
　　　　　Arial 7,5/8/9
Papel: Pólen 80 g (miolo)
　　　Royal Supremo 250 g (capa)